DU MÊME AUTEUR

Pour paraître prochainement

LUCIA LA COQUETTE

1886. — ABBEVILLE. — TYP. ET STÉR. GUSTAVE RETAUX.

LES JÉSUITES

DANS

L'AMÉRIQUE DU NORD

EN VENTE

LES PIONNIERS FRANÇAIS

DANS L'AMÉRIQUE DU NORD

—FLORIDE—CANADA—

par

FRANCIS PARKMAN

TRADUCTION DE Mme LA Ctesse G. DE CLERMONT-TONNERRE

Un vol. in-12............. 4 fr.

1501. — Abbeville. — Typ. et stér. Gustave Retaux.

LES JÉSUITES

DANS

L'AMÉRIQUE DU NORD

AU XVIIe SIÈCLE

PAR

FRANCIS PARKMAN

TRADUCTION

DE Mme LA Ctesse G. DE CLERMONT-TONNERRE

PARIS

LIBRAIRIE ACADÉMIQUE

DIDIER ET Cie, LIBRAIRES-ÉDITEURS

35, QUAI DES AUGUSTINS, 35

—

1882

Tous droits réservés.

LES JÉSUITES

DANS

L'AMÉRIQUE DU NORD

CHAPITRE PREMIER

LE PÈRE LE JEUNE.

Son voyage. — Québec en 1634. — La maison de la Mission et son organisation intérieure. — Projets des Jésuites.

Dans notre premier récit : *Les Pionniers français dans l'Amérique du Nord*, on a vu comment les Jésuites, remplaçant les Frères récollets, avaient adopté comme leur la rude tâche de convertir la Nouvelle-France au christianisme. On a vu aussi qu'une descente des Huguenots, combattant sous les couleurs anglaises, avait anéanti les débuts naissants de la pauvre petite colonie, avec la mission qui y était attachée; enfin, Québec venait d'être rendue à la France, et les Jésuites allaient pouvoir renouer le fil brisé de leur courageuse entreprise.

C'est à ce moment que le Père Le Jeune s'embarquait pour le Nouveau-Monde. L'ordre de départ le trouva dans son couvent de Dieppe; il partit aussitôt pour le Havre, transporté, nous dit-il, d'une joie inexprimable, à la pensée du martyre qui l'attendait, par la mort ou par les souffrances. A Rouen, il fut rejoint par le jésuite De Nouë, et par un frère lai nommé Gilbert ; tous trois s'embarquaient le 18 avril 1632. La mer les traita durement, Le Jeune souffrit cruellement, et le vaisseau faillit périr dans une tempête. Enfin, les pauvres voyageurs arrivèrent en vue de ce qu'ils appellent « cette misérable contrée », théâtre de leurs futurs labeurs. C'est dans le port de Tadoussac que Le Jeune rencontra les premiers objets de ses soins apostoliques ; étant assis avec le capitaine dans la cabine de celui-ci, il vit dix ou douze naturels l'envahir soudainement, et il compare leur apparition à celle d'affreux masques de carnaval ; les uns avaient les joues peintes en noir, le nez bleu, et le reste de la face rouge ; d'autres s'étaient enjolivés d'une bande noire sur les yeux, ou bien de rayons multicolores sur les joues. L'accoutrement répondait au reste, la plupart étant vêtus de peaux d'ours rappelant aux religieux les images de saint Jean-Baptiste.

Le Jeune et ses compagnons remirent à la voile après s'être épuisés en infructueux efforts pour sauver un groupe de prisonniers iroquois que les sauvages s'apprêtaient à brûler vifs sur la plage, et ils atteignirent Québec le 5 de juillet. Nous les avons vus célébrant la sainte messe sous le toit de madame Hébert et de sa famille, ravie de cette pieuse bonne fortune ; de là, les Pères se dirigèrent vers deux huttes construites par leurs prédécesseurs sur les bords du Saint-Charles, et qui avaient bien souffert du fait des Anglais. Ils s'établirent sous ce misérable abri, s'appliquant avec toute l'industrie qu'ils purent déployer, à réparer ces demeures, et à cultiver les terrains alentour ; nous les laisserons à ces impérieuses nécessités, pour jeter un coup d'œil sur l'aspect qu'offraient Québec et la colonie naissante en 1634.

A l'opposé de Québec, se trouve une langue de terre, nommée la pointe Lévi. Celui qui, au milieu de l'été de l'année 1634, se fût trouvé sur ses bords, et eût porté ses regards vers le nord, à travers le Saint-Laurent, eût aperçu, à la distance d'environ un mille et plus, une majestueuse rangée de rochers, s'élevant à gauche sur les rives escarpées du cap Diamant, et s'inclinant abruptement à droite vers le lit de la rivière tributaire, le Saint-Charles. Sous ces rochers, sur le bord du Saint-Laurent, il pouvait discerner un groupe de factoreries, de hangars, et de constructions en bois, et immédiatement au-dessus, le long du précipice, distinguer la silhouette d'un ouvrage fortifié, avec son drapeau et quelques canons commandant la rivière, pendant que sur le seul point accessible, un sentier en lacets reliait le fort et les magasins. Nous supposerons maintenant qu'embarqué sur le canot de quelque Indien montagnais, le voyageur traverse le Saint-Laurent, vienne aborder à la jetée, et que passant devant les habitations, il escalade les rochers par le sentier tracé. Lorsqu'il s'arrête pour prendre haleine, il peut apercevoir les occupants de cet avant-poste des solitudes, montant et descendant le long de la falaise ; qui, un soldat du fort, qui un officier au chapeau empanaché à bords rabattus, ou encore un facteur de la Compagnie des pelleteries, dame et maîtresse de tout le Canada ; puis un groupe de naturels, se croisant avec un trafiquant des contrées supérieures, le précurseur de cette race hardie et vigoureuse des *coureurs de bois*, appelée à former la partie la plus caractéristique de la population canadienne ; près d'eux apparaît un personnage tout différent ;

vêtu de la longue soutane noire, son rosaire au côté et couvert du chapeau à larges bords, relevés sur les côtés, tout décèle le religieux et l'on salue en lui le Père Le Jeune, supérieur de la résidence de Québec.

Afin de mieux saisir l'aspect et les conditions d'existence de la colonie naissante, nous suivrons le prêtre; il gravit l'étroit chemin, et atteint le sommet du rocher, à environ deux cents pieds au-dessus de la rivière et des factoreries. A gauche se voit le fort élevé par Champlain, couvrant l'espace occupé aujourd'hui par Durham Terrace et la place d'Armes. Les remparts sont formés de terre et de troncs de bois, à l'intérieur se trouve une construction de pierre en forme de tour, servant de caserne et de logements d'officiers [1]. Près du fort se voyait la petite chapelle, nouvellement construite. La contrée à l'entour avait été défrichée et cultivée en partie, mais une seule demeure s'élevait qui fut vraiment digne de ce nom. Cette chaumière confortable appartenait à madame Hébert, la veuve du premier colon établi au Canada, qui y vivait avec sa fille, son gendre nommé Bouillard et leurs enfants, tous bons catholiques; lorsque les Anglais eurent évacué Québec, ils versèrent des larmes de joie en voyant Le Jeune et son confrère, De Noüé, passant leur seuil pour célébrer sous leur toit le saint sacrifice de la messe, si longtemps interdit. Il y avait un enclos renfermant du bétail, et la maison avec ses dépendances dénotait le travail et l'industrie [2].

---

1. Voir les différentes notices dues à Champlain (1632) et celle de Du Creux, *Historia Canadensis*, 204.
2. Voir notre premier vol.: *Pionniers français dans l'Amérique du Nord*. La chaumière paraît avoir été entre la rue Bouillard et celle de la sainte famille Hébert, ainsi qu'il apparaît d'un contrat de 1634, cité par M. Ferland.

De là, Le Jeune se dirigea vers la ligne des rochers qui s'abaissaient subitement sur la droite, en suivant l'emplacement occupé aujourd'hui par la place du Marché. Sous ces falaises se voyait l'embouchure du Saint-Charles, et au delà, les solitudes de la rive de Beauport décrivaient une courbe vers l'est, d'où le golfe Montmorency s'ouvrait sur la vaste rivière[1]. Le prêtre dépassa bientôt les défrichements, et entra dans les bois qui couvraient alors le site moderne du faubourg Saint-Jean, puis il gagna un plateau inférieur, situé là où se trouve actuellement le faubourg Saint-Roch ; avançant encore, il atteignit la gracieuse prairie située à l'extrémité de la pointe aux Lièvres, et presque entourée par une des sinuosités soudaines du Saint-Charles. Ici se balançait un canot ; à son aide et ramant à travers l'étroit cours d'eau, il rejoignit sur la prairie à deux cents mètres du bord, un enclos carré, formé de palissades comme les forts modernes placés sur la frontière indienne [2].

Cet enclos renfermait deux bâtiments, dont l'un avait été brûlé par les Anglais, et n'était pas encore réparé. Il servait de magasin, d'écurie et de boulangerie ; à l'opposé se trouvait la construction principale, faite en planches reliées par de la terre, et recouverte d'une toiture en longues herbes des prairies ; un seul étage, un grenier et une cave, ainsi

1. L'établissement de Beauport avait été commencé l'année précédente par le sieur Giffard, auquel on avait accordé une importante concession de terrain. Langevin, *Archives de Notre-Dame de Beauport*, 5.
2. Ce lieu, qui a dû être près de l'endroit où le ruisseau le Lai tombe dans le Saint-Charles, offre un triple intérêt historique. Il a dû être le lieu d'hivernage de Cartier en 1535-6. C'est là qu'en 1759, Montcalm traversa le Saint-Charles sur un pont de bateaux, et que dans un vaste retranchement, comprenant sans doute les débris de la maison des Jésuites, il rallia les restes de son armée, après sa défaite dans les plaines d'Abraham. Voyez à ce sujet la très-curieuse *Narration du chevalier Johnstone*, publiée par la Société historique de Québec.

que quatre chambres, dont l'une servait de chapelle, l'autre de réfectoire et les deux dernières de cuisine et de logement pour les ouvriers, formaient l'ensemble de ce rustique bâtiment, dont l'ameublement était de la plus primitive simplicité.

Jusqu'à l'année précédente, la pauvre chapelle ne possédait d'autre ornement qu'un drap sur lequel étaient collées deux grossières gravures ; les prêtres avaient pu y ajouter une enluminure de la colombe du Saint-Esprit, celle de Loyola, une de saint François Xavier, et trois images de la Sainte Vierge pour décorer l'autel. Quatre cellules s'ouvraient sur le réfectoire ; la plus grande mesurait huit pieds de long. Là s'abritaient six religieux, pendant que deux frères lais vivaient dans le grenier. La maison avait été bâtie si hâtivement, huit ans auparavant, qu'elle faisait eau de toute part. Telle était la résidence de Notre-Dame des Anges, humble berceau des importantes missions de la Nouvelle-France où devait éclore le germe d'une grande entreprise [1].

Parmi les six jésuites, réunis dans le réfectoire pour le repas du soir, l'un d'eux se distinguait plus particulièrement par sa haute et puissante stature ; la nature semblait, par un étrange contraste, avoir formé ses membres pour en faire un soldat, pendant que la méditation et le travail l'avaient frappé de l'indélébile caractère ecclésiastique. Jean de Brébeuf, descendant d'une noble famille de Normandie, allait

1. Les particularités ci-dessus décrites sont extraites des *Relations* de 1626 (Lalemand) et de 1632, 1633, 1634, 1635 (Le Jeune), mais surtout d'une longue lettre du Père supérieur adressée au Père provincial des Jésuites de Paris, contenant une minutieuse description de l'état de la Mission. Elle avait été envoyée de Québec par les vaisseaux de retour, dans l'été de 1634, et on la trouve dans Carayon, *Première mission des Jésuites au Canada*, 122. L'original est aux Archives de la Société, à Rome.

devenir l'un des membres les plus intelligents et les plus zélés de son ordre. Ses compagnons se nommaient avec le Père supérieur Le Jeune, Masse, Davost, Daniel et De Nouë. Masse avait été le compagnon du Père Biard, lors de la mission manquée de l'Acadie [1]. Son aptitude pour les choses pratiques lui avait fait donner par le Père Le Jeune le surnom de « Père Utile ». Ses fonctions spéciales consistaient actuellement dans le soin des vaches et des porcs, qu'il retenait dans l'enclos, afin qu'ils ne dévastassent pas les champs de blé, d'orge et de maïs [2]. De Nouë était chargé des huit ou dix ouvriers employés par la Mission, et ils ne lui donnaient pas de mince souci par leurs murmures incessants [3]. Ils maugréaient d'être contraints à entendre la messe tous les matins, et à faire la prière en commun le soir, en outre d'une exhortation qu'ils entendaient le dimanche. Quelques-uns d'entre eux voulaient rentrer en France, pendant que deux ou trois d'entre eux, de caractère et d'inclination différente, désiraient se faire prêtres. Dans les intervalles de leurs occupations spirituelles, les Pères travaillaient, la bêche à la main, avec leurs hommes. Tout le reste du temps, ils priaient, disaient les offices, prê-

---

[1]. Voir : *Les Pionniers français*, déjà cité, et Rameau, *Une colonie féodale*, etc. *L'Acadie*, 1 vol. Didier.

[2]. « Le Père Masse, que je nomme quelquefois en riant le *Père Utile*, est bien cogneu du T. R. P. Il a soin du bestial que nous avons, en quoi il a très bien réussy. » Lettre du P. Le Jeune au R. P. provincial. Le Jeune ne manque pas d'envoyer à son supérieur, l'inventaire du « bestail » dont : « deux grosses vaches, deux grosses truies qui nourrissent chacune quatre petits cochons, deux petites génisses, un taureau. »

[3]. Le méthodique Père Le Jeune nous a laissé l'énumération de ces griefs, au nombre de six, en ajoutant : 1° « C'est le naturel des artisans de se plaindre et de gronder. » 2° « La diversité des gages les fait murmurer, » etc., etc.

chaient, entendaient les confessions, catéchisaient les naturels, et s'exerçaient à surmonter les difficultés presqu'impraticables des langues hurone et algonquine.

C'est à juste titre que le Père Le Jeune pouvait écrire à son supérieur : « La moisson est grande, et les laboureurs peu nombreux. » Les missionnaires visaient à la conversion de tout un continent ; de leur hutte du Saint Charles, ils embrassaient un champ de travaux dont l'immensité était faite pour décourager la pensée elle-même, tant le théâtre se présentait sous des auspices sombres et menaçants faits pour décourager les cœurs les plus braves. Ils formaient l'avant-garde de cette légion instituée par Loyola, forte d'une discipline que rien n'égale, qui soumet à Dieu non-seulement le corps et l'esprit, mais encore l'âme, l'intelligence et la volonté. Les vies de ces premiers missionnaires canadiens attestent l'ardeur de leur foi et l'intensité de leur zèle.

Habitués à une humilité de commande extérieure, les Jésuites la manifestaient avec des expressions d'abaissement personnel dont l'excès a souvent, à tort, fait douter de leur sincérité ; ils étaient absolument dévoués non-seulement aux dogmes fondamentaux de Rome mais ils professaient une soumission implicite aux moindres articles de foi que la Réforme rejetait alors comme puérils ou superstitieux. « *Ad majorem Dei gloriam,* » à la plus grande gloire de Dieu, telle était leur devise, elle résume le but unique de leurs vies ; ces hommes reconnaissaient dans leurs supérieurs les représentants de Dieu auquel ils se consacraient, et cette autorité pouvait exiger d'eux sans hésitation, l'audace, la patience, la souffrance et jusqu'à la mort pour accomplir leur vœu d'obéissance implicite.

CHAPITRE II

ÉTUDES DU P. LE JEUNE.

Ses premiers élèves. — Son professeur indigène. — L'hiver à la maison de la Mission. — L'école de Le Jeune. — Retour de Champlain.

Nous pouvons juger que les débuts du labeur apostolique de Le Jeune n'étaient guère encourageants. Il s'est dépeint à nous, assis, ayant à ses côtés un jeune naturel d'une part, et de l'autre un petit nègre, que des Anglais avaient donné à madame Hébert ; aucun d'entre eux n'entendant le langage de l'autre on pense que l'instruction spirituelle de ces élèves faisait des progrès peu rapides.

Néanmoins il fallait qu'à tout prix les missionnaires apprissent la langue algonquine, dans ce but Le Jeune résolut d'aller s'établir au milieu d'un campement de Montagnais.

Il sut qu'une bande de cette tribu faisait la pêche des anguilles sur le Saint-Laurent, entre le cap Diamant et la baie qui porte actuellement le nom de Wolff ; il partit alors par une matinée d'octobre pour se rendre auprès d'eux.

Tandis qu'il poursuivait péniblement son chemin, à travers des amas de rochers dont les précipices plongent encore aujourd'hui dans les eaux du fleuve, il déplaça un immense tronc d'arbre qui dans sa chute faillit l'entraîner dans l'abîme ; ce péril évité, il gagna enfin sa destination. Ici, au milieu des huttes d'écorce s'étendaient d'innombrables cordons de cuir, sur lesquels séchaient les milliers d'anguilles fumées destinées à la provision d'hiver.

Un jeune garçon l'invita à entrer dans sa cabane où sa grand'mère, vieille squaw (femme) décrépite, s'empressa de lui offrir quatre anguilles fumées sur un plat d'écorce de bouleau, tandis que les autres femmes de la maison lui montraient à les rôtir sur les charbons au bout d'une longue fourche. Tous partagèrent ce régal, les hôtes du lieu se servant en guise d'essuie-mains de leurs cheveux ou du poil de leurs chiens. Pendant le rustique repas, Le Jeune, tout à son désir d'accroître son instruction, s'efforçait de soutenir un entretien à bâtons rompus mêlé de mots et de pantomime.

Mais des leçons comme celles-là étaient trop laborieuses pour un aussi mince profit, et le missionnaire dut chercher un mode d'instruction plus efficace, bien que ce ne fût pas chose aisée.

Les interprètes, qui dans l'intérêt de la Compagnie des pelleteries avaient passé des années parmi les Indiens, témoignaient de leur mauvais vouloir envers les Jésuites en leur refusant tout aide. Le Jeune songea alors à se servir d'une ressource qui restait à sa disposition. Un Indien, nommé Pierre par les Français, avait été amené en France par les Récollets, et là, instruit et converti, il avait reçu le baptême ; puis, il était revenu au Canada, où, au légitime scandale des Jésuites, il avait repris ses habitudes primitives, ne retenant guère de la civilisation que ses vices. Il rôdait toujours à l'entour du fort de Québec, attiré par le don occasionnel d'un peu de vin et de tabac, mais fuyant les Pères, dont le frugal genre de vie lui faisait horreur. Pourtant sa connaissance exacte des langues française et indienne l'eût rendu un auxiliaire inappréciable pour les bons missionnaires ; dans son embarras, Le Jeune invoqua le secours des saints ; l'effet suivit de près la prière, nous dit-il[1], et la Providence intervint en disposant le cœur de Pierre de telle façon, qu'il commença par se quereller avec le commandant du fort, et celui-ci lui en interdit dorénavant l'entrée; il alla alors retrouver ses parents et amis dans les bois, mais là encore il eut à subir les dédains d'une jeune squaw à laquelle il offrait ses vœux; rebuté de toutes parts, et ses habitudes européennes le rendant impropre à l'existence errante du chasseur, il se dirigea vers la maison de la Mission, pour y demander asile et nourriture.

Le Jeune vit dans cette aventure la marque de l'intervention divine ; il donna à Pierre les vêtements abandonnés par un des serviteurs du fort, lui promit de le nourrir, et l'installa comme maître d'école pour son usage particulier.

Perchés sur leurs rudes chaises de bois, près de la table grossière du réfectoire, le prêtre et le transfuge poursuivaient leurs travaux.

« Quelle reconnaissance ne dois-je pas, écrit Le Jeune, à ceux qui me fournirent l'année dernière de tabac ! à chaque difficulté nouvelle, j'en donne un peu à mon pédagogue, afin de ranimer son attention. »

Pendant que se passait ceci, l'hiver s'établissait, avec une sévérité rare, même au Canada. Le Saint-Laurent et le Saint-Charles ne formaient plus

---

1. *Relation*, 1633-7. Il continue en disant : « Je ne sçaurois assez rendre graces à Nostre Seigneur de cette heureuse rencontre... Que Dieu soit bény pour jamais, sa providence est adorable, et sa bonté n'a point de limites. »

que d'immenses nappes de glace ; rivières, forêts, rochers, étaient revêtus d'un éblouissant manteau blanc, recouvrant également l'humble maison de N.-D. des Anges, enfouie dans une telle hauteur de neige qu'on avait dû pour y rentrer et pour en sortir former un passage, entaillé entre deux murailles glacées, s'élevant de chaque côté du sentier, à deux pieds au-dessus des bords des toits ! Les Pères, assis le soir autour des troncs enflammés qui remplissaient les larges âtres, entendaient au dehors les arbres de la forêt voisine craquant par l'excès du froid, avec un bruit semblable à celui produit par des coups de pistolet. L'encre se glaçait, et les doigts perdaient tout sentiment. Pendant que Le Jeune travaillait sans relâche les conjugaisons et le vocabulaire algonquins, on essayait de traduire le *Pater* dans cet ingrat idiôme. Toutes les nuits l'eau gelait quoique placée dans des vases près du feu, et il fallait le lendemain la briser à coups de hachette ; les couvertures se frangeaient de glaçons sous l'haleine des dormeurs, et les petites vitres de leurs cellules disparaissaient sous une épaisse armure glacée [1].

Pendant le jour, Le Jeune et son compagnon se livraient à l'exercice des bottes à neige, avec toutes les mésaventures inhérentes aux débutants, telles que glissades, chutes, et plongeons la tête la première dans les tas de neige, au milieu des rires des naturels. Leur réclusion ne devenait du reste point une solitude ; des bandes de Montagnais, avec leurs traîneaux et leurs chiens, passaient souvent devant la mission, en allant chasser le daim. Ils invitèrent une fois De Nouë à se joindre à eux, et lui, aussi avide des occasions de s'instruire que Le Jeune,

---

[1]. Le Jeune, *Relation*, 1633, 14, 15.

y consentit volontiers. Au bout de deux ou trois semaines, il reparut malade, affamé, et à demi mort d'épuisement. « Il n'y a pas dix prêtres sur cent, écrit Le Jeune à son supérieur, qui pourraient supporter un pareil hiver parmi ces sauvages ! Voilà, mon Révérend Père, un échantillon de ce qu'il faut souffrir, courant après les sauvages !...... Il faut prendre sa vie, et tout ce qu'on a, et le jeter à l'abandon, pour ainsi dire, se contentant d'une croix bien grosse et bien pesante pour toute richesse. Il est bien vrai que Dieu ne se laisse point vaincre, et que plus on quitte, plus on trouve ; plus on perd, plus on gagne : mais Dieu se cache parfois, et alors le calice est bien amer. » On voit quelle volonté et quelles grâces il fallait pour ne pas succomber à la tâche ! Mais peu leur importait, puis qu'ils se considéraient comme des instruments à son service, entre les mains de Dieu, pour être ensuite brisés et mis de côté, si telle était sa volonté.

Un Indien donna à Le Jeune, à sa grande satisfaction, deux petits enfants, auxquels il put se mettre aussitôt à enseigner la prière en latin. Le nombre de ses écoliers s'accrut avec la belle saison ; lorsque les Indiens établirent leurs campements dans le voisinage, le Père, se plaçant devant sa porte, sonnait une petite clochette, comme le faisait saint François Xavier à Goa ; à cet appel, les enfants des naturels accouraient et l'entouraient ; alors, les prenant par la main, il les conduisait dans le réfectoire, qui lui servait de classe, et se mettait en devoir de leur apprendre le signe de la croix, ainsi que le *Pater*, l'*Ave* et le *Credo* ; il leur donnait ensuite quelques explications à leur portée sur le mystère de la Sainte-Trinité, et faisait répéter à la juvénile assemblée une prière indienne, œuvre de collaboration entre Pierre et lui ; puis on passait à la leçon de catéchisme, et la leçon se terminait par le chant du *Pater Noster* mis en rimes algonquines par le missionnaire ; tout étant terminé, il récompensait ses petits élèves par la distribution d'un bon plat de pois, afin de mieux s'assurer leur assistance au premier appel de la cloche.

On était à la fin de mai, lorsque les religieux, entendant un matin le son du canon du fort, eurent le cœur réjoui par l'annonce du retour de Samuel de Champlain, qui venait reprendre le commandement de Québec, et amenait avec lui quatre jésuites, Brébeuf, Masse, Daniel et Davost [1].

Brébeuf, dès le début de son séjour, jeta les yeux vers la lointaine contrée des Hurons, champ de travaux plein de périls, mais rempli aussi d'espoir et de promesses. Les devoirs de Le Jeune, comme supérieur, lui interdisant les excursions lointaines, son apostolat devait se borner pour un temps, aux hordes errantes des Algonquins, qui parcouraient les forêts du bas Saint-Laurent, et dont il s'appliquait avec tant de soin à étudier le langage.

Ses difficultés s'étaient augmentées de l'absence de Pierre, qui à l'approche du Carême s'enfuit pour éviter les rigueurs de ce temps de pénitence. Masse apprit que le fugitif était à Tadoussac, où un groupe d'Anglais l'avaient gorgé de liqueurs, détruisant ainsi jusqu'à la moindre trace des dernières exhortations de Le Jeune. « Dieu pardonne à ceux, écrit le Père, qui introduisirent l'hérésie dans ces contrées ! Si ce sauvage, corrompu comme il l'est par ces misérables hérétiques, avait quelque esprit, il serait un grand empêchement à la diffusion de la foi. Il est clair qu'il

---

1. Voir *Les Pionniers français*.

nous a été donné, non pas pour le bien de son âme, mais seulement afin que nous puissions apprendre de lui les principes de son langage [1]. »

Pierre avait deux frères ; l'un, bien connu comme chasseur, s'appelait Mestigoit ; l'autre était le médecin ou plutôt le sorcier le plus renommé de la tribu des Montagnais.

Ces derniers, comme le reste de leur nation, avaient coutume de commencer à l'automne après la fermeture de leur pêche d'anguilles, leur campagne de chasse d'hiver. Le Jeune, nonobstant l'expérience de De Nouë, désirait depuis longtemps accompagner une de ces bandes errantes dans la pensée de se rendre maître de leur dialecte et avec l'espoir que dans une heure de détresse, il pourrait toucher leur cœur ou sauver un enfant mourant par l'administration du baptême. Pierre avait rejoint ses frères, et la belle saison s'approchant, ils prièrent tous le missionnaire de se joindre à leur groupe, non par affection pour lui, comme il aimait à le croire, mais par la convoitise des provisions dont ils pensaient qu'il serait bien muni. Le Jeune, se méfiant fort du sorcier, avait d'abord refusé, mais il se décida enfin à les accompagner.

1. *Relation*, 1633, 29.

CHAPITRE III

LE P. LE JEUNE ET LES INDIENS CHASSEURS.

Le Jeune rejoint les naturels. — Leur premier campement. — L'Apostat. — Vie des forêts en hiver. — Le sorcier. — Magie, incantations. — Noël. — Famine. — Espoir de conversion conçu par Le Jeune. — Périls auxquels il échappe. — Son retour.

Par une matinée de la fin d'octobre 1633, Le Jeune s'embarqua avec les Indiens, leurs femmes et leurs enfants, au nombre de vingt en tout, aucun autre Français n'étant de la partie. Champlain lui fit des adieux inquiets, le recommandant aux soins de ses compagnons cuivrés, qui s'étaient chargés de sa provision de biscuit, de farine, de prunes et de navets, auxquels par une mauvaise inspiration, ses amis lui persuadèrent d'ajouter un petit baril de vin. Les canots glissaient le long des rives boisées de l'île d'Orléans, et la compagnie débarqua à la chute du jour sur le petit îlot situé immédiatement au-dessous de l'île. Le Jeune était enchanté du lieu et de toutes les beautés d'un coucher de soleil d'automne.

Ses rêveries devaient être brusquement interrompues ; pendant que les squaws dressaient leurs tentes d'écorce, et que Mestigoit chassait pour alimenter le souper, maître Pierre retournait aux canots, ouvrait le tonneau de vin, et tombait bientôt absolument ivre dans la vase. L'eau froide le secouant de sa torpeur, on le vit apparaître, écumant, renversant les huttes et les marmites, et pourchassant les squaws à travers les bois. Mestigoit ralluma les feux, et suspendit de nouveau les chaudrons; mais Pierre, qui courait comme un fou furieux le long de la rive, revint alors en chancelant pour renouveler son premier exploit. Mestigoit le prévint, en saisissant le chaudron et en lui jetant le contenu à la figure. « Il n'avait jamais été si bien lavé de sa vie, il changea de peau en la face et en tout l'estomac ; plût à Dieu que son âme eût changé aussi bien que son corps ! » écrit Le Jeune. Dans sa fureur, ce frénétique demandait une hachette pour tuer le missionnaire, qui dut, par prudence, passer la nuit dans les bois environnants ; là, il s'étendit sur la terre, pendant qu'une charitable squaw le recouvrait d'une grande feuille d'écorce. « Bien que mon lit, nous dit-il, n'eut pas été refait depuis la création du monde, il ne fut pas assez dur pour m'empêcher de dormir. »

Telle fut donc son initiation à la vie indigène ; nous passerons sur les nombreuses aventures qui lui arrivèrent encore, et nous retrouverons la troupe le 12 de novembre, ayant abandonné les canots dans une île, et traversant à gué les dunes pour aborder sur la rive sud du Saint-Laurent; deux autres bandes les ayant rejoints, leur nombre s'élevait à quarante-cinq personnes.

Laissant la rivière derrière eux, ils entraient dans cette contrée accidentée, d'où s'échappent les sources du Saint-Jean; solitude formée de collines successives, revêtues d'épaisses forêts, et ne contenant pas un seul être humain autre que cette misérable troupe errante, ou quelques autres bandes de ci, de là aussi misérables qu'elles. L'hiver s'était établi, et déjà la nature avait arboré son linceul de mort; lacs et pièces d'eau étaient gelés, les ruisseaux arrêtés, les torrents bondissaient sur des stalactites de glace ; les rochers et les seuls troncs des sapins laissaient percer leurs plaques d'un noir sombre, pendant qu'une pesante masse de neige écrasait leurs branches, et réduisait toute la forêt à un silence funéraire.

Les longues files des Indiens traçaient leur sillon à travers cette nature désolée ; tous, hommes, femmes, enfants juchés sur les chasse-neige (ou raquettes), ployant sous le poids d'une lourde charge, ou tirant un traîneau étroit, d'une longueur incroyable. Ces gens portaient sur eux, ou dans ce traîneau, tout leur bien, marmites, hachettes, paquets de viande, s'ils en avaient, et d'immenses rouleaux d'écorce de bouleau, destinés à couvrir leurs campements. Le jésuite portait une part égale des fardeaux ; les chiens seuls faisaient leur chemin à leur guise. On ne suivait ni sentier ni même un terrain uni ; descendre, grimper, se courber sous des arbres à demi tombés, escalader les amas de troncs couchés à terre, se frayer un passage dans des marais encombrés de grands cèdres, traverser des ravins glacés et des cours d'eau perdus dans les accidents de terrain, tel était le labeur quotidien jusqu'à la chute du jour. Alors il fallait s'arrêter et dresser le campement [1]. On jetait les fardeaux à terre, l'on déchargeait les traîneaux, pendant que les

---

1. « S'il arrivoit quelque dégel, ô Dieu, quelle peine ! Il me sembloit que je marchois sur un chemin de verre qui se cassoit à tous coups sous mes pieds : la neige congelée venant à s'amollir, tomboit et s'enfonçoit par esquarres ou grandes pièces, et nous en avions bien souvent jusques aux genoux, quelquefois jusqu'à la ceinture. Que s'il y avoit de la peine à tomber, il y en avoit encore plus à se retirer ; car nos raquettes se chargeoient de neige et se rendoient si pesantes, que quand vous veniez à les retirer, il sembloit qu'on vous tiroit les jambes pour vous démembrer. J'en ai vu qui glissoient tellement sur les souches gelées sous la neige, qu'ils ne pouvoient tirer ni jambes, ni raquettes, sans

squaws coupaient de longues perches de bouleau et de sapin ; les hommes, se servant de leurs chasse-neige comme de pelles, déblayaient un espace de terrain rond ou carré, autour duquel la neige rejetée ainsi formait une muraille de trois à quatre pieds de hauteur, devant servir d'enclos au wigwam. D'un côté on laissait un passage pour l'entrée, et les perches placées à l'entour de la muraille venaient en se courbant se rejoindre au sommet. Sur ces parois on étendait les feuilles d'écorce, une peau d'ours servait de portière, on recouvrait le sol de l'intérieur de la tente et à l'entour de branchages de sapin et l'œuvre se trouvait ainsi complétée.

Tout ceci demandait environ trois heures de travail, pendant lesquelles Le Jeune, harassé de cette affreuse journée, avait le choix, soit de grelotter dans l'oisiveté, soit de prendre part à un travail qui achevait d'épuiser, sans toutefois le réchauffer, son corps endolori.

La femme du sorcier était encore bien autrement à plaindre : bien qu'elle fût à toute extrémité d'une maladie mortelle, on la laissait couchée sur la neige, sans qu'un mot de plainte s'échappât de sa part, jusqu'à ce que le wigwam eût été élevé. Dans cet intervalle, Le Jeune, à la grande colère du mari, tenta de la convertir, mais il échoua, et elle mourut sans avoir reçu le baptême.

Une fois campés, nos Montagnais séjournaient jusqu'à ce que le gibier fût épuisé dans un circuit de dix à douze milles ; alors les vivres manquant on se transportait sur un autre point. A l'entrée de l'hiver

---

secours : or, figurez-vous maintenant une personne chargée comme un mulet, et jugez si la vie des sauvages est douce ! » — *Relation*, 1634, 67.

ces tribus chassaient le castor et le porc-épic du Canada ; plus tard, durant les grandes neiges, ils poursuivaient le daim et le caribou.

Soulevons la peau d'ours, et entrons dans la hutte. Là, sur un espace d'environ treize pieds carrés sont empilés dix-neuf Indiens, hommes, femmes et enfants, sans compter la gent canine ; tout cela couché, accroupi, roulé comme des hérissons, ou bien encore, étendus sur le dos avec les genoux relevés perpendiculairement afin de garer leurs pieds de l'ardeur du feu.

Le Jeune, toujours précis et méthodique, classe les inconvénients inhérents à une pareille existence en quatre points principaux, à savoir : le froid, la chaleur, la fumée et les chiens. La rude tenture d'écorce était pleine de crevasses à travers lesquelles les tourmentes de neige tombaient de tous côtés ; et l'ouverture du haut de la hutte, fenêtre et cheminée à la fois, était si large que, couché, le pauvre prêtre pouvait voir les étoiles aussi bien qu'en plein air. Pendant que le feu du foyer, alimenté par d'énormes pommes de pin, le grillait d'un côté, de l'autre il se sentait engourdi et glacé, au milieu d'une atmosphère aussi étouffante que celle d'un four. Mais toutes ces misères n'étaient rien en comparaison du fléau de la fumée. Les tourbillons de neige faisaient rabattre une fumée si dense, et d'une âcreté telle, que tous les habitants de la cabane en étaient réduits à se coucher à plat ventre en ne respirant que bouche contre terre ; la gorge et les narines semblaient respirer du feu, des larmes brûlantes remplissaient les yeux, et lorsque Le Jeune voulait lire son bréviaire, les lettres lui paraissaient tracées en caractères de sang. Les chiens apportaient leur bonne part dans ce concert de déplaisirs, pourtant ils servaient à le réchauffer pendant la nuit, mais en compensation, ils sautaient par-dessus lui, le trépignant sans relâche, lui arrachant les morceaux de son assiette d'écorce, et souvent renversant à la fois le missionnaire et sa maigre pitance dans un de leurs bonds intempestifs.

Parfois le soir, le besoin de s'arracher à cette tanière infecte devenait si ardent, que Le Jeune sortait pour lire son bréviaire à la lueur argentée de la lune; la forêt résonnait de craquements produits par l'intensité du froid; de l'horizon au zénith se montraient les silencieux météores du nord dont l'éclat scintillant semblait représenter aux Indiens terrifiés, la danse des esprits des morts. Le froid le pénétrait jusqu'aux os, et ses dévotions achevées, il lui fallait rentrer tout grelottant dans la cabane, qui laissait échapper à travers ses trop nombreux interstices, de longues traînées de lumière se jouant dans les branchages. Le bon prêtre se baissait et pénétrait dans l'antre où la vue de ces brutes ivres autour du foyer embrasé faisait songer à une image de l'enfer; il gagnait sa place, en enjambant sur des corps étendus, et il allait s'asseoir sur le sol jonché de verdure, où l'attendait une tribulation qui devait couronner toutes les souffrances de ses quartiers d'hiver, pire, dit-il, que celles dues aux intempéries et aux privations.

Des trois frères qui l'avaient invité à les accompagner, l'un, nous l'avons vu, était le chasseur Mestigoit; l'autre, le sorcier, et le troisième Pierre, qui avait abandonné la foi et que par suite Le Jeune désigne toujours comme l'Apostat.

Ce dernier, d'un esprit faible, était sous l'influence absolue de son frère le sorcier, qui, aussi vicieux que lui, était plus rusé et plus déterminé. L'antagonisme de leurs professions respectives rendait le prêtre un objet de haine pour le sorcier, et en retour, Le Jeune ne perdait aucune occasion de dénoncer l'inutilité de ses incantations et de ridiculiser la puérilité de ses chants et de son perpétuel tambourinage. Le sorcier, infirme par suite de maladie, était chasseur médiocre, donc il dépendait pour vivre de son crédit comme magicien, aussi en cherchant à l'ébranler Le Jeune blessait-il non-seulement son amour-propre, mais menaçait-il son pain quotidien [1]. En retour, le magicien usait de tous les moyens pour déverser le ridicule sur son ennemi, et cela d'autant plus, qu'au début, il avait offert son aide au missionnaire pour l'étude de l'algonquin, et qu'à l'instar du procédé des mauvais plaisants de l'Acadie à l'égard du Père Biard, il lui avait appris les mots les plus honteux de son répertoire comme l'équivalent des expressions relatives aux choses saintes [2].

Il en résulta naturellement que lorsque le Père s'efforçait d'expliquer à l'assemblée quelque point de la doctrine chrétienne, les éclats de rire des squaws, des hommes et des enfants l'interrompaient.

Dès que Le Jeune venait reprendre sa place dans la hutte, le sorcier fixait sur lui ses yeux pétillants de méchanceté, et commençait cette suite de grossières railleries qui comblait la coupe des souffrances du pauvre jésuite ; tous les assistants l'insultaient, et faisaient de leur malheureux hôte le but de leurs

---

1. « Je ne laissois perdre aucune occasion de le convaincre de niaiserie et de puérilité, mettant au jour l'impertinence de ses superstitions; or, c'étoit luy arracher l'âme du corps par violence : car, comme il ne sçauroit plus chasser, il fait plus que jamais du prophète et du magicien pour conserver son crédit, et pour avoir les bons morceaux ; si bien qu'esbranlant son autorité qui va perdant tous les jours, je le touchois à la prunelle de l'œil. » *Relation*, 1634, 56.

2. Voir *Les Pionniers français*.

stupides attaques. « Regardez-le donc ! sa figure ressemble à celle d'un chien ! » — « Sa tête est pareille à une citrouille ! » — « Il a de la barbe comme les lapins ! » et ainsi du reste.

Le prêtre endurait en silence cette insupportable persécution de détail; il était tellement las et exténué qu'afin de ne pas exciter ses tourmenteurs, il passait parfois des journées entières sans ouvrir la bouche [1].

Excellent observateur, Le Jeune connaissait donc déjà assez bien ses associés cuivrés pour savoir que leurs grossières plaisanteries n'impliquaient pourtant pas toujours la malveillance; car entre eux ils ne se traitaient pas mieux, se raillant, s'injuriant sans cesse, avec aussi peu de formes, mais aussi sans y mettre plus de méchanceté que ne le ferait une troupe d'écoliers indisciplinés [2]. Personne n'en prenait offense, car en le faisant, l'on se fût attiré tout le poids de la raillerie, attendu que quelque bizarre que cela paraisse, cet assemblage disparate offrait le

1. *Relation*, 1634, 207 (Cramoisy). Le Jeune donne une idée des injures dont on l'abreuvait, en les transcrivant en langue algonquine avec la traduction française; son récit est d'ailleurs singulièrement naïf et détaillé, il résume ses souffrances ainsi qu'il suit : « Or, ce misérable homme (le sorcier) et la fumée m'ont été les deux plus grands tourmens que j'aye endurés parmi ces barbares; ny le froid, ny le chaud, ny l'incommodité des chiens, ny coucher à l'air, ny dormir sur un lict de terre, ny la posture qu'il faut toujours tenir dans leurs cabanes, se ramassant en peloton, ou se couchant, ou s'asséant sans siège ni sans matelas, ny la faim, ny la soif, ny la pauvreté et saleté de leur boucan, ny la maladie, tout cela ne m'a semblé que jeu à comparaison de la fumée et de la malice du sorcier. » *Relation*, 1634, 201.

2. « Aussi leur disois-je parfois, que si les pourceaux et les chiens savoient parler, ils tiendroient leur langage... Les filles et les jeunes femmes sont à l'extérieur très-honnestement couvertes, mais entre elles, leurs discours sont puants comme des cloaques. » Les mœurs des tribus éloignées, qui existent encore aujourd'hui, correspondent parfaitement aux détails que nous a fournis Le Jeune sur celles des Montagnais de son temps.

modèle de la concorde réelle. Il ne fallait espérer d'eux ni tendresse, ni soins pour les malades ou les infirmes, mais en revanche, on disposait de tout en commun, le malheur d'un seul devenait une calamité générale, et la moindre provision était distribuée par parts justes ou égales. On n'entendait ni plaintes ni murmures, ils se supportaient l'un l'autre avec une patience surprenante, et pendant qu'ils mendiaient et extorquaient par leurs importunités le tabac et jusqu'au dernier objet que Le Jeune pouvait posséder, ils ne se demandaient ou ne s'enlevaient rien mutuellement.

Avec un feu bien flambant et une nourriture abondante, leur bavardage ne tarissait jamais ; s'ils ne juraient pas, c'est que leur langage n'avait pas trouvé dans leur vague mythologie d'êtres assez définis pour jurer en leur nom ; ils remplaçaient les jurons par une surabondance de mots sales dont les femmes et les enfants usaient à l'égal des hommes, et cela avec une fréquence qui consternait le jésuite. Leurs postures le scandalisaient tout autant, mais ils ne consultaient que leurs aises ; le soir, lorsque la chaleur du wigwam arrivait à la suffocation, le sorcier couché sur le dos offrait le spectacle de sa nudité, une jambe croisée sur l'autre, discourant avec la compagnie, qui, elle, de son côté, l'écoutait dans des attitudes aussi dépourvues de la moindre décence.

Il restait toujours un point obscur que Le Jeune et les autres jésuites n'avaient pu encore résoudre : les sorciers indiens étaient-ils seulement des imposteurs, ou bien étaient-ils en communication avec le démon ? Le Jeune allègue qu'il y a des raisons puissantes pour croire que les diables exercent un pouvoir direct sur les malheureux habitants de cette terre de ténèbres spirituelles, puisqu'il est de toute notoriété qu'au Brésil les méchants esprits qui infestent ce pays ne cessent de tourmenter et même de battre cruellement les habitants. « Un Français, digne de croyance », poursuit le Père, « m'a affirmé avoir entendu de ses propres oreilles la voix du démon et les coups qu'il déchargeait sur ses misérables esclaves ; et on m'a rapporté à ce sujet un autre fait très-curieux, c'est qu'à l'approche d'un catholique, le diable prend la fuite et cesse de battre ces malheureux, tandis qu'en la présence d'un huguenot, il ne s'arrête jamais dans son action. »

Porté ainsi à croire à la présence des puissances occultes, Le Jeune observa le sorcier avec des yeux disposés à découvrir dans ses conjurations les signes d'une diabolique entente. Ses observations le conduisirent pourtant à un résultat différent, et il reconnut que le magicien n'était qu'un vil imposteur, dupe quelquefois de ses propres superstitions ; cet homme croyait réellement à l'efficacité de sa magie, puisqu'il battait du tambour et chantait continuellement dans l'espoir de guérir le mal chronique dont il souffrait lui-même.

Vers la fin de l'hiver, Le Jeune tomba malade, il faillit succomber de faiblesse et de douleur, sous le tapage nocturne du sorcier, qui tambourinait et criait sans relâche, hurlant parfois à pleins poumons, ou bien sifflant comme un serpent, puis frappant avec frénésie la terre de son tambour, ou encore faisant des bonds tout autour de la hutte et appelant les femmes et les enfants pour se joindre à ses cris. Il s'en suivait la plus odieuse cacophonie, tous les gosiers s'évertuaient à qui mieux mieux, tous tapaient des pieds et avec des bâtons contre l'écorce de la hutte, afin d'augmenter le bruit, toujours dans le but charitable d'aider le sorcier à conjurer la maladie ou à chasser le malin esprit qui la causait.

Le magicien avait un ennemi, un rival sorcier qu'il accusait de lui avoir, par ses sortilèges, donné la maladie dont il souffrait. Il annonça donc à chacun qu'il comptait tuer son rival ; mais celui-ci demeurait à Gaspé, à une centaine de lieues de là, et l'exécution immédiate du projet était difficile; pourtant la distance ne semblait qu'un faible obstacle au vindicatif sauvage.

Ordonnant donc aux enfants et aux femmes, à l'exception d'une seule, de quitter le wigwam, il s'assit par terre, au centre de la hutte, avec celle des femmes qu'il avait gardée, tandis que les hommes de la compagnie, réunis à ceux des wigwams voisins, s'accroupissaient en cercle autour des wigwams. Mestigoit, le frère du sorcier, apporta alors les charmes, consistant en petits morceaux de bois, en têtes de flèches, un couteau cassé et un crochet de fer, qu'il enveloppa dans un morceau de cuir. Puis la femme se levant et marchant tout autour de la hutte, Mestigoit et le sorcier creusèrent un grand trou avec deux pieux effilés et l'assemblée accompagna leur travail de hurlements et du son du tambour. Le trou une fois fait, on jeta le charme dedans ; Pierre l'Apostat apporta un couteau et un sabre au sorcier, qui les saisit, sauta dans la fosse, et se mit à hacher le contenu de l'enveloppe de cuir, criant, hurlant à chaque coup de pointe qu'il leur portait. Enfin l'énergumène cessa, montra ses armes tachées de sang, et proclama qu'il avait mortellement blessé son ennemi, en demandant si personne n'avait entendu ses cris d'agonie. L'assemblée, plus occupée du tapage qu'elle faisait elle-même que d'écouter un bruit lointain, ne répondait rien, enfin deux jeunes gens déclarèrent qu'ils avaient saisi une faible plainte semblant venir de fort loin, il s'éleva un cri de triomphe et de félicitation [1].

Le sorcier alla peu après consulter au sujet de sa santé un jeune prophète ou devin, demeurant dans un des campements voisins. Sa loge de divination était formée de cinq ou six perches, plantées debout en cercle et recouvertes d'une couverture. Le prophète se glissait dessous, puis après un long intervalle, les esprits démontraient leur présence par les miaulements accoutumés, partant de l'intérieur du tabernacle mystique. Les réponses étant assez favorables, le sorcier montagnais trouva de grandes consolations dans les évocations de son confrère en imposture [2].

En outre de ces incessants efforts pour tourmenter Le Jeune, le sorcier s'efforçait de temps à autre de l'effrayer : il saisit l'occasion d'un de ces repas gloutons qui, après une chasse heureuse, succédaient à la période de disette.

Pendant que les convives assis attendaient que les

---

[1]. « Le magicien tout glorieux dit que son homme est frappé, qu'il mourra bientôt, demande si on n'a point entendu ses cris : tout le monde dit que non, hormis deux jeunes hommes, ses parents, qui disent avoir ouï des plaintes sourdes, et comme de loing. O qu'ils le firent aise ! Se tournant vers moy, il se mit à rire, disant ; Voyez cette robe noire, qui nous vient dire qu'il ne faut tuer personne. Comme je regardois attentivement l'espée et le poignard, il me les fit présenter. Regarde, dit-il. Qu'est cela ? — C'est du sang, repartis-je. — De qui ? — De quelque orignac, ou de quelque autre animal. Ils se moquèrent de moi, disant que c'étoit du sang de ce sorcier de Gaspé. — Comment, dis-je, il est à plus de cent lieues d'icy. — Il est vrai, font-ils, mais c'est le manitou, c'est-à-dire le diable, qui apporte son sang par-dessous la terre. » *Relation*, 1634, 21.

[2]. On sait que les Indiens attribuent des pouvoirs mystérieux et surnaturels aux insensés, et les respectent en conséquence. La nation neutre (voir l'Introduction) était remplie de soi-disant fous, qui couraient à travers les villages, jetant des fers rouges et faisant toutes les extravagances imaginables.

squaws distribuassent les éléments du festin, le sorcier fit un brusque soubresaut, s'écriant qu'il sentait son esprit l'abandonner, et qu'on eût à enlever les couteaux ou les hachettes qui étaient à sa portée, sans quoi il se disposait à tuer quelqu'un. Alors, roulant des yeux furibonds et regardant Le Jeune, il commença une série de gestes et de cris frénétiques, puis il s'arrêta net, immobile et silencieux, le regard fixe, ensuite reprenant ses hurlements, il courut hors de la hutte, et saisissant les perches qui la soutenaient, il se mit à les briser, comme s'il n'était plus maître de ses transports enragés.

Bien qu'alarmé, au fond, le missionnaire continua à lire tranquillement son bréviaire ; néanmoins, lorsque au lendemain matin, le sorcier voulut recommencer à jouer le maniaque, l'idée lui vint que quelque accès de fièvre pourrait avoir attaqué le cerveau de cet énergumène ; dans cette pensée, il s'approcha de lui et tâta son pouls, mais il le trouva, selon ses expressions, aussi calme que celui d'un poisson. Le prétendu exalté le regarda avec étonnement, et renonçant à l'espoir de l'effrayer, il reprit dès lors ses sens.

Le Jeune, privé de tout sommeil par l'incessant bruit du tambour et l'insupportable cadence des chansons du sorcier, voulut au moins essayer sa conversion ; mais l'Indien, bien que flatté des avances du père, ne se laissa ni gagner ni persuader [1].

Jamais les sauvages n'avaient autant recours à ses pouvoirs occultes, que lorsqu'il s'agissait d'obtenir

---

1. « Je commençay par un témoignage de grand amour en son endroit et par des louanges que je lui jettay comme une amorce capable de le prendre dans les filets de la vérité. Je lui fis entendre que si un esprit, capable des choses grandes, comme le sien, cognoissoit Dieu, tous les sauvages, induis par son exemple, le voudroient aussi cognoistre. » *Relation*, 1634.

une chasse favorable, objet d'un intérêt majeur, puisque l'existence de tous en dépendait. Ils ne revenaient que trop souvent les mains vides, et pour deux ou trois jours de succès, il n'y avait le reste du temps d'autre alimentation que celle de l'écorce des arbres ou des fragments de cuir. Tant que durait leur provision de tabac, ils se consolaient avec les pipes qui quittaient rarement leurs lèvres. « Malheureux infidèles ! » s'écrie Le Jeune, « qui passent leurs jours dans la fumée, et qui passeront leur éternité dans les flammes ! »

Aux approches de Noël, la position devint désespérée. Les castors ou les porcs-épics se faisaient rares, et la neige n'était pas assez forte pour qu'on pût chasser le daim. Jour et nuit résonnaient les tambours du magicien, mêlés aux plaintes d'enfants affamés ; les chasseurs tombaient de faiblesse ; c'est à la suite d'une de ces marches désolées que, campé dans la morne forêt, le Père s'aperçut qu'on était à la veille de Noël ! « Pour notre souper, dit-il, N.-S. nous envoya un porc-épic gros comme un cochon de lait, et un lièvre ; c'était peu pour dix-huit ou vingt personnes que nous étions, il est vrai, mais la Sainte Vierge et son glorieux époux saint Joseph ne furent pas si bien traités à pareil jour dans l'étable de Bethléem... A ce grand jour de Noël, les chasseurs désespérés de leur insuccès vinrent implorer le secours de Le Jeune ; l'Apostat lui-même était devenu assez souple pour tenter d'invoquer le Dieu de son rival. Un espoir soudain envahit le cœur du pauvre missionnaire. Il composa deux prières qu'il traduisit en algonquin avec l'aide de Pierre, le pécheur repentant ; puis, suspendant aux parois de la hutte une serviette blanche, avec un crucifix et un reliquaire, il commanda aux sauvages de se mettre en prière à genoux, les mains jointes. Alors il lut la prière, la faisant répéter par les néophytes prosternés, qui promettaient de renoncer à leurs idolâtries, d'obéir au Christ dont ils voyaient l'image devant eux, lui demandant de leur envoyer la nourriture qui devait les empêcher de périr. Cette promesse faite, il congédia les chasseurs en les bénissant. A la nuit, ceux-ci revenaient chargés de gibier, et la hutte prenait un air de fête ; les marmites bouillaient, les mangeurs s'assemblaient et Le Jeune crut le moment venu de parler ; mais Pierre, qui n'avait rien tué, se leva plein de mauvaise humeur, s'écriant avec dérision que la prière et le crucifix n'avaient rien à voir avec leur bonne chance. Le sorcier, dont l'humilité avait disparu à la vue des mets, se joignit à son frère en disant au prêtre « de taire sa langue, qu'il n'avait pas de sens ! »... Tous les assistants les secondèrent dans leurs railleries, pendant qu'ils se repaissaient avec voracité ; l'infortuné religieux dut se taire et rester dans son pénible isolement !

Plus d'une fois encore avant le printemps, les Indiens souffrirent de la famine : ils ne faisaient pas exception à la règle générale subie par toutes ces tribus qui ne cultivaient pas le sol et ne vivaient que des hasards de la pêche et de la chasse ; il résultait de ce mode d'existence de fréquentes morts par la famine et souvent le meurtre des gens âgés ou impotents dont les corps devenaient la proie d'un cannibalisme inévitable.

Au commencement d'avril, après cinq mois passés à errer parmi les forêts et les montagnes, la compagnie regagna les bords du Saint-Laurent, et aborda, dans l'île où ils avaient laissé leurs canots cachés. L'état d'épuisement de Le Jeune était tel que Mestigoit, de beaucoup le meilleur des trois frères, lui offrit de le porter à Québec en canot ; robuste, entreprenant, chasseur habile, c'était toujours sur lui que comptaient Pierre et le sorcier pour les soutenir. Le Jeune accepta donc avec empressement son offre amicale, on s'embarqua sur la périlleuse rivière, et après un voyage plein de dangers, entre autres celui d'être brisé contre les glaces flottantes, on débarqua à l'île d'Orléans, à six milles de Québec. L'atmosphère était orageuse et sombre, et les glaçons poussés par le reflux couvraient la surface de l'eau, ils furent obligés de stationner ; vers minuit la lune se découvrit, et la rivière semblant un peu plus dégagée, l'on résolut de s'embarquer de nouveau ; toutefois les vagues grossissaient par la fureur du vent, et ils ne durent leur salut qu'à l'adresse courageuse de Mestigoit.

Enfin ils purent voir les roches de Québec, se détachant dans l'obscurité ; l'accès du rivage était défendu par des amoncellements de glaces, tandis que d'autres masses flottantes entraînées par la rapidité du courant augmentaient encore les dangers du débarquement. L'adroit Indien, ayant guetté le moment favorable pour lancer le canot au milieu de ces écueils, gagna lestement la glace ferme, et sautant au dehors, cria à ses compagnons de le suivre. Pierre s'élança, mais lorsque vint le tour de Le Jeune, son agilité lui fit défaut ; il ne se sauva d'une mort certaine qu'en s'accrochant à la jambe de Mestigoit, avec l'aide duquel il put gagner la terre ferme ; là, nos trois voyageurs échangèrent dans un long regard la sensation du danger imminent auquel ils venaient d'échapper.

Il était trois heures du matin lorsque Le Jeune frappa à la porte du petit couvent rustique ; les Pères, surpris dans un joyeux réveil, embrassèrent avec mille exclamations d'éloges et de respect, le supérieur qui leur était rendu.

CHAPITRE IV (1633-1634)

LA MISSION HURONE.

Projet de conversion. — But et moyens à employer. — Diplomatie indienne. — Les Hurons à Québec. — La chapelle des Jésuites. — Le Borgne. — Déception des Jésuites. — Leur persévérance. — Voyage vers les Hurons. — Jean de Brébeuf. — Commencement de la Mission.

Le Père Le Jeune avait appris à connaître toutes les difficultés de l'établissement de la Mission algonquine. Ce serait faire injustice à l'esprit de son Ordre que de supposer qu'elles l'eussent fait reculer; mais sa conviction était arrêtée sur deux points : il voyait d'abord que le progrès serait illusoire tant que ces sauvages n'auraient pas de demeure fixe; puis, que leur nombre restreint, leur situation géographique et le peu d'influence politique de cette tribu n'offraient guère matière à espérer que leur conversion serait fructueuse à la propagation de la foi.

Les vues des Jésuites se portèrent donc dans une autre direction, et ils songèrent à gagner au christianisme les nombreuses populations stables, et parmi celles-ci la tribu des Hurons, près du lac de ce nom. Si le règne du Christ pouvait triompher chez eux, il s'établirait dans les tribus alliées de Tobacco, les Neutrals, les Eries, les Andastes et même avec le temps chez la puissante et féroce nation des Iroquois.

La route que le zèle apostolique devait parcourir pour arriver jusqu'à eux était un chemin escarpé, traversant les rochers, les torrents et les forêts, avec les misères de la fatigue, de la famine, du dégoût, des maladies, de la solitude et des insultes, toutes épreuves plus vivement senties par ceux qui ont été élevés dans les arts, les lettres, et avec toutes les habitudes de la civilisation.

Mais à ces tristes réalités, les Jésuites opposaient le devoir de pénétrer « dans une des principales forteresses et comme le donjon des démons », dit Lalemand ; et le zèle du bon prêtre ne s'en trouvait que plus animé ; il s'apprêta donc avec l'aide de saint François Xavier, de saint Ignace et d'une neuvaine à la Vierge à affronter tous les périls dont il ne se dissimulait aucun.

Quelle était l'alternative la moins cruelle de la vie d'un missionnaire, à cette époque surtout? l'éloignement de tout commerce humain, nulle compensation réservée à l'amour-propre même légitime, et une mort isolée, lui apparaissant trop souvent sous la forme la plus hideuse. Leurs détracteurs pourront parler de crédulité, de fanatisme; d'une obéissance aveugle, mais nul n'aura le droit de les accuser d'ambition ni d'hypocrisie dans la courageuse carrière que nous esquissons ici ; en admettant même qu'ils agissaient avec la pensée de mettre leur propagande au service d'un but mondain, leur plan eût été encore le seul rationnel et philanthropique; c'était l'unique moyen d'extension donné au commerce national et au nom français, dont le retentissement allait se graver profondément dans le cœur de ces sauvages, car une fois rompus au joug paternel de l'autorité ecclésiastique, le rôle de l'autorité civile devenait aisé. Ils arrachaient ces hordes sanguinaires à leurs divisions intestines, et leur apprenaient à se réunir dans l'hommage rendu à Dieu et au roi. Mis en contact avec des trafiquants et des colons français, adoucis par la civilisation française, dirigés par des prêtres français et gouvernés par des officiers de même race, ces bandes éparses pouvaient devenir le noyau d'un vaste empire qui s'étendrait sur tout le nouveau continent.

La politique espagnole anéantissait l'Indien, la civilisation anglaise le dédaignait ou lui faisait sentir son mépris, la France seule savait l'accueillir, et s'en faire aimer. La politique et le commerce, alors, plaçaient toutes leurs espérances dans les efforts des missionnaires. Ces interprètes consacrés de la volonté divine devaient pousser bien loin l'application de la parabole du Pasteur et ses brebis, car ils amenaient l'indomptable sauvage à l'obéissance passive, absolue, incompatible avec l'esprit vivace et expansif des aspirations modernes ; cependant si leur système n'était pas sans erreur ni sans danger, il faut dire qu'ils embrassèrent ses douces et sereines illusions avec la sincérité des martyrs et l'abnégation des saints [1].

Nous avons trop parlé déjà des Hurons et de leurs mœurs pour y revenir en détail [2]. Les hostilités avec les Iroquois ne laissaient qu'une seule route ouverte par laquelle on put gagner leur contrée ; longue et détournée, elle avait été explorée dix-huit ans auparavant par Champlain, en remontant la rivière de l'Ottawa, et en traversant le lac Nipissing, la rivière française et les bords de la grande baie Georgienne du lac Huron, chemin aussi difficile que fastidieux. A mi-chemin, sur l'île des Allumettes, dans l'Ottawa, vivait la tribu des Algonquins, visités

---

1. Le lecteur devra remarquer que l'auteur est protestant, aussi ses éloges n'ont que plus de prix dans leur sincérité.
2. Voir *Les Pionniers français*, page 340, et l'Introduction.

par Champlain en 1613 ; trafiquants habiles et rusés, ils eussent voulu s'assurer le monopole des échanges entre les Français et les Hurons ; par leur position géographique, ils pouvaient toujours fermer le passage de l'Ottawa, mais leurs propres intérêts leur suggéraient de n'user de ce droit qu'avec une grande modération, bien que les Hurons en reconnussent l'existence par des cadeaux annuels faits aux Algonquins ; d'ailleurs, les lois traditionnelles entre Hurons et Algonquins admettaient même en temps de paix la prohibition du passage de telle ou telle tribu sur son territoire, et on s'y soumettait paisiblement.

Une occasion surgit d'exercer les aptitudes diplomatiques de cette peuplade ; près de l'Ottawa vivait une tribu algonquine, du nom de la Petite-Nation ; l'un de ces Indiens avait tué récemment un Français, le meurtrier se trouvait prisonnier de Champlain, au fort de Québec, et les politiques de l'île des Allumettes résolurent de mettre cet incident à profit.

Au mois de juillet qui précéda l'hivernement de Le Jeune chez les Montagnais, un Huron, connu déjà des Français, vint annoncer à Québec l'arrivée annuelle de la flottille de canots de ses compatriotes, descendant le Saint-Laurent. Cent quarante canots, portant six ou sept cents sauvages, débarquèrent près des magasins situés sous les fortifications de Québec, et plantaient leurs tentes sur le rivage couvert aujourd'hui par la ville basse ; le plus grand nombre apportaient des fourrures et du tabac d'échange, d'autres venaient en simples curieux, et quelques-uns enfin comptaient y exercer le vol dans lequel ils étaient passés maîtres.

Ces visites annuelles comportaient un programme presque invariable ; le premier jour les Indiens élevaient leurs huttes, le second ils s'entretenaient avec les officiers français du fort; les deux journées suivantes s'écoulaient à trafiquer de leurs fourrures et de leur tabac contre des chaudrons, des couteaux, du drap, des verroteries, des chemises et autres objets, parmi lesquels ceux de fer et d'acier ; le cinquième jour ils étaient régalés par les Français, et le lendemain, le lever du soleil les voyait s'envoler comme une nuée d'oiseaux.

On pouvait donc au second jour observer une longue file de chefs et de guerriers, gravissant le sentier du fort, tous vêtus de riches fourrures d'ours et de castor, artistement tatoués de peintures et d'huile ; les longs cheveux des uns tombaient sur leurs épaules, les autres rasés, conservant une couronne de cheveux dressés en crête, pendant qu'une autre variété les portait flottants d'un côté et taillés courts de l'autre. Réunis en cercle avec la gravité qu'ils apportaient dans toutes leurs délibérations, et dont l'effet offrait un contraste d'autant plus piquant pour l'observateur qui les avait vus dans leurs foyers, on apercevait près d'eux les Jésuites anxieux et attentifs, et Champlain, qui pouvait reconnaître parmi cette foule bigarrée mainte figure de ceux qui, dix-huit ans auparavant, avaient été ses compagnons d'armes dans son infructueuse campagne contre les Iroquois [1].

Les harangues et les présents faits et rendus, Champlain présenta au conclave les trois missionnaires, Brébeuf, Daniel et Davost, auxquels incombait le périlleux honneur de la mission huronne. « Voici nos Pères, leur dit-il, toute notre nation les honore, et nous les aimons plus que nous-mêmes ; ils

---

1. Voir *Les Pionniers français*, page 340 et suiv.

ne se rendent pas parmi vous pour vos fourrures ; ils ont abandonné leur pays et leurs amis afin de vous montrer le chemin du ciel ; si vous aimez les Français autant que vous le dites, alors aimez et honorez ces bons Pères. »

Deux chefs se levèrent et répandirent les fleurs de leur rhétorique à la louange de Champlain et des Français ; Brébeuf répondit tant bien que mal en langue hurone ; après de nombreux grognements approbatifs, chacun se disputa l'honneur de transporter Brébeuf dans son canot ; en somme, la mission était agréée et tous les chefs briguèrent le privilège de recevoir les trois prêtres.

Le jour de Saint-Ignace, Champlain et les capitaines de plusieurs vaisseaux marchands se trouvaient réunis en conférence spirituelle dans la maison des Jésuites ; ils virent une foule d'Indiens dont les regards curieux se tenaient attachés aux fenêtres de la chambre servant de chapelle ; s'amusant de leurs exclamations émerveillées, Champlain donna à l'un des sauvages un morceau de citron ; le Huron, ravi du goût du fruit, demanda ce que c'était, Champlain répliqua en riant que c'était là l'écorce des citrouilles françaises ; la renommée de cet estimable produit se propageant aussitôt, toutes les voix s'élevèrent pour en demander une part. On leur permit alors d'entrer dans la chapelle, décorée récemment de quelques images et d'objets brillants ; ces rares splendeurs les remplirent d'admiration : l'un demandait si la colombe du Saint-Esprit était l'oiseau apportant la foudre, l'autre si les images de saint Ignace et de saint François Xavier représentaient des *okies* (esprits), les explications de Brébeuf n'éclaircirent guère leur ignorance ; à la vue de trois images de la Vierge qu'on leur désigna comme étant celles de la mère de

Celui qui créa le monde, ils en conclurent que Dieu avait trois mères. Le Père supérieur déduisit de cette visite la pensée de l'aide que lui apporteraient les gravures coloriées, rendant plus palpables les mystères de la foi pour ces pauvres sauvages.

Le moment du départ des Missionnaires venu, Champlain paya, en présents aux Indiens, le passage en canot des trois prêtres qui firent leurs préparatifs. Le Jeune et De Noue venaient finir la soirée avec eux au magasin général, autour duquel campaient les Hurons, lorsqu'à onze heures leur attention fut attirée par le bruit des voix, et ils virent le chef de l'île des Allumettes haranguant les sauvages. Brébeuf l'entendit dire : « Nous avions demandé au chef français de donner la vie à l'Algonquin de la Petite-Nation qu'il retient en prison, mais il ne veut rien écouter ; le prisonnier mourra. Son peuple voudra le venger sur les trois robes noires que vous devez emmener avec vous ; si vous ne les défendez pas, les Français en colère vous rendront responsables de leur mort, et si vous les sauvez, les Algonquins vous déclareront la guerre et fermeront la rivière. Si donc, le commandant français ne nous rend pas le captif, laissez là les trois robes noires, car en les emmenant, vous vous attirerez bien du trouble. »

Les Missionnaires tout émus de ce langage coururent au fort réveiller Champlain ; celui-ci envoya dire aux Hurons qu'il désirait leur parler ; le crieur public indien proclama en conséquence dans tout le camp que l'embarquement n'aurait pas lieu avant le lendemain.

Champlain employa, en vain, la persuasion, les promesses ou les menaces auprès des chefs ; Le Borgne (on appelait ainsi celui qui avait pris la parole) déclara au conseil qu'à moins qu'on relâchât le prisonnier, les

Missionnaires seraient assassinés en route. Le rusé sauvage poursuivait deux objets : d'une part, le désir d'interrompre les relations entre les Français et les Hurons ; de l'autre, il comptait augmenter son crédit sur sa nation si son influence obtenait la mise en liberté du prisonnier. Il réussit dans son premier objet ; car Champlain ne relâcha pas l'Algonquin, connaissant trop le naturel de ceux auxquels il avait affaire pour faire une concession qui eût proclamé dorénavant comme un péché véniel le meurtre d'un Français. Les Hurons refusèrent à leur tour d'emmener les missionnaires et s'embarquèrent seuls, tout en mêlant à leurs adieux mille protestations d'affection et de regret qu'on peut croire sincères, les Jésuites ayant su gagner leur affection.

De retour dans leur couvent, les prêtres se mirent sous la direction de Brébeuf à étudier la langue huronne ; une année s'écoula, et la même époque vit revenir les trafiquants indiens aux Trois-Rivières, mais cette fois en bien petit nombre, car pendant ce temps, ils avaient subi maintes traverses ; d'abord dans leurs conflits avec les Iroquois, puis à la suite d'une peste, semblable à celle qui avait détruit peu d'années auparavant les naturels de la Nouvelle-Angleterre, et qui commençait ses ravages parmi ces malheureuses populations.

Du Plessis-Bochard commandait la flotte française ; il réunit ces Indiens, les festoya, mais ne put obtenir d'eux qu'ils emmenassent les Jésuites ; après de nombreuses alternatives de refus et d'acceptation, Brébeuf eut recours à saint Joseph, et il nous dit qu'aussitôt après le vœu qu'il fit, les Indiens devinrent traitables. Les pauvres Pères purent s'embarquer pour commencer leur périlleux apostolat.

Ils estimaient la distance parcourue ainsi à environ

neuf cents milles, mais quelles misères devaient marquer cette longue route ! Accroupis au fond de l'étroit canot, nu-pieds afin de ne pas endommager la frêle embarcation, ils ne voyaient, semaine après semaine, que les mêmes épaules cuivrées, les longues chevelures graisseuses, et le monotone mouvement des rames ; les canots se séparèrent bientôt et les Français ne purent même rester réunis ; encore Brébeuf pouvait-il échanger quelques mots avec sa sauvage escorte, mais Davost et Daniel étaient voués à un silence absolu, rompu seulement par les menaces ou les murmures inintelligibles des Indiens, dont la plupart ressentaient les effets de la terrible épidémie, pendant que le reste d'entre eux était triste ou alarmé ; pour soutenir un labeur excessif on n'avait d'autre nourriture que le maïs broyé entre deux pierres et mélangé d'eau. Brébeuf compta trente-cinq débarquements, où les voyageurs durent transporter les canots sur leurs épaules au delà de rapides et de cataractes ; plus de cinquante fois il fallut traîner les canots à vide à travers le courant furieux. Brébeuf faisait de son mieux, mais ayant les pieds meurtris par les rochers, il fut forcé enfin de renoncer à ce travail. Il portait, comme ses compagnons, sa part des bagages pendant des trajets à pied souvent de plusieurs milles à travers l'impénétrable forêt, couchant sur la terre nue, se heurtant aux souches et aux accidents d'un sol imprégné de miasmes pestilentiels, auxquels se joignait l'insupportable odeur des sauvages eux-mêmes ; ceux-ci étaient harassés de fatigue, et Brébeuf, malgré sa constitution d'airain et son indomptable énergie, douta souvent s'il irait jusqu'au bout du voyage. Il n'avait pas un instant à lui pour lire son bréviaire, sauf à la clarté du feu ou de la lune, lorsqu'il s'étendait sur quelque roche nue, ou dans un recoin humide de la forêt.

Les Jésuites souffrirent tous plus ou moins des mauvais traitements de leurs maussades conducteurs. L'Indien de Davost le dépouilla d'une partie de ses bagages, et jeta l'autre dans la rivière, privant ainsi les trois prêtres de la plupart de leurs livres et de leurs matériaux de correspondance, puis il le laissa en arrière chez les Algonquins de l'île des Allumettes. Il put poursuivre sa route, et, dans le plus misérable état, gagna enfin la ville hurone.

Un jeune français du nom de Martin, qui avait accompagné les Jésuites, fut abandonné chez les Nipissings, et les conducteurs dépouillèrent un autre, nommé Baron, de tout ce qu'il possédait, sauf ses armes dont il fit bon usage contre ces pillards.

On descendit la Rivière Française en suivant les rives solitaires de la baie de Géorgie ; on gagna enfin la destination voulue ; trente jours après avoir quitté les Trois-Rivières, les lisières de la forêt hurone apparaissaient dans leur sombre silence ; le courage manqua-t-il à Brébeuf aux approches du but ? quelque lugubre pressentiment vint-il le troubler ? Si certains indices nous portent à le croire, ce ne fut pourtant là qu'une ombre momentanée, disparaissant comme le brouillard du matin devant ce zèle intrépide, ce cœur ardent, auquel la crainte était inconnue.

Sa foi n'était pas celle des sombres enthousiastes déchirant les voiles d'antiques superstitions, ou d'une main vigoureuse renversant des abus enracinés, mais bien la foi ancienne, pleine et entière, résistant à la décadence des mœurs, rajeunie par une nouvelle vie et destinée à porter des fruits surnaturels.

Une fois débarqué, les Indiens jetant là les bagages du pauvre missionnaire, le laissèrent livré à ses seules ressources ; puis sans écouter ses remontrances, partirent pour leurs villages, distants de plus de vingt milles. Ainsi abandonné, le bon prêtre se mit à genoux, rendant grâces à la Providence qui l'avait conduit jusque là ; puis il se prit à considérer quel parti il allait adopter. Le point où il se trouvait lui était bien connu ; il était sur les bords de la Thunder-Bay, et il avait vécu pendant trois ans dans la ville voisine de Toanché, baptisant, et prêchant, mais la ville huronne avait cessé d'exister[1]. C'est là qu'Étienne Brulé, l'aventureux interprète de Champlain,

---

1. « En ce voyage, il nous a fallu tous commencer par ces expériences à porter la croix que Notre-Seigneur nous présente pour son honneur, et pour le salut de ces pauvres barbares. Certes, je me suis trouvé quelquefois si bas que le corps n'en pouvoit plus. Mais d'ailleurs mon âme ressentoit de très-grands contentements, considérant que je souffrois pour Dieu : nul ne le sait s'il ne l'expérimente. Tous n'en ont pas esté quittes à si bon marché. » Brébeuf, *Relation des Hurons*, 1635, 26.

Trois ans plus tard, on imprima par les soins des Jésuites de Paris, une *Instruction pour les Pères de nostre Compagnie qui seront envoyiez aux Hurons*, et contenant des indications pour la conduite à tenir dans ce périlleux voyage par l'Ottawa. Ce document est bien caractéristique, à la fois pour les Missionnaires et pour les Indiens. Nous en donnons quelques-uns des articles principaux : « Vous devez aimer les Indiens comme des frères avec lesquels vous êtes destinés à passer le reste de vos jours. — Ne les faites jamais attendre pour vous embarquer. — Ayez toujours une pierre et de l'acier pour allumer leurs pipes ou du feu la nuit; ces menus services gagnent leur cœur. — Tâchez de manger leurs mets, quelque répugnants qu'ils soient. — Relevez les pans de votre soutane et n'ayez ni bas ni souliers dans les canots pour ne pas les abymer et y apporter de l'eau ou du sable. — Ne vous rendez pas importun, même à un seul Indien. — Ne les fatiguez pas de trop de questions. — Achetez du poisson pour eux quand vous rencontrerez des tribus qui en vendent, et dans ce but, ne négligez pas de vous munir de verroteries, hameçons, couteaux et menus objets d'échange. — Supportez leurs défauts en silence et même avec gaieté. — Ne soyez pas cérémonieux avec les Indiens ; acceptez leurs offres du premier coup ; trop de façon les offense. — Ayez bien soin qu'une fois dans le canot, les bords de votre chapeau ne les gênent point; peut-être sera-t-il préférable de porter une calotte. — Souvenez-vous que ce que nous regardons comme inconvenance n'existe pas pour les Indiens. — Ayez toujours présente la pensée que c'est le Christ et sa croix que vous recherchez, et si vous voulez trouver autre chose, vous ne gagnerez qu'affliction de corps et d'esprit. »

venait d'être assassiné par les habitants, qui, terrifiés des conséquences de leur crime, s'étaient enfuis en toute hâte, et venaient rebâtir leurs demeures à quelques milles de là sur un point nommé Ihonatiria. Brébeuf cacha ses bagages dans les bois, en dissimulant surtout les vases sacrés de la messe, et se mit à la recherche de sa future demeure. En passant devant les débris consumés de Toanché, il crut retrouver le lieu où Brulé était tombé ; nous lui laissons la parole. « Je vis pareillement l'endroit où le pauvre Etienne Brulé avoit été barbarement et traîtreusement assommé ; ce qui me fit penser que quelque jour on nous pourroit bien traiter de la sorte, et désirer au moins que ce fût en pourchassant la gloire de Notre-Seigneur. » Brébeuf ne croyait pas, hélas ! dire si vrai ! Lorsqu'à la tombée de la nuit, l'esprit et le corps harassés, il sortit de la sombre forêt, il avait devant lui les toits d'écorce d'Ihonatiria.

Une foule courut au devant de lui criant « Jehan est revenu ! » en reconnaissant la robe noire et la haute stature qui s'avançait vers elle ; on le conduisit à la ville, d'où après un court repos il envoya de jeunes Indiens à la recherche de ses bagages. Brébeuf accepta l'hospitalité du plus riche et du plus hospitalier des Hurons, qualification difficile à obtenir dans une contrée où cette vertu était générale, mais qu'il complétait par une générosité faisant taire la jalousie de ses concitoyens. Au milieu de l'abondance relative qui régnait chez Awandoay, Brébeuf attendit anxieusement l'arrivée de ses compagnons ; après plusieurs semaines d'inquiétude, Daniel et Davost apparurent, l'un après l'autre, avec leurs suivants français ; tous à demi morts de faim et de fatigue ils étaient enfin réunis sous ce toit ami, et la mission huronne allait commencer.

CHAPITRE V

BRÉBEUF ET SES COMPAGNONS.

(1634-1635)

La maison de la Mission. — Sa décoration et ses habitants. — Le Jésuite instituteur, ingénieur. — Les baptêmes. — Vie dans un village huron. — La Fête des rêves. — Les prêtres accusés de sorcellerie.— La sécheresse et la croix Rouge.

Une première question s'élevait aussitôt : Où les Pères s'établiraient-ils ? On avait songé d'abord à un lieu nommé par les Français La Rochelle, le plus important de la Confédération hurone, mais Brébeuf se décida pour Ihonatiria, où il était déjà connu et aimé, et où il espérait ainsi semer plus fructueusement les germes de la foi.

Suivant la coutume hurone, consistant en ce que tout le village aidât la famille qui avait besoin de se construire une demeure, le village voisin de Wenrio se joignit même à Ihonatiria pour édifier celle des Missionnaires qui leur réservaient quelques présents en conséquence. En octobre, la tâche était achevée, et la hutte construite selon le mode de construction du pays [1].

Elle comptait 36 pieds de long sur 20 de large, ses parois, formées de longues perches de sapin, se

---

1. Voir l'Introduction des *Pionniers français*.

rejoignaient au sommet, et le tout était recouvert de larges plaques d'écorce ; mais à l'intérieur, les Pères y firent des innovations à l'européenne en se servant de leurs outils qui excitaient l'étonnement général. Ils divisèrent l'espace en trois chambres, possédant chacune une séparation et une porte, autre objet d'ébahissement ; la première pièce était destinée à une antichambre où se mettraient les provisions de blé, de haricots, de poisson salé, etc. ; la seconde chambre, qui était la plus grande, servait à la fois de cuisine, de réfectoire, d'école et de chambre à coucher ; enfin la troisième, consacrée à la chapelle, devait leur donner un lieu de recueillement bien précieux après tant de labeur. Ils ne purent échapper à la pénible privation de cheminée, le feu fait au milieu de la pièce laissait échapper la fumée par le trou du plafond. De grands coffres contenant le linge et les effets posaient sur les plates-formes de bois surélevées de 4 ou 5 pieds de terre, à la façon indienne ; ils couchaient sous celles-ci sur des planches d'écorce et recouverts de peaux de bêtes. Des sièges grossiers, un moulin à main, un mortier et une horloge complétaient l'ameublement rustique.

Les visiteurs affluaient pour visiter ce qui leur semblait le palais des merveilles, et parmi celles-ci l'horloge et le moulin provoquaient une intarissable curiosité [1]. Auprès de ces objets se voyaient un

---

[1]. «Ils ont pensé qu'elle entendoit, principalement lorsque pour rire, quelqu'un de nos François s'écrioit au dernier coup de marteau : C'est assez sonné, et que tout aussitôt elle se taisoit. Ils l'appellent le Capitaine du Jour. Quand elle sonne, ils disent qu'elle parle, et demandent, quand ils viennent nous voir, combien de fois elle a déjà parlé. Ils nous interrogent de son manger ; ils demeurent des heures entières, et quelquefois plusieurs, afin de la pouvoir ouïr parler.» Brébeuf, *Relation des Hurons*, 1635, 33.

aimant et un prisme ; puis un microscope à travers lequel une des puces si communes parmi cette population devenait un monstre inconnu. « Tout ceci, » ajoute Brébeuf, « gagne leur amitié, et les rend plus dociles à accepter les mystères incompréhensibles et admirables de notre foi, l'opinion qu'ils prennent de notre puissance et de nos capacités les dispose à croire tout ce que nous pouvons leur dire. » « Que dit le capitaine ? » devint la question habituelle, ce titre d'honneur désignant l'horloge. — « Lorsqu'elle frappe douze coups, elle dit : « Mettez la marmite à bouillir, » et lorsqu'elle parle quatre fois, elle dit : « Levez-vous, et allez chez vous. »

Les Indiens se rappelèrent bien ces instructions, à midi les visiteurs se pressaient pour partager la sagamite des Pères ; mais aussi à quatre heures, ceux-ci les renvoyaient et obtenaient quelques moments de loisir. C'était alors que, la porte fermée, réunis autour du feu, ils discutaient l'avenir de la mission, s'éclairaient par des conseils mutuels, et comparaient leurs divers moyens d'action. Mais le sujet principal de leur entretien roulait sur la connaissance de la langue hurone ; chacun apportait son contingent de découvertes, ses suggestions nouvelles ; c'est ainsi que ces esprits lettrés et distingués, en analysant la construction et en se communiquant leurs déductions sur cet idiome, trouvaient encore matière à un labeur intellectuel.

Tout en ne négligeant rien pour acquérir une parfaite possession de ce précieux article, ils saisissaient toutes les occasions d'utiliser leurs connaissances variées au profit de ces misérables populations. Y avait-il homme, femme ou enfant malade, ils étaient toujours prêts à les soigner, à les secourir, ajoutant, s'ils en voyaient l'opportunité, quelques explications sur la doctrine chrétienne ; mais leurs bons offices ne s'arrêtaient pas là, et s'étendaient à une sphère bien différente. On sait que les Iroquois étaient pour les Hurons l'objet d'une crainte incessante ; bien souvent, la seule rumeur de leur approche faisait fuir la population entière vers les bois ou dans une de leurs villes fortifiées. Les Jésuites, afin de les rassurer, leur promirent l'aide des arquebuses apportées par les quatre Français qui les avaient accompagnés depuis les Trois-Rivières ; ils conseillèrent encore aux Hurons de construire dorénavant leurs forts de défense, non plus en forme de tour circulaire, mais avec quatre angles, flanqués chacun de petites tourelles, pour les arquebusiers. Les Indiens saisirent aussitôt la valeur de ce conseil, et le mirent en pratique dans leur ville principale d'Ossossané ou La Rochelle.

Chaque fois qu'ils le pouvaient, les Missionnaires réunissaient les enfants du village dans leur hutte ; alors, pour plus de solennité, Brébeuf revêtait le surplis, et le bonnet carré porté dans l'intérieur des maisons de l'Ordre.

Il chantait le *Pater Noster*, transcrit par le Père Daniel en vers hurons, les enfants le redisant à leur tour ; il leur apprenait à faire le signe de la croix, leur faisait répéter l'*Ave*, le *Credo* et les Commandements, les questionnait sur les instructions précédentes, en donnait brièvement de nouvelles, et enfin les renvoyait avec quelque petit présent de verroteries ou de fruits confits. Une grande émulation s'établissait parmi ces jeunes païens, et souvent les Pères eurent la consolante distraction de voir les petits groupes arrêtés dans le village et s'essayant à reproduire en commun le signe de la croix, ou répétant les chants qu'on leur apprenait.

A de certains intervalles, les Jésuites invitaient les anciens du village, dépositaires des traditions de la tribu, à s'assembler chez eux, et là ils leur expliquaient les principaux points de la doctrine en les invitant à la discussion. Leurs auditeurs acquiesçaient à tout ce qu'on leur exposait, répondant soit « très-bien » ou « cela doit être vrai »... mais, dès qu'on les pressait d'adopter la nouvelle foi, se retranchant dans l'invariable réponse : « Cela est bon pour les Français, mais nous sommes un autre peuple, et nous avons des coutumes différentes. »

Nonobstant leurs exhortations, les Jésuites faisaient donc peu de conversions, et pendant la première année de leur apostolat, ils ne baptisèrent d'adultes que ceux près de mourir, craignant avec raison le scandale des rétractations parmi les bien portants. Ils trouvaient une grande consolation à baptiser les petits enfants en danger de mort, changeant ainsi, selon l'expression de Le Jeune, « les petits sauvages en petits anges ».

Les Pères ne dormaient guère ; l'hiver est la saison des fêtes parmi les Hurons, et lorsqu'étendus sur leur dure couche, suffoqués par la fumée, dévorés par les nuées de puces, ils eussent pu s'assoupir à force de fatigue, le roulement du tambour, mêlé au bruit de certaines castagnettes faites avec des écailles de tortue, le battement de pieds des danseurs, et leur chant monotone se réunissaient pour les priver du repos le plus indispensable ; ces festivités s'étendaient souvent jusqu'à inviter tous les guerriers des villages voisins, et se convertissaient en réunions où le démon du jeu effréné s'ajoutait à toutes les folies qui remplissaient déjà l'atmosphère de leurs cris.

LA FÊTE DES RÊVES. 49

Ces orgies eussent été encore supportables, comparées aux « fêtes de médecine » ordonnées parfois par le sorcier docteur du lieu, pour opérer une guérison contre laquelle tous ses remèdes avaient échoué.

Brébeuf cite une de ces fêtes donnée en l'honneur d'un jeune sorcier de la tribu auquel un régime absurde, joint à la surexcitation, causa une fièvre cérébrale, pendant laquelle il courait, au milieu de l'hiver, à travers le village, tout nu et hurlant comme les loups. Toute la population se mit en devoir de satisfaire ses caprices les plus insensés à la réalisation desquels on attribuait le pouvoir de le guérir.

Les concessions, les cadeaux, tout ayant échoué, on tenta une « fête de médecine » puis des danses variées ; le pauvre fou restant toujours aussi enragé, les préparatifs commencèrent pour une danse plus importante que tout ce qu'on avait vu jusque-là. Brébeuf raconte que jamais carnaval ne dépassa ce degré de folie ! les uns se couvraient de sacs n'ayant que deux trous pour leurs yeux ; les autres, nus comme des vers, avaient le corps peint en blanc avec le visage tout noirci et la tête couverte de plumes et de cornes ; en somme chacun essaya une extravagance supérieure à celle de son voisin pour mieux contribuer à l'effet du ballet et à la guérison du malade.

Le mal n'ayant pas encore cédé à de si fortes adjurations, les anciens résolurent d'en venir à un remède suprême dont les sottises et l'orgie honteuse ne se peuvent décrire ; il suffira de dire que pendant ce temps la folie posséda le village tout entier; toutes ces belles cérémonies passaient pour être dictées par une certaine poupée cachée dans le sac à tabac du sorcier, d'où elle rendait ses oracles, se trémoussant à la façon d'une personne en vie.

Un conseil solennel fixa le moment où serait célébrée la grande Fête des Rêves ou Ononhara, considérée comme un rite infaillible pour soustraire un individu à la maladie ou un village aux mauvais esprits.

L'œuvre de folie commença à la nuit. Hommes, femmes, enfants, tous prétendaient avoir perdu le sens, se précipitaient en hurlant hors de chaque maison, détruisant tout sur leur passage, lançant des torches enflammées, battant ou arrosant tous ceux qu'ils rencontraient, et profitant de ce temps de licence pour venger impunément toute offense qui avait pu leur être faite. Ces scènes de frénésie durèrent jusqu'au jour; alors la forme de leurs extravagances changea.

Ils entraient partout, exigeant de chacun la réalisation de quelque désir secret que le songe de la nuit leur avait révélé ; la personne à laquelle s'adressait le maniaque, ignorant l'objet de ce rêve, lui jetait au hasard une hache, un chaudron, enfin ce qui se trouvait sous sa main, et le demandeur continuait sa route ainsi, jusqu'à ce qu'un cri de joie apprit à ses compagnons qu'on était enfin tombé sur la chose désirée ; si après tous ses efforts il n'était pas parvenu à obtenir l'objet rêvé, il tombait dans un sombre marasme, convaincu qu'une grande calamité allait l'atteindre.

L'approche de l'été ramenait un état de calme comparatif. La plupart des Indiens se dispersaient soit pour pêcher, soit pour se livrer à quelque commerce ou quelque travail agricole dans des régions plus éloignées. Les Pères profitèrent de ce temps pour accomplir les devoirs de dévotion qui leur sont enjoints par leur règle ; mais le répit fut court. Vers le milieu de la saison chaude, les récoltes souffrirent cruellement d'une sécheresse persistante, rendue plus grave par la nature sablonneuse du terrain. Les cris et les invocations des sorciers furent sans effet ; le ciel demeurait sans nuages. A l'ouest et à l'est le tonnerre grondait, mais sur Ihonatiria tout était calme. Un « faiseur de pluie », sentant sa réputation en péril, imagina d'accuser les Jésuites et prétendit que la couleur rouge de la croix posée sur leur maison effarouchait l'oiseau du tonnerre, et le forçait à s'envoler d'un autre côté[1]. La colère populaire, si aisée à soulever, se tourna contre les prêtres, et la croix fut condamnée à être abattue.

Alarmés de cette manifestation qui allait devenir un sacrilège, les Missionnaires tentèrent en vain d'expliquer à la multitude que la foudre n'était pas un oiseau, mais bien des exhalaisons brûlantes, cherchant à se frayer passage par les éclairs précurseurs : tous les raisonnements échouaient ; les missionnaires alors changèrent leur ligne de défense.

« Si vous croyez que la couleur rouge effraye l'oiseau de la foudre, peignez la croix en blanc, et voyez si le tonnerre viendra... »

On suivit l'avis, mais le ciel n'en resta pas moins sans nuages. Les Jésuites poursuivirent leur avantage.

1. Voici l'explication de la nature du tonnerre, donnée à Brébeuf par un sorcier : « C'est un homme sous la forme d'un dindon. Le ciel est son palais dans lequel il demeure lorsqu'il fait beau. Lorsque les nuages grognent, il descend sur terre et ramasse les serpents et tous les *okies*. L'éclair jaillit chaque fois qu'il ouvre ou ferme ses ailes, et la violence de l'orage tient à la présence de ses petits qui l'aident de leur bruit lorsqu'ils sont avec lui. » Le mot *okie* signifie tout objet pourvu de pouvoir surnaturel parmi les Indiens. La croyance ci-dessus existe encore aujourd'hui parmi les Dacotahs ; d'autres tribus considéraient le tonnerre comme un géant à forme humaine.

« Vos esprits ne viennent pas à votre aide, et vos sorciers vous trompent ; maintenant demandez l'aide de celui qui a créé le monde, et peut-être daignera-t-il répondre à vos prières. » Ils ajoutèrent que si les Hurons voulaient promettre de suivre les lois du vrai Dieu, ils feraient, eux, une procession journalière afin d'implorer Dieu en leur faveur.

Les promesses ne manquèrent pas ; on commença les processions, avec neuvaine à saint Joseph [1], et une forte pluie tombant presqu'aussitôt, les Indiens conçurent une haute idée de l'efficacité des « docteurs français ».

En dépit de l'hostilité intéressée des sorciers et de l'incident de la croix rouge, les Jésuites avaient su gagner la confiance et le bon vouloir des sauvages. Leur patience, leur intrépidité, leur désintéressement, l'abnégation et la pureté de leur vie, le tact admirable dont, au milieu du zèle le plus fervent, ils ne se départirent jamais, toutes ces rares qualités avaient touché le cœur de ces grossiers témoins incessants de leur vie ; et les chefs de villages éloignés vinrent les presser d'habiter parmi eux [2]. Certes le résultat palpable de la mission était bien faible, mais ces âmes courageuses ne défaillaient point, conservant l'espérance qu'une moisson plus abondante viendrait un jour récompenser leurs travaux.

---

1. La dévotion des Missionnaires à saint Joseph était toute particulière, et leur gratitude se témoigne dans tous leurs écrits : « Nous devons aussi beaucoup au glorieux saint Joseph, protecteur des Hurons, dont nous avons touché au doigt l'assistance plusieurs fois. Ce fut une chose remarquable, que le jour de sa fête, et durant l'octave, les commodités nous venoient de toutes parts. » Brébeuf, *Relation des Hurons*, 1635, 41.

2. Brébeuf relate une harangue à lui faite par un de ces chefs, comme spécimen curieux de l'éloquence huronne. *Rel.*, 1636, 123.

CHAPITRE VI

LA FÊTE DES MORTS.

Les sépultures huronnes. — Préparatifs de la cérémonie. — Transport des restes. — Le deuil. — La marche funéraire. — Le grand sépulcre. — Jeux funéraires. — Cadeaux. — Harangues. — Frénésies de la foule. — Scène finale. — Autres rites. — Le captif iroquois. — Sacrifice humain.

Nous avons déjà mentionné l'immense réceptacle d'ossements humains découvert dans des temps récents au pays des Hurons[1]. Bien des conjectures ont été faites sur cette découverte, mais on peut assigner à l'origine de ces ossuaires une certitude historique. Les rites si étranges auxquels ils doivent leur existence nous ont été décrits par Brébeuf, qui y assista pendant l'été de 1636, dans la ville d'Ossossané.

Les Jésuites connaissaient déjà les rites de sépulture habituelle adoptés chez les Hurons : le corps placé au milieu d'une réunion de parents et d'amis, dans une posture accroupie, la lamentation cadencée des pleureurs, les harangues à la louange du mort, la fête funéraire, les jeux avec compétition des prix, et le deuil prolongé pour la parenté proche. Tout ceci n'avait pourtant point lieu en l'honneur de la sépulture définitive; à des intervalles de dix à douze ans, chacune des quatre nations formant la Con-

1. Voir l'Introduction des *Pionniers français*.

fédération hurone, réunissait tous ses morts et les transportait dans un lieu de sépulture commune. C'est là qu'on célébrait cette grande Fête des Morts, représentant aux yeux des Hurons leur plus importante solennité.

L'année 1636, les anciens de la nation de l'Ours, à laquelle appartenait la ville d'Ihonatiria, s'assemblèrent en grand conseil, pour se préparer à la cérémonie. Un esprit de dissension et de jalousie s'étant répandu parmi les villages, trois ou quatre de ceux de l'Ours annoncèrent l'intention de célébrer à part cette solennité. Cela fut regardé comme le comble de l'inconvenance et excita la réprobation la plus vive ; néanmoins, Brébeuf fut frappé du calme du débat, mené sans récrimination ni personnalités, et qui eut pu servir de leçon aux discussions soulevées entre chrétiens. La sécession eut lieu et chaque parti rentra préparer ses morts dans ses villages.

On retira les corps de leurs tombes, ou des échafaudages sur lesquels on avait également la coutume de les poser ; les enveloppes enlevées par des délégués spéciaux, une foule criant, hurlant entoura ces repoussants vestiges, déposés à terre par rangées.

On voyait là les restes des morts dans le village, depuis douze ans et malgré l'horreur du spectacle, la pensée qui présidait à cette cérémonie était assez édifiante pour que les prêtres y amenassent les autres Français dans l'espoir qu'ils pourraient en tirer une leçon morale.

Chaque famille réclamait les siens, enlevait soigneusement ce qui pouvait rester de chair sur les os et, après bien des caresses, des pleurs et des gémissements, les enveloppait et les ornait de longs vêtements de fourrures. La croyance voulait que ces restes eussent conscience de ces soins; on pensait qu'une âme résidait avec le corps tandis que l'autre était au pays des esprits, et c'est à ce dogme, admis généralement parmi les Indiens, qu'on doit attribuer le culte presque extravagant de leurs morts, signe caractéristique de cette race.

On portait soigneusement tous ces débris dans une des plus grandes cabanes ; et là, bien enveloppés de fourrures, on les suspendait aux perches qui soutenaient la toiture ; puis le concours des pleureurs prenait place à un banquet funéraire; les squaws distribuaient la nourriture, un chef haranguait l'assemblée, et exaltait les vertus des chers défunts. La solennité terminée, on se mettait en marche vers Ossossané, théâtre des derniers rites funéraires. La procession, portant son lugubre fardeau, les corps entiers posés sur une espèce de litière, et les ossements suspendus comme des fagots sur les épaules des parents, défilait lentement le long des sentiers de la forêt; lorsque le cortège passait entre les rangées des sombres pins, il émettait de temps à autre une plainte prolongée, destinée à imiter les voix des âmes prenant leur vol vers le pays des esprits, et cette plaintive mélopée était censée produire l'effet le plus consolant pour les reliques transportées ainsi. A la nuit, quand on s'arrêtait pour prendre quelque repos dans un des villages du chemin, les habitants venaient au devant des pèlerins, avec les démonstrations d'une hospitalité grave et compatissante.

Toutes les processions de la nation de l'Ours convergeaient donc sur Ossossané ; cette capitale des Hurons, située sur le bord oriental de la baie de Nottawassaga, était entourée d'une sombre solitude de pins ; et c'est là que sur l'instante invitation des chefs, les Jésuites se rendirent. La foule grossissait sans cesse d'hôtes priés des autres tribus ; toutes les huttes regorgeaient de monde, et les bois environnants s'illuminaient de feux de camp.

Des jeux funéraires avaient lieu : les Hurons, les Iroquois et les Ottawas occupaient la jeunesse des deux sexes à un tir à l'arc, où des prix étaient offerts aux gagnants, par les parents des morts, au nom de ceux-ci.

Les chefs conduisirent Brébeuf et ses compagnons au lieu préparé pour la cérémonie ; elle devait se passer sur un terrain défriché au milieu de la forêt. Au centre de cet emplacement se voyait un puits de dix pieds de profondeur et de trente pieds de large à l'entour duquel s'élevait un échafaudage garni lui-même de hautes perches et de traverses devant recevoir les dons funéraires et les restes mortuaires.

On logea les Jésuites dans une hutte au plafond de laquelle pendaient plus d'une centaine de ces paquets d'ossements, les uns informes, les autres représentant de grossières effigies, ornées de plumes et de verroteries ; on croira aisément qu'au milieu de semblables décorations, les pauvres prêtres passèrent une nuit aussi pénible aux sens qu'à l'imagination.

Enfin, après un long délai, le signal d'ouverture de la cérémonie fut donné. On descendit les reliques, découvertes pour la dernière fois, et les femmes les embrassèrent avec des paroxysmes de lamentations [1] ;

---

1. « J'admiray la tendresse d'une femme envers son père et ses enfans ; elle est fille d'un capitaine, qui est mort fort âgé, et a été autrefois très-considérable dans le pays. Elle lui peignoit sa chevelure, elle manioit ses os les uns après les autres, avec la même affection que si elle eust voulu lui rendre la vie. Pour ses petits enfans, elle leur mit des bracelets de porcelaine aux bras, et baigna leurs os de ses larmes ; on ne l'en pouvoit quasi séparer, mais on pressoit, et il fallut incontinent partir. » Brébeuf, *Relation des Hurons*, 1636, 134.

puis la procession se dirigea vers le lieu préparé pour les derniers rites ; là chacun gagna le poste qui lui était assigné; on déposa les ossements à terre, et tous ceux qui portaient les dons funéraires les déployèrent pour l'admiration des spectateurs ; leur nombre et leur valeur étaient énormes. Parmi ces offrandes se voyaient des robes de castor et d'autres fourrures de prix, rassemblées depuis des années en vue de cette cérémonie. On alluma les feux et bientôt tout le pourtour du défrichement ressembla à une foire ou à un caravansérail ; vers trois heures de l'après-midi, on décrocha les marmites, on rempaqueta les dons et les ossements remontèrent sur les épaules des vivants. Enfin à un signal donné, la multitude s'élança comme à l'assaut des échafaudages, les escalada avec de rustiques échelles, et suspendit les cadeaux et les ossements le long de la forêt de perches ; les échelles retirées, les chefs se mirent à haranguer la foule du haut de cette tribune, louant les morts, et les offrandes que la générosité des parents destinait au nom des défunts à leurs amis survivants. Pendant ces harangues, d'autres fonctionnaires garnissaient les sépultures de riches robes de castor, et y plaçaient trois chaudrons de cuivre comme l'on en a retrouvés dans plusieurs de ces fosses récemment découvertes confirmant ainsi les récits de Brébeuf.

Alors, ceux des corps restés entiers, étant amenés au bord de la fosse, y furent réunis en rangs par une douzaine d'Indiens, au milieu de cris et d'un tumulte indescriptible ; cette révoltante opération achevée, la nuit étant arrivée, la foule établit son bivouac, et alluma les feux de camp à l'ombre de la forêt, abritant les tristes scènes des heures précédentes. Brébeuf et ses compagnons se retirèrent dans un village voisin, où une heure avant l'aurore une clameur effroyable les arracha au sommeil. Un des paquets d'ossements s'étant, paraît-il, détaché des perches, était tombé dans la fosse : l'accident avait hâté l'acte final et augmenté la frénésie. Guidés par les cris sauvages, et l'éclat des flammes alimentées par d'énormes pommes de pin, les prêtres furent bientôt en présence d'une scène qui leur parut être une image de l'enfer ! Au milieu des hurlements et de feux innombrables, se voyait une foule nue couvrant l'échafaudage et les alentours et lançant pêle-mêle les ossements dépouillés de leurs enveloppes dans la fosse ; on apercevait à la lueur des feux des hommes qui, comme autant de démons, s'occupaient à ranger ces débris à l'aide de longues perches. Bientôt la terre, le bois, les pierres suivirent le chemin des ossements, un chant funéraire succéda aux cris et la mélopée en était si lugubre qu'elle sembla aux Jésuites être la plainte désespérée d'âmes perdues dans les abîmes éternels [1].

1. Pour d'autres descriptions de ces rites, voyez Charlevoix, Bressani, Du Creux, mais surtout Lafitau où de curieuses illustrations interprètent le texte. Le même usage prévalait presque partout; Bartram le trouva en honneur parmi les tribus de la Floride ; les Dacotahs suivaient ces coutumes, et des restes de semblables sépultures ont été retrouvés parmi les tribus du Tennessee, du Missouri, du Kentucky et de l'Ohio. On en a découvert également dans diverses parties de l'État de New-York, surtout près du Niagara, qui formait l'extrémité est du territoire des Neutrals. L'un de ces dépôts contenait les ossements de plusieurs milliers d'individus. On en trouve aussi dans l'ouest du Canada, et dans le district des Hurons.
Le docteur Taché m'écrit : « J'ai inspecté seize fosses à ossemens dans le district des Hurons, dont la situation est indiquée sur la petite carte que je vous envoie. Elles contiennent de six à douze cents squelettes chacune, de tous les âges et des deux sexes évidemment mélangés avec intention. Toutes ces fosses contiennent aussi des pipes en terre ou en pierre, des petits pots de terre, des coquilles, des verroteries et autres menus objets; quelques-unes de ces sépultures recélaient des objets en cuivre de fabrication mexicaine. » Ce fait remarquable, et la

Telle était l'origine de ces étranges sépultures qui sont encore aujourd'hui une source d'étonnement et de curiosité pour le pionnier moderne dans les forêts abandonnées par les Hurons.

Les prêtres allaient bientôt être appelés à assister à une solennité bien autrement émouvante, mais qui avait pourtant son côté consolant pour leur zèle apostolique, puisqu'ils y trouvèrent l'occasion de sauver de la perdition une de ces âmes, dans lesquelles leur ardent dévouement espérait toujours réussir à planter le germe de la foi.

Une petite bande d'Iroquois avait été surprise par des Hurons, qui, après en avoir tué une partie, en emmenèrent quelques-uns prisonniers ; l'un d'eux, conduit en triomphe dans le village, avait cruellement souffert, ses mains surtout étaient déchirées, lacérées. On le reçut, néanmoins, avec toutes les démonstrations les plus affectueuses. « Prenez courage, » lui disait un chef, « vous êtes chez des amis. » La meilleure nourriture lui fut préparée et ses possesseurs rivalisaient de soins : c'était l'habitude parmi les Hurons pour leurs prisonniers destinés à la torture, quelques-uns allaient même jusqu'à leur fournir une compagne provisoire. On avait donné celui-ci, selon la coutume indienne, à un chef qui avait perdu un des siens dans le combat, et on supposait que le captif

présence également dans ces ossuaires des grandes coquilles avec lesquelles se faisaient les perles de wampum, et qu'on ne peut se procurer absolument que du golfe du Mexique, ou d'une des côtes sud des États-Unis, prouvent l'étendue des relations de trafic au moyen desquelles de certains articles étaient répandus de tribu en tribu. Le transport de pipes, provenant de la célèbre carrière de pierre de pipe rouge, du Saint-Pierre, parmi des tribus distantes de près de mille lieues, est un exemple moderne analogue, bien que moins frappant. Le muséum Taché, à l'Université de Laval à Québec, contient nombre de ces débris funéraires, et parmi eux on voit un squelette humain d'une taille vraiment gigantesque.

serait adopté à la place du défunt. Son sort devait être rapidement fixé ; le Huron le reçut affectueusement, puis l'ayant fait asseoir, lui dit sur le ton le plus amical: « Mon neveu, lorsque j'appris que vous veniez chez moi, je m'en réjouis, pensant que vous me resteriez et prendriez la place de celui que j'ai perdu ; mais maintenant que je vois votre triste condition et que vous ne pourrez jamais recouvrer l'usage de vos mains si mutilées, j'ai changé d'avis ; ainsi prenez courage et préparez-vous à mourir cette nuit comme un homme courageux. »

Le prisonnier demanda froidement quel serait son genre de mort.

« Par le feu », lui fut-il répliqué.

« C'est bien », répondit l'Iroquois.

Pendant ce temps, la sœur du Huron défunt, que l'Iroquois eût dû remplacer, lui apportait de la nourriture, et la plaçait devant lui, les larmes aux yeux avec toutes les apparences d'un profond attendrissement, pendant que le guerrier lui donnait une pipe, l'éventait, et essuyait la sueur de son front.

Vers midi, eut lieu le repas d'adieu de ceux qui se savaient sur le point de mourir ; tout le monde était admis à cet étrange banquet, la compagnie une fois rassemblée, l'hôte s'adressant à tous, leur parla d'une voix ferme : « Mes frères, je vais mourir. Faites de votre mieux contre moi, je ne crains ni la torture ni la mort. » Quelques-uns des assistants parurent avoir pitié de lui, et une femme demanda aux Jésuites s'il serait mal de le tuer et de lui épargner ainsi le feu.

Les Jésuites n'avaient perdu aucune occasion de s'entretenir avec le prisonnier; celui-ci, reconnaissant de leur réelle bonté au milieu de la cruelle hypocrisie qui l'entourait, les écouta attentivement, satisfaits alors de ses réponses, ils se décidèrent à le baptiser ; n'ayant pu sauver son misérable corps, ils attendirent au moins avec plus de compassion l'issue de l'horrible drame.

Une foule, survenue de toutes les villes environnantes, s'était réunie au lieu du supplice. A la nuit tombante, le chef les harangua, en les exhortant à bien remplir leurs rôles dans le sacrifice prochain, puisque le Soleil et le Dieu de la guerre les contemplait [1].

Onze feux s'élevèrent bientôt au milieu de l'enceinte ; les plates-formes des côtés se couvrirent de spectateurs, les plus jeunes guerriers se tenant debout entre elles et les feux, avec des pommes de pin allumées dans leurs mains. La chaleur intense, la fumée, l'éclat des flammes, les cris sauvages et les gestes enragés de ces démons humains, leur victime pourchassée par les torches, s'élançant d'un foyer dans l'autre, et parcourant ainsi tout le cercle de feu, l'ensemble de cette scène hideuse remplit les prêtres d'une horreur à peine tempérée par la conviction qu'au lever de l'aurore, l'infortunée créature avait au moins trouvé le repos auprès d'un Dieu miséricordieux.

1. Areskoui (voir l'Introduction) était souvent considéré comme identique au soleil. Le caractère à demi sacré de ces horribles sacrifices est encore indiqué ici, par l'injonction « que pour ceste nuit, on n'allast point folastrer dans les bois ». Le Mercier, *Relation des Hurons*, 1637, 114. Le récit de Le Mercier est trop horrible pour être reproduit.

CHAPITRE VII

JÉSUITES ET HURONS

(1636-1637).

Enthousiasme excité en France par la Mission. — Les maladies frappent les Pères. — La peste chez les Hurons. — Dévouement des Jésuites dans cette occurrence. — Efforts de conversion. — Prêtres et sorciers. — Prescription des magiciens. — Baptêmes inavoués. — Zèle infatigable des Pères.

Pendant ce temps, l'ancienne France s'était mise en mesure d'envoyer des secours et des renforts à la nouvelle patrie. Des Jésuites, empressés de prendre part à l'œuvre de conversion, traversaient les mers ; ce n'étaient pas là des exilés cherchant un refuge contre les persécutions ; les puissants, les riches, le souverain lui-même s'associaient à leur entreprise. On trouvera peu d'exemples de ferveur plus intense, d'abnégation plus complète, de dévouement plus constant, dans les annales humaines et religieuses, que ne le sera celui de ces hommes, quittant leur pays, leur position, sacrifiant leur vie sans hésiter au service de la cause de leur mère l'Église. Sans doute celle-ci s'associa souvent aux erreurs politiques des gouvernements qu'elle dirigeait, et parmi ses soldats, les uns cherchaient la satisfaction de leurs intérêts mondains, et d'autres, se trompant eux-mêmes sur leurs motifs, confondaient dans un sophisme trop commun au cœur humain, le zèle spirituel avec leur ardeur temporelle. Néanmoins l'Église de Rome proclamée divine et infaillible, dans sa marche invariablement ascendante à travers le grand chemin de l'histoire, s'impose à l'admiration, malgré ses contradictions et ses erreurs politiques qui la font voir tantôt ne respirant qu'amour et charité, tantôt se mettant au service d'un tyran ; parfois, elle sera le défenseur de l'opprimé, et pourtant bientôt elle semblera tolérer les plus mauvaises passions des maîtres du monde ; elle paraît ainsi réunir les contrastes les plus étranges qui aient possédé le cœur de l'homme : mais quelque sévère que puisse être le jugement porté sur le catholicisme, par ses adversaires ou ses dissidents, nous retraçons ici une des plus admirables périodes de son histoire, car ce sont ses aspirations les plus nobles, les plus pures, qui donnèrent naissance aux missions de la Nouvelle-France. Ces sombres solitudes, ces hordes sauvages n'avaient certes rien pour tenter l'ambition, l'orgueil ou l'amour du bien-être ! un labeur obscur, des privations surhumaines, l'isolement, puis la mort, telles étaient les perspectives du missionnaire ! Celui qui mettait à la voile pouvait bien dire : « Je laisse derrière moi le monde, ses tentations, tout espoir de retour. » Il obéissait comme un soldat au mot d'ordre, mais l'habile société de Jésus s'entendait mieux qu'aucun et à discerner la valeur de tous ses membres, et à leur assigner leurs tâches diverses ; lorsqu'elle commandait le départ pour la Nouvelle-France, cet ordre n'était que la réalisation d'un désir contenu dans la ferveur du cœur. Les lettres de ces braves Missionnaires partant pour l'épreuve respirent l'enthousiasme, et si l'expression en paraît parfois excessive à des natures plus calmes, vouées à un culte plus froid, elle n'est certes pas en disproportion avec la grandeur de l'effort et du sacrifice qui leur était demandé [1].

Tous tournaient les yeux vers la mission des Hurons, c'est là qu'ils devaient lutter contre le plus de dangers, là leur était promise la plus ample moisson pour les payer de leur labeur, de leurs souffrances. Deux Jésuites, Pijart et Le Mercier, y avaient été envoyés en 1635 ; au milieu de l'année suivante, on y vit arriver un à un, trois autres, Jogues, Châtelain et Garnier. Lorsqu'ils atteignirent Ihonatiria, après un périlleux et solitaire voyage, leurs frères les reçurent avec une effusion qui compensait largement les peines endurées, car la grandeur et la sainteté du but établissaient parmi ces serviteurs de Dieu une communauté d'affection

---

[1]. Nous donnons ici quelques extraits de ces lettres, qu'on peut trouver au long dans les « *Divers sentiments* » joints aux *Relations* de 1635 :

« On dit que les premiers qui fondent les Églises d'ordinaire sont saints : cette pensée m'attendrit si fort le cœur, que, quoique je me voie fort inutile ici dans cette fortunée Nouvelle-France, si faut-il que j'avoue que je ne me saurois défendre d'une pensée qui me presse le cœur : *cupio impendi, et superimpendi pro vobis*, pauvre Nouvelle-France, je désire de me sacrifier pour ton bien, et quand il devroit me coûter mille vies, moyennant que je puisse aider à sauver une seule âme, je serai trop heureux et ma vie très-bien employée.

« Ma consolation parmi les Hurons, c'est que tous les jours je me confesse, et puis je dis la messe comme si je devois prendre le Viatique et mourir ce jour-là, et je ne crois pas qu'on puisse mieux vivre, ni avec plus de satisfaction et de courage, et même de mérites, que vivre en un lieu où on pense pouvoir mourir tous les jours et avoir la devise de saint « Paul : *Quotidie morior, fratres,* etc. ; mes frères, je fais état de mourir tous les jours. »

« Qui ne voit la Nouvelle-France qu'avec les yeux de la chair et de la nature, il n'y voit que des bois et des croix ; mais qui les considère avec les yeux de la grâce et d'une bonne vocation, il n'y voit que Dieu, les vertus et les grâces, et on y trouve tant et de si solides consolations, que si je pouvois acheter la Nouvelle-France, en donnant tout le Paradis terrestre, certainement je l'achèterois. Mon Dieu ! qu'il fait bon être au lieu où Dieu nous a mis de sa grâce ! véritablement, j'ai trouvé ici ce que j'avois espéré, un cœur selon le cœur de Dieu, qui ne cherche que Dieu ! »

bien plus élevée que la camaraderie d'association des intérêts humains [1].

Ils avaient rencontré Daniel et Davost, descendant à Québec, afin d'y établir un séminaire pour les enfants hurons, projet longtemps nourri par Brébeuf et ses collègues.

A peine les pauvres pèlerins étaient-ils arrivés, qu'une fièvre contagieuse transformait la maison de la Mission en hôpital. Les trois nouveaux venus, et deux de leurs domestiques, furent bientôt atteints, tandis qu'une heureuse chance laissait debout celui des domestiques qui pourvoyait à la chasse. Les valides soignaient les malades, et ceux-ci rivalisaient en efforts souvent au-dessus de leurs forces, pour alléger la charge de leurs frères.

Aucune mort ne vint frapper la petite communauté, mais la santé revenait à peine, qu'une calamité imprévue requérait toute leur énergie.

La peste, qui depuis deux ans avait visité de temps à autre les villes huronnes, reparaissait avec une violence décuplée, et avec elle arrivait ce terrible fléau — la petite vérole. La terreur était générale ; l'épidémie croissait avec la marche de l'automne, et loin de cesser à la venue de l'hiver, ainsi que l'espéraient les prêtres, les ravages devinrent terrifiants. La saison des réjouissances était transformée en lamentations, et le découragement fut tel, que des suicides avaient lieu fréquemment.

---

[1]. « Je lui préparai de ce que nous avions, pour le recevoir, mais quel festin ! Une poignée de petit poisson sec avec un peu de farine ; j'envoyai chercher quelques nouveaux épis que nous lui fîmes rôtir à la mode du pays ; mais il est vrai que dans son cœur et à l'entendre, il ne fit jamais meilleure chère ! La joie qui se ressent à ces entrevues semble être quelque image du contentement des bienheureux à leur arrivée dans le ciel, tant elle est pleine de suavité. » Le Mercier, *Relation des Hurons*, 1637, 106.

Les Jésuites, isolément ou par deux, allaient par les plus grands froids de village en village, soignant les malades, et cherchant à appuyer les exhortations religieuses par leurs efforts pour le soulagement physique. Il ne leur restait en fait de médecine qu'un peu de séné, puis quelques raisins secs ; un ou deux de ceux-ci mis dans une cuillerée d'eau sucrée étaient toujours bien accueillis par leurs patients, qui leur attribuaient une vertu miraculeuse. Aucun foyer n'était négligé ; lorsque le missionnaire, médecin de l'âme et du corps, entrait dans ces huttes enfumées, il voyait les habitants, enveloppés dans leurs robes de fourrures, assis autour du brasier fumeux dans un morne abattement ; partout se faisait entendre la plainte d'enfants malades et mourants, pendant que dessus et dessous les plates-formes se tenaient accroupis des êtres atteints à tous les degrés de la maladie régnante. Le Père s'approchait alors, s'informait avec de bonnes paroles, administrait son innocent breuvage, ou bien offrait un bol de bouillon fait avec le gibier tué par leur domestique chasseur [1].

Une fois les soins du corps accomplis, il s'adressait à l'âme. « Cette vie est courte et misérable, il importe donc peu de mourir, » disait-il. A cette proposition, le patient demeurait silencieux ou grognait en signe de désapprobation ; continuant son thème sur la brièveté de la vie et ses maux, le tout en langue huronne fort imparfaite, le Père passait de là à la peinture des joies du Ciel et aux punitions de

---

[1]. Le gibier était devenu si rare dans les régions huronnes, qu'il était regardé comme un mets des plus recherchés. Le Mercier parle d'un Indien, âgé de soixante ans, qui fit douze milles à pied pour goûter d'une pièce de coq sauvage tué par le Français. Ils ne vivaient que de poisson, de blé, de courges et de haricots.

l'Enfer, dépeintes sous les couleurs de sa meilleure rhétorique. L'Indien en état de suivre ses exhortations comprenait encore assez aisément ces descriptions des tortures de l'Enfer, mais les avantages du Paradis ne touchaient nullement son imagination. « Je désire aller là où sont mes parents et mes amis » était une forme de réponse assez naturelle et fréquente. — « Le Ciel doit être une bonne demeure pour les Français, » disait encore l'interlocuteur, « mais je veux être avec des Indiens, car les Français, une fois là, ne me donneront rien à manger. » Un silence obstiné, ou une contradiction perverse étaient souvent la seule réplique à tirer d'eux, et presque toujours, la nature triomphait de la grâce.

« Que voulez-vous choisir, disait un des prêtres à une mourante, du Ciel ou de l'Enfer ?

— L'Enfer, si mes enfants y sont, » répondait la mère. Au-dessus de tous ces arguments se dessinait surtout la crainte de la famine dans la région des bienheureux.

« Chasse-t-on dans le Paradis, ou fait-on la guerre et des fêtes ? demandait un des néophytes. — Oh ! non, répondait le Père. — Alors je n'y veux point entrer, car il n'est pas bon de devenir paresseux. » Lorsqu'enfin l'Indien avait exprimé son option pour le Paradis, il était impossible de l'amener à la contrition de ses fautes, car il niait avec indignation en avoir jamais commis.

Parfois pourtant, de rares exceptions remplissaient les conditions désirées ; le prêtre avait enfin la consolation si ardemment cherchée d'approcher la coupe d'eau salutaire et d'arracher une âme à la perdition éternelle ; mais même après son baptême, le converti ne donnait pas toujours des gages de satisfaction spirituelle, témoin cette apostrophe faite par l'un d'eux : « Pourquoi avez-vous baptisé cet Iroquois ? (en parlant du prisonnier récemment brûlé) il ira en Paradis avant nous, et lorsqu'il nous verra venir, il nous en chassera. »

Il n'était que trop clair pour les bons Pères dont la conscience les poussait à cette charitable croisade, que leurs exhortations n'avaient de valeur que considérées au point de vue du charme qu'on leur attribuait contre la famine, les maladies ou la mort. Eux avaient une confiance absolue dans l'intercession particulière de saint Joseph, et ne doutaient pas du salut que leur apporterait sa puissante intervention au moment le plus critique.

A Wenrio, la population, après avoir essayé en vain des fêtes, des danses et de toutes les plus grotesques sorcelleries, se décida à essayer de la *médecine* des Français, et réunit à cet effet les prêtres en conseil. « Que devons-nous faire, afin que votre Dieu prenne pitié de nous ? »

La réponse de Brébeuf fut sans échappatoires :

« Croyez en Lui ; gardez ses commandements ; ne prenez qu'une femme et restez-lui fidèle ; renoncez à vos assemblées de débauche, ne mangez plus de chair humaine, cessez de fêter les Démons, et faites vœu que si Dieu vous délivre de la peste, vous bâtirez une chapelle à sa louange et en reconnaissance de ses bienfaits. »

Ces conditions semblèrent trop dures ; on eût voulu s'en tirer avec la promesse seule de la chapelle, mais Brébeuf ne céda sur rien, et on leva le conseil.

A Ossossané, la population terrifiée promit tout ce qu'on voulut, pourvu qu'elle fût sauvée de l'affreuse peste ; les travaux d'Hercule et les écuries d'Augias n'eussent rien été, comparés à ce labeur de réforme ! Néanmoins, un de leurs sorciers parcourut les rues annonçant que le Dieu des Français devenait leur maître, et que dorénavant tous vivraient selon sa loi. « Quelle consolation, » s'écrie Le Mercier, « de voir Dieu glorifié par la bouche de ce suppôt de Satan ! »

La satisfaction devait être de courte durée ; la proclamation avait eu lieu le 12 de décembre ; le 21 du même mois arrivait à Ossossané un sorcier en renom, sorte de gnome bossu, difformité bien rare parmi ces populations si régulièrement bâties, à l'air vicieux et vêtu de haillons en peau de castor ; il s'établit dans une hutte d'écorce, et y commença les grimaces, les chants déjà décrits dans plusieurs de ces occasions, en y joignant une suffocante fumigation de tabac. Puis vint une grande « *fête de médecine* » et les Jésuites, tout désappointés, virent clairement que les objets de leurs soins spirituels comptaient s'assurer toutes les chances de guérison en s'adressant à la fois à Dieu et au Diable.

Ce méchant charlatan bossu devint bientôt une croix dans la vie des Missionnaires qui d'ailleurs étaient assez disposés à croire en partie à l'origine surnaturelle que s'attribuait le sorcier. Ce dernier prétendait être, non pas un homme, mais un *Oki*, pur esprit selon lui, esprit de maléfice d'après la croyance des prêtres ; il disait avoir vécu avec d'autres *Okies* sous terre, lorsque la fantaisie le saisit de monter à la surface du globe [1], et de devenir un homme ; les détails de ses transformations seraient fastidieux à répéter ici, mais toutes ses allures s'accordaient assez bien avec

---

1. Voir notre Introduction, vol. Ier, *Pionniers français*.

ses dires ; il affirmait avoir un pouvoir absolu sur la peste, et toutes ses prescriptions furent scrupuleusement suivies.

Les rivaux à tous les degrés ne lui manquaient pas ! L'un de ces magiciens, docteur à demi aveugle, jeûna pendant six jours dans sa tanière, et au septième apparut avec la révélation que l'on éloignerait la maladie en plantant des épouvantails en paille sur tous les sommets des maisons. En quarante-huit heures, Onnentisati et ses environs se couvrirent de cette belle décoration ; on voulut persuader aux Jésuites d'en orner aussi les toits de la mission, mais ils répliquèrent que la croix qui surmontait leur porte était un bien plus sûr préservatif, et que pour mieux se défendre, ils allaient en ajouter une sur le toit, espérant bien ainsi être à l'abri de toute contagion ; les Indiens de leur côté crurent augmenter la vertu de leurs mannequins, en leur adressant des harangues et de l'encens de tabac.

Un autre de ces sorciers comptait une si nombreuse clientèle, que ne pouvant suffire aux demandes, il envoyait des représentants, auxquels il avait d'abord communiqué son mystérieux pouvoir.

L'un de ces délégués arriva à Ossossané ; la maison principale se remplit d'Indiens, attendant anxieusement ses décisions ; il vint, précédé d'un chef portant de l'eau mystique dans un chaudron, avec laquelle il aspergea la compagnie [1], l'éventant en même temps avec l'aile d'un dindon sauvage, puis suivit l'inévitable fête, et la danse des femmes.

---

1. Cette idée semble avoir été empruntée à l'emploi de l'eau bénite chez les Français. Le Mercier raconte qu'un Huron, qui avait été à Québec, lui demanda un jour à quoi servait le vase contenant de l'eau à la porte de la chapelle ; le prêtre lui dit que c'était pour éloigner les démons ; sur ce, il demanda instamment à en avoir un peu.

PRESCRIPTIONS DES MAGICIENS.

L'opinion qui prévalait sur la nature de la peste voulait que ce fut un méchant *Oki* venant du lac Huron ; d'autres soutenaient que la contrée était infestée de sorciers malfaisants, qu'on apercevait près des villages, la nuit, vomissant le feu. Comme il était de la plus haute importance de les apaiser, on employait tous les moyens imaginables, pour atteindre ce but ; festins où chacun se gorgeait à en mourir, association mystique exécutant des danses avec des fers rouges dans la bouche, ou avec des masques en simulant des difformités ; enfin un des chefs grimpa sur le toit d'une maison, en criant au monstre invisible : « S'il te faut des victimes, va vers nos ennemis les Iroquois ! » tandis que pour joindre la terreur à la persuasion, la foule remplissait l'air de ses hurlements en battant les murs de coups de bâton.

Outre ces efforts publics pour arrêter la peste, chaque individu avait quelque moyen particulier de se traiter dicté par l'usage ou par des rêves. C'est ainsi qu'entrant dans une maison, les Jésuites virent un homme malade accroupi dans un coin, avec trois amis près de lui ; devant chacun d'eux était une portion de nourriture suffisante pour quatre personnes, et bien que l'effort fût tel que les veines et les yeux semblaient prêts à éclater, ils n'en continuaient pas moins leur entreprise, résolus à guérir par ce sacrifice le patient, qui ne cessait de les remercier et de les encourager de sa faible voix [1].
A ces absurdités étaient mêlés pourtant quelques-

---

[1]. Cette sotte superstition existe encore en ce jour dans quelques tribus ; l'auteur en a rencontré une presque semblable, dans le cas d'un Indien blessé, qui demandait à chacun d'avaler un grand bol d'eau, afin qu'il pût, lui, être guéri.

uns des traits vraiment recommandables du caractère indien ; ainsi, à ce moment, une des maisons d'Ihonatiria, occupée par une famille d'orphelins, venant d'être détruite par le feu, les habitants se réunissaient pour la réédifier, et les contributions de tout le village finirent par pourvoir les enfants, mieux qu'ils ne l'étaient auparavant.

Nous laisserons ces pauvres égarés un peu à leurs excentriques pratiques, pour revenir aux Pères et à leurs tentatives en faveur du salut de ces mêmes sauvages. Pour les adultes, il fallait bien obtenir une préparation, quelque faible qu'elle fût, avant de procéder au baptême si désiré, et même avec l'aide puissante de saint Joseph, invoqué par eux avec une si grande confiance, le succès était souvent bien douteux ; mais pour les tout petits enfants, quelques gouttes d'eau suffisaient pour les arracher à l'enfer.

En ce moment les Indiens, confiants jusqu'alors dans le baptême, comme dans un moyen de guérison, le regardaient comme une cause de mort, et lorsqu'un enfant était très-malade, la méfiance des parents devenait extrême à la vue d'un prêtre entrant dans la hutte, dans la crainte de voir appliquer l'eau fatale, mais le P. Le Mercier nous conte comment ils se tiraient de cette difficulté.

« Le 3 de mai, le P. Pijart baptisa à Anonatea, un petit enfant, âgé de deux mois, en danger de mort, sans être vu des parents qui refusaient d'y consentir. Nous nous servîmes du moyen suivant, notre sucre fait merveille en ce cas : le Père parut vouloir faire boire de l'eau sucrée à la petite créature, et trempa son doigt en même temps dedans ; le père suspectant quelque chose lui cria de ne point la baptiser ; alors il remit la cuiller à une femme en lui disant de lui faire avaler le contenu ; elle s'approcha et trouva l'enfant endormi ; ce que voyant, le Père prit prétexte de s'assurer de ce sommeil, et touchant son front de son doigt mouillé, il le baptisa ; au bout de quarante-huit heures, le petit chrétien monta au ciel. Quelques jours avant, un de nos missionnaires s'était servi du même moyen pour baptiser un garçon de six à sept ans. Le père fort malade s'était refusé également à être baptisé et à laisser baptiser son fils ; « au moins » lui dit le Père Pijart, « vous n'aurez pas d'objection à ce que je lui donne de l'eau sucrée ? » « Faites, » répliqua le père, « mais ne le baptisez pas. » Le missionnaire fit prendre deux cuillerées successives à l'enfant, mais à la troisième, avant d'y mettre le sucre, il fit tomber quelques gouttes d'eau sur son front, prononçant en même temps, les paroles consacrées. Une petite fille, qui le regardait, s'écria : « Père, il le baptise ! » L'Indien parut fort mécontent, mais le missionnaire lui dit : « Vous m'avez pourtant vu lui donnant du sucre ? » Le petit garçon mourut peu après et Dieu en montrant sa grâce, rendit la santé au père [1].

Cette morale équivoque, blâmée par Pascal, pour qui n'admet pas que la fin justifie les moyens, ne trouvait que peu d'occasions de se développer dans ces déserts du Nouveau-Monde ; d'ailleurs, ces hommes, choisis parmi les plus purs de leur ordre, n'étaient peut-être pas des plus capables à faire valoir ce système alors ; bien que leurs écrits eux-mêmes témoignent qu'ils n'étaient pas sans en avoir subi l'effet. Mais lorsqu'à côté de cela, nous voyons ces mêmes prêtres, bravant les rigueurs des sombres

---

[1]. Le Mercier, *Relation des Hurons*, 1637, 165.

mois de l'hiver de 1637, parcourant toutes ces villes infectées, enfonçant dans la neige et la boue, percés par la pluie, et traversant les forêts solitaires pour arriver malgré la tourmente à quelques huttes barbares, lorsque nous les voyons pénétrer dans ces réceptacles de vice et de misère, n'ayant d'autre ambition que celle de sauver une des âmes parmi les malades et les mourants, il ne nous reste même pas le sourire d'une incrédulité partiale; nous ne ressentons que l'admiration causée par un tel esprit de sacrifice, de zèle et de dévouement.

CHAPITRE VIII

LES JÉSUITES CANADIENS.

(1637).

Portraits des Jésuites canadiens. — Jean de Brébeuf. — Charles Garnier. — Joseph-Marie Chaumonot. — Noël Chabanel. — Isaac Jogues. — Nature de leur enthousiasme. — Visions. — Miracles. — Vie surnaturelle.

Avant de poursuivre le récit de ces actions souvent obscures, mais toujours intéressantes, nous croyons devoir indiquer, dans la mesure des documents qui nous sont restés, les traits distinctifs de quelques-uns des acteurs principaux de ces scènes dramatiques. Le nom de Brébeuf, ce vigoureux athlète de la foi, est revenu plusieurs fois sous notre plume ; nous pourrions l'intituler l'Ajax de la mission. La nature lui avait départi toutes les passions d'une organisation puissante ; la religion les avait soumises, et appliquées à la gloire de Dieu, tel qu'un torrent impétueux arrive à être contenu et appelé à faire mouvoir les instruments qui broient et qui tranchent, pour le plus grand profit de l'homme leur maître.

Près de lui son collègue, Charles Garnier, formait un étrange contraste. Tous deux étaient de bonne naissance et d'éducation soignée ; mais là s'arrêtait le parallèle ; au physique, les mêmes différences s'accentuaient ; la figure imberbe de Garnier, objet des plaisanteries de ses amis français, mais admirée des Indiens, accompagnait un corps débile ; dès son enfance, il avait témoigné d'une extrême sensibilité, sa constitution était délicate, et les impressions religieuses agissaient profondément sur lui. Consacrant tout l'argent de ses menus plaisirs aux aumônes. Un de ses frères raconte que voyant un livre obscène, il l'acheta et le détruisit afin qu'il ne pût plus nuire à aucun autre enfant. Il avait toujours désiré faire partie de l'ordre des Jésuites et entra chez eux après un noviciat des plus édifiants. L'Église possédait du reste la majeure partie des membres de cette famille, car l'un des frères était carme, l'autre capucin, le troisième jésuite, et un quatrième entra dans les ordres. Il reste vingt-quatre lettres de Garnier adressées à son père et à ses frères, particulièrement pendant sa mission parmi les Hurons.

Elles respirent la piété la plus intense, avec un esprit d'enthousiasme attristé, comme quelqu'un qui ayant renoncé à tous les espoirs de ce monde, ne vivrait plus que pour le ciel ; toutes ses facultés d'attachement séparées de leurs objets terrestres, se concentraient dans son culte pour la sainte Vierge. Il entra sans hésitation, dans cette vie de périls, faite pour effrayer les plus braves, avec l'ardeur d'un cœur vaillant, contenu dans un corps délicat et soutenu par cet esprit de sacrifice, il se montra à la hauteur de toutes les difficultés. Ses compagnons le jugeaient un saint, et s'il eût vécu deux siècles plus tôt, on l'eût probablement canonisé ; sa vie entière fut un martyre volontaire ; quelques faibles vestiges de vanité humaine s'aperçoivent pourtant dans trois de ses lettres où cet excellent homme laisse entendre qu'il a réussi à envoyer plus d'âmes au ciel qu'aucun de ses confrères [1].

1. Le portrait ci-dessus est tiré de diverses sources : *Observations du*

Près de Garnier, apparaît un jeune homme de vingt-sept ans, Joseph Chaumonot. Différent en cela de ses deux confrères, il était d'humble origine ; son père vigneron, et sa mère, fille d'un pauvre maître d'école ; dès son bas âge, il fut envoyé à Châtillon-sur-Seine, où vivait son oncle, prêtre, et qui en lui apprenant le latin, éveilla ses tendances religieuses, naturellement prononcées. Ceci ne l'empêcha pourtant pas de céder aux suggestions d'un camarade, et de s'enfuir à Beaune, où ces deux adolescents comptaient étudier la musique chez les Pères de l'Oratoire ; manquant d'argent, il soustrait à son oncle la somme de cinq francs, pour subvenir à ses frais de route, et cette peccadille d'enfant, décida de sa future carrière ; comme il se trouvait dans un dénuement total à Beaune, il écrivit à sa mère, et reçut en réponse l'ordre de son père de revenir à la maison. Affolé à l'idée d'être signalé comme un voleur dans son village, il ne put se résoudre au retour, et s'en alla en pèlerinage à Rome, partagé entre la misère qui l'assiégeait et l'orgueil ; ce dernier dut succomber devant la faim ! Il mendiait de porte en porte, couchait soit sous les meules ou dans les fossés du chemin, trouvant dans les jours fortunés un abri et un repas dans quelque couvent.

C'est ainsi que, seul ou en compagnie de vaga-

Père Henri de Saint-Joseph, carme, sur son frère, le P. Charles Garnier, Ms. — *Abrégé de la vie du P. Charles Garnier*, Ms. : cet opuscule inédit porte la signature du Jésuite Ragueneau, avec la date de 1652. C'est aux soins du Rév. Félix Martin, s.j., que l'auteur doit d'avoir pu le consulter. — *Lettres du P. Charles Garnier*, Ms. : celles-ci comprennent sa correspondance du pays des Hurons, et sont caractéristiques et frappantes. La famille de Garnier était riche et noble ; les divers membres semblent avoir été très-attachés les uns aux autres, et l'on voit la douleur ressentie par le père de Garnier, lors de son départ pour le Canada.

bonds, il traversa la Savoie et la Lombardie dans le plus triste état de misère, de besoin et de saleté. Il arrivait enfin à Ancône, lorsque la pensée lui vint d'aller implorer la Vierge Marie à N.-D. de Lorette; son espoir ne fut pas déçu. Après avoir atteint ce célèbre lieu de pèlerinage, s'être prosterné, y avoir accompli toutes ses dévotions, il quittait la chapelle, lorsqu'il fut accosté par un personnage qu'une imagination surexcitée lui fit prendre pour un ange du Ciel, et qui devait être quelque pénitent adonné aux œuvres de charité. De la voix la plus affectueuse, ce jeune homme offrit son secours à l'infortuné dont l'apparence seule pouvait faire hésiter la compassion ; si la victoire remportée sur les répugnances naturelles, dans une pensée de charité et d'humilité, est un des traits les plus caractéristiques chez les saints de la religion catholique et romaine ; certes dans la présente occasion, ce jeune homme devait posséder cette vertu au plus suprême degré. On croit qu'il était docteur, car en outre des secours qu'il donna à ce malheureux, il le guérit d'une grave maladie, conséquence de sa condition générale. Chaumonot le quitta, rempli de reconnaissance pour ce bienfaiteur imprévu, et pour la Vierge de Lorette qui le lui avait suscité [1].

---

1. « Si la moindre dame m'avoit fait rendre ce service par le dernier de ses valets, n'aurois-je pas dû lui en rendre toutes les reconnoissances possibles ? et si après une telle charité, elle s'étoit offerte à me servir toujours de même, comment aurois-je dû l'honorer, lui obéir, l'aimer toute ma vie ? Pardon, reine des anges et des hommes ! pardon de ce qu'après avoir reçu de vous tant de marques, par lesquelles vous m'avez convaincu que vous m'avez adopté pour votre fils, j'ai eu l'ingratitude pendant des années entières de me comporter encore plutôt en esclave de Satan qu'en enfant d'une Mère Vierge. O que vous êtes bonne et charitable ! puisque quelques obstacles que mes péchés ayent pu mettre à vos grâces, vous n'avez jamais cessé de m'attirer au bien ; jus-

Sur sa route vers Rome, un vieux bourgeois auquel il demandait l'aumône, l'employa comme domestique ; bientôt il fut connu d'un jésuite, auquel il s'était confessé en latin, et ses études étant remarquables pour son âge, on l'employa comme maître de l'une des classes inférieures à l'école des Jésuites. La nature le portait vers la vie dévote ; il se crut appelé à devenir ermite, et s'exerça dans ce but à ne manger que des grains d'orge crus ; mais son expérience ne lui réussissant pas, il en conclut qu'il s'était mépris sur sa vocation. Le désir lui vint alors de se faire Récollet ou Capucin, mais par-dessus tout, Jésuite ; enfin, son vœu le plus cher put se réaliser, et à l'âge de vingt et un ans, il était admis au noviciat des Jésuites. Peu après, tombait entre ses mains, une petite édition des Missions canadiennes, contenant une des relations de Brébeuf dont nous venons de citer de fréquents extraits ; l'effet de cette lecture fut de lui inspirer le désir passionné de se rendre au Canada, et sur sa demande, cette grâce lui fut accordée.

Avant de s'embarquer, il entreprit avec le jésuite Poncet, qui partait aussi pour le Canada, un pèlerinage à Notre-Dame de Lorette.

Voyageant à pied, en mendiant, Chaumonot fut saisi d'une telle douleur dans le genou, qu'il lui sembla impossible de poursuivre la route ; à San Severino, où ils logeaient chez les Barnabites, on l'engagea à demander l'intercession près de Dieu, d'une pauvre femme décédée quelque temps auparavant en grande odeur de sainteté ; il lui adressa sa prière,

que là que vous m'avez fait admettre dans la sainte Compagnie de Jésus, votre Fils. » Tout ce qui précède est extrait de la très-curieuse autobiographie écrite par Chaumonot, sur l'ordre de son supérieur, en 1688; le manuscrit est à l'Hôtel-Dieu de Québec. M. Shea l'a imprimé.

promettant de répandre le bruit de ses mérites si elle obtenait sa guérison ; peu après, il était en état de continuer sa route. Nos pèlerins atteignirent Lorette ; au milieu de leurs dévotions, le cœur de Chaumonot débordant de gratitude pour sa céleste protectrice, il conçut le projet de bâtir au Canada, une chapelle en son honneur, sur le plan exact du sanctuaire de Lorette ; ils s'embarquaient bientôt, et arrivaient chez les Hurons pendant l'automne de 1639 [1].

Noël Chabanel arriva plus tard à la Mission vers 1643. Il ne pouvait souffrir la vie parmi les Indiens ; la fumée, la vermine, la répugnante nourriture, l'impossibilité de s'appartenir un seul instant, tout lui était antipathique. Il ne pouvait étudier à la lueur du feu fumant de la hutte, parmi l'assourdissant assemblage d'hommes, de femmes, de chiens et d'enfants criards sans cesse en mouvement ; il avait en outre, peu de dispositions naturelles pour les langues et travailla pendant cinq ans à acquérir le dialecte indien sans y faire aucun progrès sensible. Il se vit assailli par la tentation de retourner en Europe où des occupations plus consolantes l'attendaient ; mais il attribua ces pensées aux suggestions de l'esprit de ténèbres, et pour les mieux surmonter, s'engagea par un vœu, à demeurer au Canada jusqu'à la fin de ses jours [2].

Nous trouverons dans Isaac Jogues des analogies de caractère se rapprochant de celles de Garnier. Là

---

1. On ne mentionne pas l'âge auquel Chaumonot quitta son oncle le prêtre ; mais il ne devait être qu'un enfant, puisqu'à la fin de son noviciat, il avait tellement oublié sa langue native, qu'il dut la réapprendre.

2. *Abrégé de la vie du Père Noël Chabanel.* Cette relation anonyme porte la signature de Ragueneau en attestation de sa véracité ; son vœu est consigné *ad verbatim.*

encore, la nature n'avait accordé aucun don spécial d'énergie morale ou physique, néanmoins son histoire nous le dépeindra comme intrépide et infatigable. Pour les autres prêtres de la Mission, nous laisserons aux incidents de leurs vies le soin de caractériser les diverses qualités, qu'ils eurent l'occasion de déployer dans ce champ de labeurs ; la foi chez ces intrépides athlètes ne se perdait pas en abstractions ou en subtilités ; pour eux le ciel était peu éloigné du court trajet de la vie terrestre, ils apercevaient Dieu le Père trônant en maître du ciel, la divinité incarnée dans le fils se rapprochait de la faiblesse humaine avec le recours envers sa mère immaculée et son époux, saint Joseph, choisi comme protecteur de la Nouvelle France; la chaine qui rattachait la terre aux demeures célestes comptait les saints et les amis décédés comme intercesseurs de la grâce, et portait aux pieds de Dieu les vœux de ceux retenus encore dans les liens de la vie mortelle.

La vie surnaturelle apportait chaque jour la croyance d'un miracle à ces bons prêtres. Les missionnaires ne rejetaient certainement pas les moyens curatifs dûs à la médecine, mais ils mettaient une confiance bien plus grande dans une prière à la Vierge, un vœu à saint Joseph, ou une neuvaine à l'un des saints vers lesquels les portait une dévotion particulière. Les reliques jouaient aussi un grand rôle dans ces moyens de guérison ; Chaumonot, lors d'un violent mal de tête, se souvint d'un malade qui avait été guéri par l'intercession de saint Ignace, en mettant une médaille bénite dans sa bouche ; il essaya donc d'un remède semblable et se servit d'une médaille à l'effigie de la sainte Famille, objet de sa dévotion spéciale, le lendemain il se trouva délivré de ses souffrances.

Ces croyances profondes se manifestaient parfois sous une forme qui surprend ceux qui ne les partagent pas; ainsi, lorsque Chaumonot apprit la mort de Garnier, il nous dit. « Je n'eus pas plus tôt appris sa glorieuse mort, que je lui promis tout ce que je ferais de bien pendant huit jours, à condition qu'il me ferait son héritier dans la connaissance parfaite qu'il avait du Huron. » Il fut persuadé de devoir à l'intervention de Garnier les progrès immédiats qu'il fit dans cette langue. Ces ardents apôtres avaient de fréquentes visions, tant du Ciel que de l'enfer, et les voix mystérieuses et les apparitions leur étaient familières ; la nature enthousiaste de Brébeuf devait être plus aisément frappée par ces communications mystérieuses ; son ardente imagination voyait apparaître des légions de démons sous forme de loups, d'ours, de chats, parfois sous des traits humains ; il invoquait Dieu et les fantômes s'évanouissaient ; une autre fois il se vit assailli par un squelette, personnifiant la mort, mais son attitude énergique le fit tomber sans force à ses pieds ; la tentation de saint Benoît à Subiaco se renouvela aussi pour lui, mais Brébeuf faisant le signe de la croix, vit l'infernale sirène disparaître dans les airs ; des récompenses célestes se dessinaient devant lui dans la vision d'un magnifique palais promis par une voix miraculeuse à ceux qui supportaient pour l'amour du Sauveur l'habitation dans les tristes huttes indiennes. Pendant l'hiver qu'il passa parmi la nation Neutrale, il aperçut une large croix s'avançant lentement en l'air du côté du pays des Iroquois. A ses camarades, demandant : « A quoi ressemblait-elle ? Quelle était sa dimension ? » Il répondit: elle était de taille à nous crucifier tous ! » pressentiment peut-être céleste. Ces phénomènes appartiennent au domaine de la psychologie ; mais ils ne peuvent guère surprendre dans ces vies dévouées aux choses surnaturelles, et il serait superflu d'ajouter qu'en tout état de chose, ils ont été racontés avec autant de bonne foi, que de croyance implicite dans leur réalité,

Ces vies ardentes, enthousiastes, nous fourniront de frappants exemples des forces morbides qui existent dans la nature humaine : néanmoins, rendons honneur à la candeur de ces hommes de bien, et à ce qui leur était si particulier, l'abnégation, dont le principe est la source active de toute religion vraie, et l'indispensable agent de toute impulsion héroïque.

CHAPITRE IX

PERSÉCUTION.

1637 — 1640.

Ossossané. — La nouvelle chapelle. — Triomphe de la foi. — Des signes précurseurs de la tempête. — Calomnie, puis déchaînement contre les Jésuites. — Leur courage et leur persistance. — Conseil de nuit. — Dangers courus par les religieux. — Lettre de Brébeuf. — Tribulations et consolations.

Nous avons vu que la ville d'Ossossané ou de Rochelle était située sur les bords du lac Huron, à la lisière d'une sombre forêt de pins. C'est vers cette solitude qu'en mai 1637, se dirigea le P. Pijart, afin d'y fonder une des plus importantes villes huronnes, celle de la nouvelle mission de l'Immaculée Conception. Les Indiens avaient promis à Brébeuf de bâtir une demeure pour les robes noires, et Pijart trouva l'engagement en voie d'exécution. La ville contenait à cette époque environ cinquante habitations dont chacune renfermait huit ou dix familles; un fort quadrangulaire avait été achevé par les Indiens sous la direction des missionnaires. La maison de la mission était d'environ soixante et dix pieds de long, et ils en prirent possession dès que la dernière plaque d'écorce eut été placée sur le toit par les ouvriers indigènes.

Les religieux y préparèrent aussitôt une cérémonie solennelle; on éleva un autel à l'une des extrémités de la hutte, on décora tant bien que mal la plus grande partie des cloisons d'écorce, ce qui forma une chapelle; sur l'autel, s'élevait un crucifix, avec quelques vases sacrés, et des images de sainteté dont une peinture de la Vierge de grandeur naturelle, puis une représentation du Jugement dernier, où les dragons, les serpents dévorant les entrailles des damnés, les démons flagellant les méchants dans les flammes de l'enfer devaient frapper les imaginations barbares ; l'entrée fut ornée d'un portique de feuillage enjolivé d'oripeaux brillants, et l'on put croire à juste titre que jamais semblable splendeur n'avait été contemplée au pays des Hurons.

La foule venue de loin, était frappée de respect et d'admiration devant ces merveilles du sanctuaire ; l'impression fut si forte, qu'une femme entre autres, accourue d'une ville éloignée, partagée entre la curiosité et la crainte, risqua sa tête dans le mystérieux réduit, en déclarant qu'elle le verrait coûte que coûte, dût-elle payer sa curiosité de sa vie!

On ne peut que vénérer l'énergie avec laquelle ces missionnaires surent ainsi que leurs dévoués serviteurs [1], transporter leurs tableaux et les ornements sacrés, à travers des routes si pénibles, que le voyageur y périssait souvent affamé, par l'impossibilité de trainer des provisions de bouche avec lui !

Un grand événement donnait lieu à tous ces préparatifs. Les conversions des missionnaires avaient jusqu'alors été restreintes malgré leur zèle infatigable, à de jeunes enfants baptisés souvent en ca-

1. Les Jésuites étaient généralement accompagnés dans ces lointaines missions par des suivants, qui n'ayant pas fait de vœux, pouvaient quitter leur service, mais dont les mobiles étaient tirés de l'esprit religieux et non mercenaire. On les traitait de « donnés », titre impliquant bien le caractère de leur service. Une lettre du Jésuite Du Perron nous apprend aussi que douze laboureurs furent envoyés à la Mission.

chette, ou à des adultes sur le point de mourir ; mais enfin on avait gagné à la vraie foi un Huron dans la force de l'âge et de la santé, influent dans sa tribu, et il allait être baptisé en grande cérémonie dans la chapelle ornée pour la circonstance. La scène offrait un étrange aspect : les Indiens accouraient en foule, et la maison avait peine à les contenir ; les guerriers vieux ou jeunes, ruisselants d'huile et de graisse, à la chevelure digne plutôt du nom de crinière, et au visage hideusement tatoué en l'honneur de l'événement ; les jeunes filles gaiement attifées, les vieilles sorcières emmitoufflées dans de sales peaux de daim mises au rebut, leurs visages tannés par l'âge, leurs yeux pétillant de malice et fixés sur le spectacle qui se préparait ; tous attendaient la cérémonie promise. Les prêtres avaient échangé leurs vêtements noirs contre le surplis ; les génuflexions, le tintement de la clochette, le mouvement de l'encensoir, les parfums entourant l'autel d'un nuage transparent, l'élévation de l'Hostie, et toutes les cérémonies de la messe, contribuaient à augmenter l'agitation du néophyte que l'imperturbabilité indienne avait complétement abandonné, tout se combinait pour frapper ces esprits primitifs et promettre aux Jésuites une ample moisson de conversions ! Les Pères eurent là leur heure de consolation et de triomphe ; il semblait que la glace fût rompue, ils crurent que le coin de la persuasion était entré dans ces cœurs, et la ferveur de leur espoir leur fit envisager trop légèrement un point essentiel de la situation

Le diable était en émoi ; il avait pu supporter avec un calme relatif plusieurs baptêmes précédents, mais aucun ne devait exciter sa fureur comme la notoriété de celui-ci, qui menaçait de lui enlever maintes autres âmes parmi la gent hurone ; animé par cette perspective, Satan s'arma de toute pièce et déploya une malice infinie ; telle est au moins l'explication fournie par les Jésuites des scènes qui vont suivre, et nous les rendons sans commentaires, tout en nous réservant d'examiner les circonstances qui amenèrent ces événements.

Les mystérieux étrangers, vêtus de noir, qui étaient venus vivre au milieu des Hurons, sans motif apparent, avec leur science merveilleuse, leur peu de souci de la vie avaient provoqué des sentiments où se mêlaient le respect, la crainte, l'étonnement, l'admiration. Dès le début, on était venu les consulter et les rendre responsables du moindre changement dans l'atmosphère, les louant lorsque la moisson était abondante, et les malmenant en temps de disette ; de fait, on les considérait comme puissants magiciens, disposant de la vie et de la mort ; aussi leur demandait-on des sorts, tantôt pour la destruction des sauterelles, parfois pour celle des nations ennemies ; maintenant on murmurait tout bas que c'était leur influence qui avait causé la peste qui menaçait d'exterminer la nation.

Isaac Jogues fut le premier à entendre cette rumeur, dans la ville d'Onnentisati, elle provenait du méchant sorcier qui se vantait d'être lui-même un diable incarné. La malicieuse imputation se répandit vite au loin ; bientôt leurs amis les interrogèrent du regard et leurs ennemis demandèrent leur vie à grands cris ; les uns affirmaient que les missionnaires cachaient dans leur demeure des corps morts pour infecter la contrée ; allégation qui prenait évidemment sa source dans la fausse compréhension du mystère de l'Eucharistie, interprété par quelque ignorant néophyte ; d'autres attribuaient le mal à un serpent ou à une grenouille, ou encore à un démon, que les prêtres portaient dans le canon d'un fusil ; on ajoutait qu'ils avaient tué un jeune enfant dans la forêt par les piqûres d'un aspic, afin de se défaire de tous les enfants hurons par des moyens de sorcellerie ; « peut être, dit le P. Le Mercier, » le diable enrageait-il de ce que nous avions placé dans le ciel quantité de ces petits innocents. » L'image du Jugement dernier devint un objet de profonde terreur, et on la regarda comme un sortilège où les dragons et les serpents étaient les démons de la peste, et les pécheurs qu'ils dévoraient, leurs victimes.

Les Pères avaient placé au sommet d'un sapin, près de leur maison d'Ihonatiria, une petite girouette, indiquant la direction du vent ; ceci encore prit la forme d'un sort semant la mort dans toutes les directions.

L'horloge elle même, si longtemps un objet d'inoffensive admiration, se transforma, et les Pères durent en arrêter la sonnerie, car chaque tintement marquait selon ces pauvres sauvages, l'arrêt de mort de l'un d'eux. Au coucher du soleil, on eût pu voir des groupes d'Indiens, à la physionomie assombrie par la terreur, écoutant les sons cadencés des Litanies que psalmodiaient, portes closes, les Pères, et que leur esprit égaré traitait d'incantations magiques.

On put voir alors la crainte mêlée de respect qu'inspiraient les missionnaires à ces ignorantes populations, car si des Indiens avaient été l'objet de pareilles accusations, le terme de leur existence eût été bien vite abrégé ! un coup de hachette, frappé dans l'ombre aurait promptement délivré le pays de ces imaginaires agents de destruction.

On tint des conseils nocturnes. La mort des prêtres

était bien résolue ; et lorsqu'ils paraissaient, les enfants en chuchottant les considéraient comme des êtres voués à la mort. Pourtant on se demandait qui serait l'exécuteur ? On les vilipendait, on les insultait ; les enfants leur jetaient des bâtons ; lorsqu'ils entraient dans une des demeures pestiférées, les petits vauriens lançaient des boules de neige par l'ouverture du toit ; les vieilles sorcières accroupies près de l'âtre, leur criaient : « Allez, allez, il n'y a personne ici de souffrant », pendant que les malades se cachaient sous leurs couvertures, ou ne répondaient pas une parole aux questions bienveillantes du missionnaire.

Néanmoins rien ne détournait les Jésuites de leur œuvre de salut ; ils pénétraient sous tous les toits. Lorsqu'à travers la mince cloison d'écorce ils entendaient la plainte d'un enfant souffrant, ni menace, ni insulte ne pouvaient les retenir ; ils entraient bravement acheter quelque bagatelle, parlaient des dernières nouvelles indigènes, et causaient jusqu'à ce que la suspicion se fût endormie ; alors, ils approchaient pour la première fois du petit être, tâtaient son pouls, et demandaient de ses nouvelles ; puis tout en lui essuyant son front en sueur, le Père le touchait du bout de ses doigts trempés dans de l'eau bénite, en formant le signe de la croix et en prononçant les paroles sacramentelles ; ainsi se trouvait arrachée une âme de plus aux griffes « du Loup infernal »[1]. Les bons Pères joignaient donc au cou-

---

1. « Ce loup infernal » est un nom donné fréquemment au démon par les Relations. Les détails transcrits ici sont tirés des narrations de Brébeuf, Le Mercier, Lalemant et des lettres publiées ou non, de plusieurs autres Jésuites.

Dans un autre cas, une jeune fille indienne portait sur son dos un enfant malade âgé de deux mois. Deux Jésuites s'approchèrent, et pen-

rage des héros, et à la patience des saints, une prestesse de doigts qui eût fait honneur à une profession plus portée à acquérir les biens périssables qu'à s'assurer ceux de la vie future.

On assemb'a les chefs hurons en grand conseil afin de discuter l'état de la nation ; la crise demandait en effet toute leur sagesse, car outre le fléau des maladies, ils étaient menacés par les incursions des Iroquois qui s'avançaient jusqu'aux alentours des villes et les assassinaient dans les champs et les forêts.

L'assemblée se réunit en août 1637 ; les Jésuites sachant l'intérêt vital qui s'attachait pour leur compte à ces délibérations, ne manquèrent pas d'y assister, munis d'un ample présent de wampum, afin de témoigner de leurs sympathies pour la calamité publique ; ils avaient cherché à gagner en particulier le bon vouloir de chacun des députés ; mais bien qu'ayant part ellement réussi, ils n'en avaient pas moins lieu d'être très-inquiets.

Le conseil s'ouvrit le 4 août au soir avec les cérémonies accoutumées ; la nuit s'écoula à discuter des questions de traités et d'alliances, dans un ordre et avec un bon sens que les Jésuites ne se lassent pas d'admirer ; pendant les intervalles de la délibération, Brébeuf discourait sur les merveilles des cieux visibles, le soleil, la lune, les étoiles et les planètes. Les Hurons étaient portés à croire à ces récits, car le Père avait dernièrement, à leur grand étonnement, prédit avec justesse une éclipse. Des feux de la terre, il passa aux flammes éternelles, la seule partie de la

---

dant que l'un d'eux amusait la fille avec son rosaire, l'autre Père le baptisait lestement ; « le pauvre petit n'attendoit que cette faveur du ciel pour s'y envoler ».

doctrine chrétienne qui pouvait frapper l'intelligence de son barbare auditoire.

A peu de jours de là, s'éleva la palpitante question de l'épidémie et de ses causes. Les députés de trois des quatre nations assistaient à la délibération, chacune d'elles siégeant à part. Les Jésuites se tenaient avec la nation de l'Ours, dans les villes de laquelle leurs missions étaient établies. Cette scène de nuit, tous les conseils importants ayant lieu à cette heure, avait un aspect saisissant. Les feux vacillaient sous la voûte enfumée et les parois barbouillées de suie, projetant une lueur incertaine sur les groupes misérables qui remplissaient les plates-formes et le sol. « Je crois, » écrit Le Mercier, « n'avoir jamais vu rien d'aussi lugubre; tous s'entre-regardaient comme autant de cadavres, ou des hommes sentant déjà les terreurs de la mort. Ils ne se parlaient que par signes, chacun énumérant les morts ou les malades de sa famille, dans le but de s'exciter les uns les autres contre nous. »

Un vieux chef grisonnant, du nom d'Ontitarac, décrépit et aveugle, mais célèbre par son sage conseil et son éloquence, ouvrit le débat d'une voix forte quoique tremblante. Il débuta par saluer chacune des trois nations présentes, les complimentant de s'être réunies pour prononcer sur un cas de la dernière importance pour le bien public, et les exhortant d'y donner une attention calme et murie. Après lui, se leva le chef préposé à la présidence des Fêtes des Morts.

Il peignit l'état de la contrée des couleurs les plus sombres, et conclut en accusant les sorcelleries des Jésuites de tous ces maux. Un autre chef lui succéda : « Mes Frères, » leur dit-il, « vous savez que je suis un chef de combats et ne parle que dans les conseils de guerre ; mais actuellement, j'y suis forcé, presque tous les autres chefs étant morts, et il faut que je dise ce qui m'oppresse avant de les suivre dans la tombe. Il ne reste debout que deux personnes de ma famille, elles-mêmes n'échapperont peut-être pas longtemps à la fureur de la peste. J'ai vu bien d'autres maladies ravager le pays, mais aucune qui puisse être comparée à celle-ci ; au bout de deux ou trois lunes on en voyait la fin, maintenant voici un an et plus que dure le mal, et pourtant, il ne diminue pas. Le pire est, que nous n'avons même pas découvert sa source. » Puis, avec une modération étudiée, alternant avec de bruyants éclats de colère, il se mit à accuser les Jésuites d'être les auteurs des calamités inouïes qui les poursuivaient : à l'appui de ses accusations, il produisit une foule de preuves.

Lorsque le flot de son éloquence fut épuisée, Brébeuf se leva pour lui répliquer ; il exposa brièvement l'absurdité des allégations, alors un nouvel accusateur apporta un nouveau supplément de griefs. Une clameur s'éleva, du sein de l'assemblée, et l'on somma Brébeuf de se défaire d'un certain morceau de drap, cause de leurs misères : c'est en vain que le bon missionnaire protesta qu'il n'avait rien de ce genre en sa possession ; l'exaspération croissait : « Si vous ne me croyez pas, » dit Brébeuf, « allez dans notre maison, cherchez partout ; si vous ne savez pas distinguer quelle est la pièce de drap ensorcelée, prenez tous nos vêtements et jetez-les dans le lac. » « Bah ! tous les sorciers parlent ainsi » lui fut-il répondu.

« Alors que puis-je vous dire ? » demanda Brébeuf. — « Dites-nous les causes de la peste...

Brébeuf s'efforça de son mieux de leur faire comprendre les vraies causes de l'épidémie, tout en mélangeant ses explications d'instructions sur la foi, et les exhortant à se convertir. On l'interrompait sans cesse, le vieux chef, Ontitarac, le pressait toujours de produire le charme. Le débat se traîna ainsi jusqu'après minuit ; alors une partie du conseil, ne prévoyant aucune conclusion, tomba endormie, et l'autre leva la séance. Un chef âgé, passant près de Brébeuf, le gratifia d'un « Si quelque jeune guerrier voulait bien vous casser la tête, nous n'aurions rien à dire ». Le prêtre n'en continua pas moins à haranguer ce qui restait d'éveillé dans l'auditoire sur la nécessité d'obéir à Dieu et sur le danger de l'offenser, lorsque le chef d'Ossossané s'écria impatiemment : « Que sont donc ces hommes ? ils nous répètent toujours les mêmes paroles, et ne se lassent pas de nous entretenir de leur *Oki,* de ce qu'il veut et de ce qu'il défend, du Paradis et de l'Enfer. »

« Ici se termina ce misérable conseil, » écrit Le Mercier, « et s'il en sortit moins de mal que nous ne le redoutions, nous ne pouvons l'attribuer, après Dieu, qu'à la très-sainte Vierge, à laquelle nous avions fait vœu d'une neuvaine en l'honneur de son immaculée conception ».

Les Pères étaient sauvés pour cette fois ; mais ils restaient en danger de mort ; malgré qu'ils se fussent assurés de l'intérêt de quelques-uns, personne n'avait osé prendre leur parti. Des convertis vinrent en secret les avertir que leur mort était décidée. On mit le feu à leur demeure, tous les visages se détournaient d'eux, et un nouveau conseil fut appelé à prononcer la sentence funèbre.

Ils parurent devant ce barbare tribunal avec un front si hautement assuré, que leurs juges, bien Indiens dans ce cas, remirent à plus tard l'arrêt de mort ; néanmoins il semblait impossible qu'ils échappassent bien longtemps. Brébeuf écrivit en conséquence une lettre d'adieu à Le Jeune, son supérieur, à Québec, et la confia à des nouveaux convertis auxquels il pouvait s'en remettre du soin de la porter à destination.

« Nous sommes peut-être, disait-il, sur le point de verser notre sang pour la cause de notre maître Jésus-Christ. Il me semble, qu'en ce qui me concerne, Il acceptera ce sacrifice en expiation de mes innombrables péchés, et qu'il couronnera ainsi les services passés et l'ardent désir de tous nos Pères ici... Béni soit son saint nom à jamais, pour nous avoir choisis au milieu de tant plus méritants que nous, pour l'aider à porter sa croix dans cette contrée! en tout sa sainte volonté soit faite; s'il veut que dès cette heure nous mourions, ô la bonne heure pour nous ! s'il veut nous réserver à d'autres travaux, qu'il soit béni; si vous entendez que Dieu ait couronné nos petits travaux, ou plutôt nos désirs, bénissez-le ; car c'est pour lui que nous désirons vivre et mourir, et c'est lui qui nous en donne la grâce. Au reste, si quelques uns survivent, j'ai donné ordre de tout ce qu'ils doivent faire. J'ai été d'avis que nos Pères et nos domestiques se retirent chez ceux qu'ils croiront être leurs meilleurs amis ; j'ai donné charge qu'on porte chez Pierre, notre premier chrétien, tout ce qui est de la sacristie ; surtout qu'on ait un soin particulier de mettre en lieu d'assurance le Dictionnaire et tout ce que nous avons de la langue. Pour moi, si Dieu me fait la grâce d'aller au ciel, je prierai Dieu pour eux, pour ces pauvres Hurons, et n'oublierai pas votre Révérence. Après tout, nous supplions Votre Révérence et tous nos Pères de ne nous oublier en leurs Saints-Sacrifices et prières, afin qu'en la vie et après la mort, il nous fasse miséri-

corde ; nous sommes tous en la vie et à l'Eternité,
De votre Révérence les très-humbles et très-affectionnés serviteurs en Notre-Seigneur,

JEAN DE BRÉBEUF, FRANÇOIS JOSEPH LE MERCIER, PIERRE CHASTELLAIN, CHARLES GARNIER, PAUL RAGUENEAU.

En la résidence de la Conception, à Ossossané, ce 28 octobre.

« J'ai laissé en la résidence de saint Joseph, les Pères Pierre Pijart, et Isaac Jogues, dans les mêmes sentiments. »

Les Jésuites si menacés prirent alors une mesure bien hardie mais dont l'événement prouva la sagesse. Ils donnèrent un de ces festins d'adieu, que la coutume hurone imposait à ceux qui allaient mourir de mort naturelle ou périr par mort violente. L'interprétation devait en être que les Pères connaissaient leur danger, et n'en étaient pas intimidés. Cette assurance pouvait avoir l'effet de changer des amis trop timides en avocats avoués, et peut-être même d'éveiller une certaine sympathie dans les cœurs d'une assemblée, sur laquelle une contenance déterminée ne saurait manquer d'exercer une heureuse influence. La maison regorgeait d'invités, et Brébeuf n'eut garde d'aborder son thème accoutumé sur Dieu, le Paradis et l'Enfer. L'inculte réunion l'écoutait dans un sombre silence ; puis chacun ayant vidé son écuelle, on se leva et l'on partit, ne laissant rien préjuger à ses hôtes, de ses sentiments et de ses intentions. A partir de ce moment, cependant, les nuages amoncelés sur la tête des Pères devinrent moins sombres ; quelques voix se firent entendre en leur faveur, et on fuyait moins leurs regards. Ils attribuèrent ce changement à l'intercession de saint Joseph ; quelle qu'en fut la cause, l'intervalle d'une semaine à l'autre produisit une détente inespérée dans leur situation ; ils purent sortir, sans la perspective toujours imminente d'un coup de hachette sur le crâne, les attendant sous chaque porche [1].

La persécution contre les Jésuites continua, bien qu'intermittente, pendant plusieurs années, et plusieurs d'entre eux furent en danger de mort. Dans une des maisons d'Ossossané, un jeune Indien se jetant soudainement sur François Du Péron, levait son tomahawk pour lui fendre la tête, lorsqu'une squaw lui retint le bras. Une autre fois, Paul Ragueneau vit un Indien lui arracher le crucifix avec tête de mort qu'il portait, le prenant pour un charme ; le prêtre cherchait à le ressaisir, lorsque le sauvage, le regard enflammé, brandit sa hache pour frapper : Ragueneau resta immobile attendant le coup, cette attitude imposa à l'assaillant qui se retira maté, en murmurant. Pierre Chaumonot sortait d'une maison de la ville hurone, nommée Saint-Michel par les Jésuites, où il venait de baptiser une jeune fille mourante, lorsque le frère, qui s'était tenu caché derrière la porte, le frappa d'un caillou à la tête. Chaumonot, grièvement blessé, chancela sans tomber, et l'Indien s'élançait pour l'achever avec son tomahawk, lorsque les assistants l'arrêtèrent. François Le Mercier, au milieu d'une foule d'Indiens, à Saint-Louis, se vit assailli par un chef renommé, lequel, comme saisi de folie, l'interpella en le chargeant des accusations les plus frénétiques ; enfin, saisissant une

---

1. « Tant y a, que depuis le 6 de novembre que nous achevâmes nos messes votives en l'honneur de saint Joseph, nous avons joui d'un repos incroyable ; nous nous en émerveillons nous-mêmes, nuit et jour, quand nous considérons en quel état étoient nos affaires il n'y a que huit jours. » Le Mercier, *Relation des Hurons*, 1638, 44.

torche, il la secoua devant le visage du prêtre, lui promettant qu'il serait brûlé vif. Le Mercier répondit à ses fureurs par un maintien aussi déterminé que le sien, de sorte que, saisi par le calme courage du Français, le sauvage se retira confondu [1].

Dans tous les volumineux recueils de cette barbare période, pas une ligne ne peut laisser soupçonner qu'un seul parmi cette loyale et brave petite bande, ait faibli; que ce fût l'indomptable Brébeuf, le doux Garnier, le courageux Jogues, l'enthousiaste Chaumonot, Lalemant, Le Mercier, Châtelain, Daniel, Pijart, Ragueneau, Du Péron, Poncet ou Le Moyne, tous et chacun se comportèrent avec une tranquille intrépidité, qui confondait les Indiens, et assurait leur respect.

Le Père Jérôme Lalemant, dans son journal de 1639, est disposé à tirer un mauvais augure pour la Mission, du fait qu'aucun prêtre n'ait encore été mis à mort, puisqu'il est avéré que le sang des martyrs est la semence de l'Église; il reprend pourtant courage à la pensée que la vie journalière des missionnaires, peut être acceptée comme un martyre perpétuel; puis, que les injures et les menaces incessantes, la fumée qui les aveugle, la saleté et la puanteur, la vermine et les chiens des demeures indiennes, qui sont, dit-il, de petites images de l'Enfer, le froid, la faim, la solitude, les angoisses sans cesse renaissantes, et toutes ces misères endurées et renouvelées pendant des années, sont un lot auquel, bien des âmes préféreraient le coup mortel

---

1. Les incidents ci-dessus sont tirés de Le Mercier, Laiement, Bressani, l'autobiographie de Chaumont, des écrits encore inédits de Garnier, et de l'ancie manuscrit de mémoires des premiers missionnaires canadiens, qui se trouve au collège de Sainte-Marie, à Montréal.

d'un tomahawk. Quelque plausible que puisse être certainement l'espérance du bon Père, son expression devait être superflue dans ce cas ; car l'Église hurone n'était pas destinée à souffrir de l'absence du martyre sous quelque forme que ce fût !

CHAPITRE X

LE PRÊTRE ET LE PAYEN.

(1638-1640).

Voyage de Du Péron. — Vie journalière des Jésuites. — Excursion des missionnaires. — Conversions à Ossossané. — Conditions dans lesquelles se faisait le baptême. — Apostasie. — Les convertis et leur entourage. — Les cannibales à Saint-Joseph.

Afin de compléter l'exposé que nous avons donné de la vie domestique des Jésuites, et pour mieux la faire connaître, nous suivrons l'un d'eux dans son voyage vers le théâtre de ses labeurs, et verrons ce qui l'attendait à son arrivée.

Le Père François Du Péron remonta l'Ottawa dans un canot huron, en septembre 1638 ; il fut bien traité par le possesseur de la barque, mais Lalemant et Le Moyne, qui avaient quitté les Trois Rivières avant lui, ne s'en tirèrent pas aussi heureusement.

Le premier fut attaqué par un Algonquin, de l'Ile des Allumettes, qui prétendait se venger sur lui de la mort d'un enfant, qu'un Français au service des Jésuites avait saigné récemment, sans que l'opération eût pu le tirer de maladie. Quant à Le Moyne, ses conducteurs hurons l'abandonnèrent, et il resta quinze jours sur les bords de la rivière, où l'un de ses suivants français le fit vivre du produit de sa chasse. Il fut recueilli par la flottille qui conduisait Du Péron, bientôt on se fatigua de lui, et le Huron voulut le débarquer sur un rocher au milieu de la rivière ; heureusement que son confrère put séduire son conducteur par l'offre d'une couverture, et obtenir qu'on le menât jusqu'au bout du voyage.

C'est à minuit, le 29 de septembre, que Du Péron débarqua sur les bords de la Thunder Bay, après avoir ramé sans repos depuis une heure du matin du jour précédent. La nuit était pluvieuse, et Ossossané se trouvait à quinze milles de distance ; ses compagnons indiens désiraient regagner leurs campements, la pluie empêchait les feux de s'allumer, et le pauvre prêtre privé depuis longtemps de dire sa messe, aspirait ardemment à reprendre des forces spirituelles par la sainte communion. Soutenu par cette pensée, il rattacha son sac sur ses épaules, et sans rompre le jeûne, s'achemina vers Ossossané ; il marchait péniblement, épuisé, transpercé par la pluie qui traversait le feuillage épais avec son bruit incessant et monotone ; enfin, le jour parut ! Il avait atteint une clairière, et pouvait distinguer à travers le brouillard humide un groupe de maisons hurones. Se sentant près de tomber de défaillance, du Péron entra dans la demeure principale, et le bonheur voulut que le monosyllabe de bon accueil « Shay » le reçût. Une femme étendit une natte de paille pour lui près du feu, lui fit griller des épis de maïs, cuire deux potirons, sortit de son chaudron une écuelle de sagamite et offrit le tout à son hôte affamé.

La vue des missionnaires semble avoir été toute nouvelle dans ce district, car, pendant le déjeuner du Père, une foule s'assembla le dévisageant en silence ; les enfants surtout examinaient, qui l'étoffe de sa soutane, qui son chapeau, un autre prit ses souliers et les essaya. Du Péron paya son hospitalité par quelques menus dons, puis demanda par signes, un guide pour le mener à Ossossané ; un Indien partit avec lui, et ils atteignirent enfin la mission à six heures du soir. Là, il était assuré d'une affectueuse réception et d'un peu de repos ; quant aux aises de la vie, les Jésuites n'étaient guère à ce point de vue, en avance sur les Indiens. Leur maison, mieux ventilée à l'aide de nombreuses crevasses dans les parois d'écorce, sentait pourtant toujours la fumée, et à de certains changements de vent, en était remplie jusqu'à suffocation. Pour les repas ils s'asseyaient sur des quartiers de bois, autour du feu, sur lequel était placé un chaudron à la mode hurone ; chacun avait son plat de bois, qui était estimé chez les Hurons valoir le prix d'une robe de castor, c'est-à-dire près de cent francs, par suite des difficultés de transport pour l'apporter ; nous nous permettons pourtant de croire un peu exagérée l'estimation du Père. Leur alimentation ne variait guère : de la sagamite, mets formé de maïs écrasé, bouilli avec des fragments de poisson fumé, et que Chaumonot compare à de la colle à papier ; parfois un potiron ou une courge, cuite dans les cendres ; dans la saison, des épis de maïs grillé, et le tout sans sel pour en relever l'insipidité, car ils ne pouvaient ajouter à la difficulté d'emporter leurs vêtements et les vases sacrés à travers les déserts de l'Ottawa, le luxe d'y joindre les nécessités de la vie. Pendant le jour, ils lisaient et étudiaient à la clarté de l'ouverture de la voûte, et le soir à la lueur du feu ; leurs seules bougies de cire étant précieusement réservées pour le service de l'autel. Sur un étroit espace, ils cultivaient du blé ne servant qu'à faire les hosties en farine de froment. Leur nourriture était fournie par les Indiens en échange de verroteries et d'autres objets, tels que drap, couteaux etc. Leur provision de vin était si exiguë que pour le sacrifice Eucharistique, ils durent se limiter à quatre ou cinq gouttes par messe [1].

Leur vie était réglée comme celle d'un couvent. A quatre heures du matin, la cloche leur faisait quitter leur couche d'écorce ; la messe, les exercices religieux, la lecture les menaient jusqu'à huit heures; alors ils ouvraient leur porte aux Indiens ; ceux-ci se rendaient si insupportables, que Lalemant qualifie *d'honnête liberté* celle qu'ils prenaient de mettre dehors les plus intolérables, le tout avec le tact et la courtoisie dont ils ne se départaient jamais, et qui faisait tout prendre en bonne part. Ayant ainsi trié leur compagnie, ils catéchisaient à l'occasion ceux qui restaient ; dans les intervalles, les convives fumaient assis autour du feu.

Le vol étant la vertu spartiate le plus en honneur chez les Hurons, un des Pères devait forcément monter la garde tout le jour. Les autres missionnaires poursuivaient leur labeur au dehors, baptisant, catéchisant le nombreux troupeau que la division assignait à chaque prêtre parlant le huron; en 1638, sept prêtres le parlaient, et trois commençaient à l'apprendre. Quarante maisons composées chacune de cinq à six feux, de deux familles chaque, incombaient souvent à un seul Père, et ne rendaient pas son labeur illusoire, puisqu'il devait veiller à ne pas laisser échapper l'occasion de baptiser les mourants et les naissants, et d'inculquer la doctrine aux valides.

Au dîner, fixé à deux heures, on disait les grâces

---

[1]. Les Jésuites apprirent bientôt à fabriquer du vin avec les raisins sauvages : ceux du Maine et de l'Acadie surent un peu plus tard faire d'assez bonnes bougies avec le fruit céreux d'un arbrisseau indigène nommé « Bayberry ».

en Huron, pour le bénéfice des Indiens présents et on lisait un chapitre de la Bible pendant le repas. Vers quatre ou cinq heures, on renvoyait les Indiens; la porte était close, et la soirée se passait à lire, à écrire, à étudier la langue, et à causer des affaires de la mission.

La mission dont nous parlons comprenait Ossossané et les villages des environs, mais les prêtres ne bornaient pas leurs efforts à ce seul rayon.

Ils faisaient de lointaines excursions, deux par deux, jusqu'à ce que chaque maison, dans toute ville hurone, eût entendu annoncer la nouvelle doctrine. Pendant ces voyages, ils portaient de grands manteaux et des couvertures sur leur dos pour se coucher la nuit ; puis un supplément d'aiguilles et de flèches, d'hameçons, de verroteries, destiné à payer leur logement et la nourriture; car les Hurons hospitaliers jusqu'à la largesse entre eux, entendaient que les Jésuites s'acquittassent envers chacun.

A Ossossané, les Jésuites avaient pu séparer la chapelle de leur habitation; nous les voyons, d'après le récit de Du Péron, payer en 1638, douze artisans venus de Québec pour leur bâtir une chapelle de bois, « presque semblable en façon et grandeur à notre chapelle de saint Julien ». C'est là qu'ils placèrent leurs images et ornements, et qu'en hiver brûlaient cinq ou six feux pour réchauffer les néophytes à demi nus. On comptait environ soixante de ceux-ci à Ossossané, noyau plus nombreux que solide de l'Eglise naissante! tout le labeur tendait à en augmenter le nombre. Le dimanche matin, en hiver, dit Lalemant, on les voyait venir à la messe, de points souvent très-éloignés, aussi nus que la main, à l'exception d'une peau jetée sur les épaules pendant les plus grands froids, et de quelques peaux roulées autour des pieds et des jambes. Ils s'agenouillaient, mêlés aux artisans français devant l'autel, bien gauchement d'abord, vu la nouveauté de la posture, puis recevaient le sacrement ensemble ; ce spectacle, répète le bon chroniqueur, payait cent fois le souci et les misères que nous avions endurés pour arriver à ces conversions.

Quelques-uns des moyens de conversion sont assez curieusement relatés dans une lettre écrite par Garnier à un ami en France. « Envoyez-moi, dit-il, une image du Christ, sans barbe. »

Il demandait aussi des « sainte Vierge, » puis des imageries représentant les « âmes damnées », pour pouvoir être portées ; quant aux « âmes bienheureuses », il croit qu'une seule représentation suffira. Il donne des instructions sur les démons, les dragons, les flammes qui doivent entrer dans ces sortes de compositions, toutes les figures veulent être vues de face, et devront bien regarder le spectateur avec leurs yeux ouverts ; le coloris sera brillant ; pas de fleurs, point d'animaux, afin de ne pas distraire l'attention des Indiens[1].

Le premier point que les prêtres cherchaient à faire entrer dans le cerveau des Hurons, était l'acceptation des doctrines fondamentales de la croyance catholique, mais l'esprit des sauvages n'étant nullement la page blanche et pure que beaucoup d'écrivains ont cherché à poétiser, le plus difficile était,

---

1. Ces recommandations témoignent d'une excellente connaissance des dispositions d'esprit des Indiens. On sait l'horreur qu'ils ont de la barbe. Le peintre Catlin causa une fois une querelle grave dans une réunion de Sioux, pour en avoir représenté un de profil, ce qui le fit tourner en dérision par un rival, comme n'étant ainsi *que la moitié d'un homme !*

avant d'y rien inscrire de nouveau, d'y effacer une légion de superstitions auxquelles ils s'attachaient avec une telle tenacité, qu'elles devaient pour ainsi dire faire partie de leur nature inculte. Les missionnaires voulurent d'abord proscrire le meurtre, le cannibalisme, et les amener à la moralité chrétienne la plus élémentaire, en insistant auprès des convertis pour qu'ils n'eussent qu'une femme et qu'ils ne la renvoyassent pas sans cause, afin de les détourner de la licence effrénée, si générale parmi les Hurons. Toutefois, bien qu'en travaillant à ces conversions avec une énergie qui n'a jamais été surpassée, les Jésuites ne commirent pas l'imprudence de commander ou d'imposer leur loi aux Indiens; la douceur, une bonté patiente furent la règle invariable de leur conduite [1]. Ils étudiaient la nature du sauvage, l'analysaient, puis s'y conformaient avec un tact admirable.

Loin de traiter l'Indien comme un étranger et un barbare, ils en faisaient un frère, un concitoyen, et proposèrent souvent aux Hurons qu'un certain nombre de jeunes Français vinssent s'établir parmi eux, et y épouser régulièrement leurs filles. Les sauvages écoutaient avec plaisir une ouverture qui flattait leur vanité. « Mais pourquoi employer tant de

---

1. Le passage suivant des *Divers sentiments* déjà cités vient à l'appui de notre assertion... Pour convertir les Sauvages, il n'y faut point tant de science que de bonté et de vertu très-solides. Les quatre éléments d'un homme apostolique en la Nouvelle-France sont : l'affabilité, l'humilité, la patience et une charité généreuse. Le zèle trop ardent brûle plus qu'il n'échauffe, et gâte tout; il faut une magnanimité et condescendance pour attirer peu à peu ces sauvages. Ils n'entendent pas bien notre théologie, mais ils entendent parfaitement bien notre humilité, notre affabilité, et se laissent ainsi gagner. » Brébeuf, dans une lettre à Vitelleschi, général des Jésuites (voir Carayon, 163), dit : « Ce qu'il faut demander, avant tout, des ouvriers destinés à cette mission, c'est une douceur inaltérable et une patience à toute épreuve. »

cérémonie ? répondaient-ils, si les Français veulent nos femmes, ils sont les bienvenus à les prendre comme ils l'ont toujours fait. » Les bons Pères durent se contenter de cette morale trop facile.

Ils sont d'ailleurs d'accord pour dire que leurs difficultés provenaient bien moins d'un manque de compréhension de la part des Indiens, qu'ils trouvent plus vifs et plus intelligents que la généralité des paysans français de l'époque, montrant même sur de certains points infiniment de capacité, que d'un ensemble d'orgueil, de bestiale sensualité, de superstition et d'inertie qui paralysait les efforts de la Foi en servant au diable de rempart infranchissable [1].

Il n'était que trop évident qu'il serait bien plus difficile de *conserver* que d'obtenir une conversion ! beaucoup d'Indiens désiraient le baptême avec la pensée qu'il était une sauve garde contre la peste et les malheurs divers ; lorsque leur illusion devint palpable, le zèle tomba en même temps. Ce qui contribua encore à diminuer la ferveur, fut la proscription en bloc des jeux, fêtes et danses, tous empreints d'une forme superstitieuse, et contenant, selon les Jésuites, un élément diabolique qu'il fallait chasser ; le néophyte était découragé par cette

---

1. Dans cet ordre d'idées, on peut noter le spécimen suivant du raisonnement huron. Au plus fort de la peste, un Indien disait à l'un des prêtres : « Nous voyons bien que votre Dieu est en colère contre nous, parce que nous ne voulons pas le croire et lui obéir. Voyez, Jhonatiria, où vous avez prêché en premier, est ruinée ; à Ossossané, nous n'avons pas voulu vous écouter, elle est également ruinée ; puis, vous avez fait une tournée dans tout le pays, vous en avez converti bien peu, aussi la peste s'est-elle mise partout. » Après des débuts aussi consolants, les Pères s'attendaient à une conclusion favorable. L'Indien reprit : « Mon opinion serait de vous interdire toutes nos maisons, de boucher nos oreilles lorsque vous nous parlez ; alors, ne vous entendant plus, nous ne pourrions pas être trouvés par votre Dieu coupables de rejeter la vérité, et il ne voudrait plus nous punir aussi cruellement. » Lalemant, 1640, 80.

privation, et aussi par les pronostics malveillants de ses compagnons. « Tu ne tueras plus de gibier, tous tes cheveux tomberont avant le printemps » et ainsi de suite. Les avantages matériels de la conversion les préoccupaient en proportion du peu qui leur en apparaissait ; ils se demandaient, par exemple, si au ciel, ils ne manqueraient pas de tabac ; il ne pouvait non plus être agréable aux nouveaux convertis, pendant qu'ils étaient en classe, écoutant l'instruction du Père, de se sentir, eux et lui, assaillis par une nuée de boules de neige, et de toute sorte de ramassis qu'une troupe de braillards leur lançait par la fenêtre.

Dans le nombre de ces tièdes néophytes, il y en avait pourtant quelques-uns qui donnaient les plus heureuses espérances, et que les Pères dans la plénitude de leur joie, disaient n'avoir de sauvage, que le nom [1].

La ville d'Ihonatiria, où les Jésuites avaient fait leur premier établissement, ayant été ruinée par la peste, la mission, dite de St Joseph, fut portée dans l'été de 1638, à Téanaustayé, ville importante, située au pied de la chaine de collines qui bordait au sud le territoire des Hurons. Ces derniers avaient eu cette année des succès inaccoutumés dans leur guerre contre les Iroquois, et leur avaient pris une centaine

---

1. De juin 1639 à juin 1640, les Jésuites baptisèrent environ un millier d'individus. Sur ce nombre, deux-cent-soixante étaient de jeunes enfants, de tout âge, dont beaucoup mouraient dès après le baptême. Moins de vingt personnes furent baptisées en santé. Nous citerons ici, d'après les lettres de Garnier, un cas intéressant de précoce piété, dans une petite fille de Saint-Joseph : « Elle n'a que deux ans et fait joliment le signe de la croix, et prend elle-même de l'eau bénite ; et une fois, se mit à crier, sortant de la chapelle, à cause que sa mère, qui la portoit, ne lui avoit donné le loisir d'en prendre. Il a fallu la reporter en prendre. »

de prisonniers. Plusieurs de ceux-ci furent amenés au siège de la nouvelle mission, et mis à mort dans des tortures effroyables, mais non sans qu'on eut pu en convertir et en baptiser quelques-uns. Nonobstant les instances des Pères, les tortures furent suivies d'un de ces festins de cannibales, habituels aux Hurons dans ces occasions.

Un jour, où les Pères avaient été des plus éloquents sur ce triste thème, la main d'une des victimes, dûment préparée, avait été lancée par leur porte, comme invitation à se joindre à la fête. Le possesseur du malheureux membre étant au nombre de ceux qui avaient reçu le baptême, ils creusèrent un trou dans leur chapelle, et l'y ensevelirent selon les rites sacrés.

CHAPITRE XI

LA NATION DE TOBACCO. — LES NEUTRALS.

(1639-1640.)

La nation de Tobacco, — Les Neutrals. — Changement dans les plans des Jésuites. — Sainte-Marie. — Mission près de la station de Tobacco. — Voyages divers. — Réception que rencontrent les Missionnaires. — Péril encouru par Garnier et Jogues. — Mission des Neutrals. — Intrigues huronnes. — Fureur des Indiens. — Intervention de saint Michel.— Retour à Sainte-Marie.— Intrépidité et exaltation des Jésuites.

L'intention primitive des Jésuites, avait été tout d'abord de former des missions permanentes dans chacune des villes huronnes, mais avant la fin de l'année 1639, toutes les difficultés de ce projet leur furent démontrées. Ils résolurent donc d'établir une mission centrale, base de leurs opérations, d'où rayonneraient tous leurs efforts sur cette terre sauvage. Elle devait servir à la fois de résidence, de fort, de magasin, d'hôpital et de couvent ; les prêtres partiraient de là pour des expéditions plus ou moins lointaines, et viendraient s'y retirer, comme dans un asile, en temps de maladie ou d'extrême péril. Là, les néophytes pourraient être réunis, à l'abri d'influences perverses, et avec le temps, un établissement chrétien, formé de Hurons et de Français y fleurirait sous la protection de la croix.

Rien n'était mieux choisi que le site de cette nouvelle station ; la petite rivière Wye y coule du sud à la baie Matchedash du lac Huron, et passe à un mille de son embouchure, à travers un petit lac. Les Jésuites choisirent la rive droite de la Wye, là où elle sort du lac, mais en obtenant à grand peine des Indiens la permission de s'y établir ; ils commencèrent aussitôt leurs travaux, et les poussèrent avec l'énergie qui devait suppléer à l'insuffisance des ouvriers et des outils. On nomma la mission, Ste Marie.

La maison de Téanaustayé et celle d'Ossossané furent abandonnées, afin de tout concentrer sur ce point. Sa position centrale lui donnait un accès aisé dans chaque partie du territoire huron, et d'autre part on était en communication rapide avec le lac Huron.

Pendant l'été précédent, les missionnaires avaient visité tout leur champ de labeur, et donné un nom chrétien à chacune des villes huronnes ; cet appel aux saints du calendrier fut suivi d'un autre pour nommer les neuf villes de la nation amie et voisine de Tobacco [1]. Les villes huronnes furent classées en quatre districts, pendant que celles de la nation de Tobacco en formaient un cinquième; chaque district fut mis à la charge de deux ou de plusieurs prêtres. C'est en novembre et en décembre, les Indiens étant rassemblés alors dans leurs campements, qu'ils commencèrent leurs excursions ; ils devaient parcourir à pied les forêts dépouillées de leur verte parure, à travers la neige et la boue, portant sur leur dos les vases sacrés et tout ce qui concernait le service de l'autel.

La nouvelle et périlleuse mission vers les Tobaccos échut à Garnier et à Jogues. Le choix était excellent; pourtant aucun des deux n'était robuste, mais Jogues était connu pour son active énergie.

---

1. Voir l'Introduction.

La nation des Tobaccos se trouvait à la distance de deux journées de marche des villes huronnes, dans les montagnes situées à l'extrémité de la baie Nottawassaga. Les deux missionnaires cherchèrent un guide, mais personne ne voulut les accompagner, et ils partirent seuls pour leur dangereux pélerinage. Les forêts étaient couvertes de neige, dont les flocons tombaient épais, obscurcissant l'air, blanchissant les troncs, inclinant les branches des pins, et recouvrant toutes les empreintes de pas dans l'étroit sentier.

Les Pères perdirent la trace, et marchèrent jusqu'à la nuit, recevant à chaque pas des avalanches de neige qui perçaient leurs pauvres soutanes. La nuit les surprit dans un marais ; ils y firent du feu à grand peine, coupèrent des branchages verts, et se couchèrent. La tourmente cessa, et « Dieu soit loué, écrivait l'un des voyageurs, nous passâmes une bonne nuit »...

Le matin, on déjeuna d'un morceau de pain, puis reprenant leur marche, ils suivirent un groupe d'Indiens et restèrent tout le jour sans nourriture. A huit heures du soir, ils atteignaient la première ville des Tobaccos, misérable amas de huttes d'écorce, à moitié ensevelies dans des trous de neige, d'où s'élancèrent des enfants avec leurs cris sauvages, qui en voyant les deux pâles figures signalèrent l'approche de la famine et de la peste ; la triste renommée les avait précédés. Malgré le mauvais accueil que cela présageait, grelottants, affamés, perdus dans la froide obscurité, ils entrèrent hardiment dans un de ces antres barbares, semblables aux maisons huronnes. Cinq ou six feux brûlaient à terre, et un nombre double de familles était ramassé autour de la flamme, vieux et jeunes, femmes et hommes, enfants et chiens, assis, couchés, accroupis, étendus, le tout pêle mêle. Des sourcils froncés, des regards de crainte ou de méfiance, les cris des enfants, les grognements de chiens féroces, telle fut la réception prévue de nos pèlerins.

Le chef principal les reçut pourtant décemment, mais lorsqu'il les vit agenouillés pour remplir leurs dévotions, sa terreur comprimée se fit jour, et il commença une harangue, adressée autant à eux qu'aux Indiens. « Voyez ce que font ces okies ? ils complotent des charmes pour nous tuer et détruire ce que la peste a épargné. On me les avait signalés comme sorciers ; maintenant qu'il est trop tard pour les éviter, je le vois bien. »

Le miracle est que les prêtres aient échappé au tomahawk ; nulle part n'est plus visible que dans l'œuvre de ces missions, la puissance d'une volonté ferme, d'un indomptable courage et de la foi. Leur réception fut à peu près semblable dans toutes les villes des Tobaccos, mais la pire de toutes les attendait dans la plus importante de ces villes, nommée par eux St Pierre et St Paul. Ils y arrivèrent par une après-midi d'hiver ; chaque porte leur fut fermée ; ils entendaient les squaws appelant au dedans les jeunes gens pour leur courir sus, pendant que les enfants vilipendaient les sorciers noirs. La nuit approchant, ils quittèrent la ville ; mais une bande d'hommes armés les suivit afin de les mettre à mort. L'obscurité, la forêt et les montagnes secondèrent leur retraite, et ils purent ainsi échapper à leurs persécuteurs ; c'est sous de pareils auspices que commençait la mission !

Au mois de novembre, se formait une mission encore plus lointaine et plus périlleuse; Brébeuf et Chaumonot étaient envoyés vers la nation des Neutrals. Nous avons déjà vu [1] que cette peuplade féroce occupait la portion du Canada qui est située immédiatement au nord du lac Érié, pendant qu'une aile de leur territoire, s'étendait à travers le Niagara jusque dans le New-York de l'Ouest. Aucune tribu américaine ne les a égalés en férocité et en superstitions extravagantes. Ils poussaient à l'extrême, entre autres, l'absurde croyance du pouvoir surnaturel de la démence, et remplissaient leur contrée, par suite, de prétendus maniaques, qui sous le prétexte de se rendre leurs okies favorables, vagabondaient entièrement nus à travers le village, éparpillant les charbons du feu, et bouleversant tout sur leur passage.

Les deux prêtres quittèrent Ste Marie le 2 de novembre, trouvèrent un guide huron à St Joseph, et après une marche pénible de cinq jours à travers la forêt, atteignirent la nation des Neutrals. Ils visitèrent dix-huit villes, et n'y rencontrèrent que malédictions. Brébeuf en particulier, passa pour le plus détestable des sorciers. Les Hurons, retenus par une sorte de crainte superstitieuse, et redoutant s'ils

---

1. Voir l'Introduction. Le fleuve du Niagara était, en 1640, très-connu des Missionnaires, bien qu'aucun ne l'eût visité. Lalemant en parle comme « de la fameuse rivière de ce pays » des Neutrals. L'extrait suivant montre que les lacs Ontario et Érié portaient dès lors leurs noms actuels. « Cette rivière (le Niagara) est la même par laquelle le grand lac des Hurons, ou la mer douce, se décharge : premièrement dans le lac d'Érié ou lac de la nation du Chat. Puis elle rentre dans le territoire des Neustrals, et prend le nom d'Onguiaahra (Niagara) jusqu'à ce qu'elle se déverse dans l'Ontario ou lac Saint-Louis, d'où sort enfin le fleuve qui passe devant Québec, qu'on nomme le Saint-Laurent. » Lalemant ne fait aucune allusion à la cataracte, mentionnée pour la première fois par Ragueneau, dans sa relation de 1648. « Au sud de cette même nation des Neustrals, il y a un immense lac, de deux cents lieues de circuit, nommé Érié, formé par la décharge de la mer douce, et qui se précipite par une cataracte d'une hauteur effrayante dans un troisième lac, du nom d'Ontario, et que nous appelons lac Saint-Louis. »

tuaient leurs prêtres de s'embarquer dans une querelle avec les Français de Québec, avaient conçu le projet d'exciter les Neutrals à exécuter leurs secrets désirs.

Ils envoyèrent à cet effet deux émissaires aux villes des Neutrals, qui, réunissant les chefs dans un conseil dénoncèrent les Jésuites comme les destructeurs de la race humaine et firent don aux guerriers de neuf hachettes françaises à la condition de mettre les Jésuites à mort. C'est alors que Brébeuf, transi et affamé, rejeté et injurié à chaque porte, eut la vision de cette immense croix, qui, ainsi que nous l'avons vu précédemment (p. 82), se mouvait dans les airs au-dessus des forêts qui s'étendaient vers la contrée des Iroquois.

Chaumonot nous dit encore : « Un soir, pendant que les chefs réunis délibéraient sur notre mort, le P. Brébeuf, faisant son examen de conscience, pendant que nous étions en prière, eut la vision d'un spectre en fureur, qui nous menaçait tous deux de trois javelots qu'il tenait à la main. Il en lança un sur nous qu'une main plus puissante retint au passage et le même fait eut lieu pour les deux autres.

« Notre hôte revint très tard du conseil, où les deux émissaires hurons avaient fait don des hachettes destinées à nous tuer. Il nous réveilla pour nous dire que trois fois, nous avions été en danger de mort par les instances des jeunes gens, et que trois fois les vieillards les avaient dissuadés ; ainsi fut comprise pour nous la vision du P. Brébeuf. »

Ils avaient échappé encore cette fois, mais les Indiens convinrent entre eux que personne désormais ne leur donnerait d'abri ; à demi morts d'inanition et de froid, ils guettèrent un Indien sortant d'une hutte, poussèrent vivement la porte, et se trouvèrent dans cet antre de fumée et de vermine ; pendant que les habitants, ébahis de leur témérité, les dévisageaient en silence, un messager courut porter la nouvelle, et une foule exaspérée, s'assembla :

« Sortez, et quittez la contrée », dit un vieux chef, « ou sinon nous vous mettrons à bouillir dans la chaudière, afin de faire un festin de vous. » « J'en ai assez de la chair foncée de nos ennemis, reprenait un jeune brave, « il me tarde de goûter un peu de chair blanche, et je mangerai la vôtre. »

Un guerrier fit irruption comme un fou, visant Chaumonot avec son arc bandé. « Je le regardai fixement, » nous dit le jésuite, « et me recommandai en toute confiance au grand St Michel ; il est hors de doute que lui seul nous sauva, car la fureur du guerrier s'apaisa aussitôt, et le reste de l'assemblée commença à écouter les explications que nous leur donnâmes sur nos desseins dans cette contrée ».

La mission ne devait porter d'autres fruits que ceux des périls et des misères à encourir ; les deux prêtres se résolurent donc au retour. Ils furent l'objet, sur leur route d'un acte d'affectueuse charité. Une tourmente de neige les ayant arrêtés, une femme des Neutrals les recueillit dans sa hutte, les entretint de son mieux durant deux semaines, persuada à son père et à sa famille de les secourir, et les aida elle-même à faire un vocabulaire de son dialecte. Les Pères durent enfin se séparer de leur généreuse hôtesse ; se dirigeant vers le nord, ils gagnèrent en sûreté, Ste Marie à travers les neiges fondantes du printemps, [1].

---

[1]. Le Récollet La Roche Dallion avait visité les Neutrals, quatorze ans avant (voir l'Introduction) et de même que ses deux successeurs, avait couru de sérieux dangers dus aux intrigues huronnes.

Les Jésuites avaient enduré tout ce que l'humanité semble capable de supporter. Ils avaient échappé comme par miracle aux tortures et à la mort. Leur zèle ou leur intrépidité en fut-elle abattue ? Non ; une ferveur intense, inassouvie de dévouement, les excitait à courir des risques encore plus dangereux. Les figures, si rapprochées des sympathies terrestres, et néanmoins d'essence si divine, telles que les vierges, les anges, les saints, dans lesquelles se personnifiaient en les dramatisant, les grands principes de la foi chrétienne, planaient sur eux, et leur faisaient envisager des couronnes de gloire et les palmes du martyre en échange de souffrances passagères. Ils brûlaient d'agir, de souffrir, de mourir ; au milieu des épreuves d'un martyre perpétuel, ils tournaient des regards héroïques vers l'horizon où s'amoncelaient les périls, et vivaient de l'espoir de porter le flambeau de la Foi dans les repaires sanguinaires des Iroquois [1].

N'y avait-il donc jamais de moments où la répugnance naturelle l'emportait sur l'exaltation et la tension des facultés ? Lorsque le regard du pauvre exilé, seul, perdu au milieu des forêts de pins, ne pouvait se reposer que sur des solitudes impitoyables ou sur de misérables huttes et leurs cruels habitants, ses pensées devaient s'élancer par delà les mers qui le séparaient des scènes de son enfance ; peut-être encore, une secrète attraction lui retraçait-elle les premiers sanctuaires où sa foi s'était affirmée, ou le transportait-elle dans ce temple éblouissant où reposent entre l'or et le lapis les

---

1. Ce zèle n'était certes pas soutenu par le succès ; car en 1641, après sept années d'efforts, la Mission ne comptait que cinquante convertis vivants, ce qui indiquait même une décroissance sur les années précédentes.

cendres d'Ignace de Loyola. Il s'agenouillait, dans son rêve, bercé par la musique céleste, au pied de cet autel que protège l'emblème le plus suave de la maternité chrétienne; l'illusion l'enveloppait, il s'inclinait, emporté non plus par le souvenir, mais transporté par une vision réelle, distincte, lumineuse, qui faisait apparaître la Vierge, mère de Dieu à ses yeux fatigués; prosterné sur cette terre ingrate, il invoque les anges protecteurs, puis revenant à la réalité, il poursuit, soutenu, consolé, son rude apostolat.

Nous aussi, nous quitterons un moment ce rude théâtre de leurs efforts, pour nous embarquer avec les trafiquants hurons, dont les canots d'écorce vont partir de la Thunder Baie, et revoir les rochers de Québec dont nous nous sommes éloignés depuis bien longtemps.

CHAPITRE XII

LES FIDÈLES ET LES RELIGIEUSES.

(1636-1652.)

Le séminaire huron. — Madame de La Peltrie. — Ses pieux projets. — Son mariage. — Les visites aux Ursulines de Tours. — Marie de Saint-Bernard. — Marie de l'Incarnation. — Son exaltation. — Son union mystique. — Ses luttes intérieures. — Sa vision. — Elle est nommée supérieure des Ursulines. — L'Hôtel-Dieu. — Le voyage au Canada. —Sillery. — Souffrances et travaux des religieuses. — Caractères de madame de La Peltrie et de Marie de l'Incarnation.

Nous avons, dans notre volume précédent, laissé Québec en 1640, gouverné par Montmagny, le pieux successeur de Champlain, et doté, avant d'avoir une population, d'un séminaire, d'un hôpital et d'un couvent ; il est intéressant d'étudier l'origine et le caractère de ces diverses institutions.

Dès l'abord, les Jésuites avaient eu le projet d'établir à Québec un séminaire destiné aux enfants hurons. Le gouverneur et la compagnie favorisèrent ce dessein, non-seulement comme un moyen de répandre la Foi et d'attacher les tribus aux intérêts français, mais encore dans la pensée que les enfants répondraient de la bonne conduite des parents, et serviraient d'otages pour la sûreté des missionnaires et des commerçants dans les villes indiennes [1].

---

1. « M. de Montmagny connoit bien l'importance de ce séminaire pour la gloire de Notre-Seigneur, et pour le commerce de ces messieurs, » *Relation*, 1637, 209.

Pendant l'été de 1636, le Père Daniel, revenant du pays des Hurons, fatigué, décharné, sa soutane et sa chemise tombant en lambeaux, amenait avec lui un petit garçon; deux autres lui furent bientôt adjoints et par l'influence de l'interprète Nicollet, ce nombre s'augmenta encore. Il est vrai que l'un d'eux s'enfuit, deux autres moururent d'indigestions, un quatrième fut repris par son père, et trois autres, après avoir volé un canot, le chargèrent de tout ce qu'ils purent piller et s'échappèrent avec ce butin [1] !

Ces débuts n'avaient rien d'encourageant, mais la persévérance des Jésuites triompha, et ils établirent enfin leur séminaire sur des bases assurées. Le marquis de Gamaches avait donné six mille pistoles pour fonder un collège à Québec. En 1637, un an avant l'érection du collège Harvard, les Jésuites commencèrent une construction en bois à l'arrière du fort, et là se trouvèrent réunis dans un même enclos le séminaire huron et le collège destiné aux enfants des Français.

Les garçons ainsi favorisés, les filles des deux races restaient sans nul moyen d'instruction. Dieu allait y pourvoir.

En 1603, naissait à Alençon une fille de la meilleure noblesse de Normandie, Madeleine de Chauvigny. Dix-sept ans après, cette enfant était devenue une jeune personne volontaire, enthousiaste, et dont l'ardeur eût pu se traduire par quelque aventure romanesque, si sa nature passionnée et impressionnable ne se fut tournée vers la religion, avec ses pratiques et ses œuvres [2]. Son père, qui l'aimait ar-

---

1. Le Jeune, *Relation*, 1637, 55-59. *Relation, id.*, 1638, 23.
2. Il existe un portrait d'elle, pris à une époque un peu plus avancée et dont je possède une photographie. Elle porte un costume semi-reli-

demment, résista à son inclination pour le cloître, et voulut la rendre au monde ; mais elle s'échappa du château, se réfugia dans un couvent voisin et résolut d'y demeurer. Son père l'y suivit, la ramena chez lui, et l'entoura de fêtes et de parties de chasse ; dans ce tourbillon de dissipations, elle se trouva engagée presque par surprise, dans des fiançailles avec M. de La Peltrie, jeune gentilhomme estimé et riche.

Ce mariage tourna fort heureusement, et madame de La Peltrie soutint de la meilleure grâce son rang dans ce monde auquel elle avait voulu renoncer. Après une union de cinq ans M. de La Peltrie mourut, et elle resta veuve et sans enfants à l'âge de vingt-deux ans. Alors lui revint la ferveur religieuse de sa première jeunesse, elle ne s'occupa plus que d'œuvres pies, et résolut de nouveau de se faire religieuse.

Elle avait entendu parler du Canada, et lut avec avidité les premières Relations de Le Jeune qui parurent alors « Hélas, écrivait le Père, n'y aura-t-il aucune dame vertueuse et charitable qui voudra venir en cette contrée pour agir au nom du Christ, en enseignant sa parole à nos petites Indiennes ? »

Son appel trouva un prompt écho dans l'âme de madame de La Peltrie, et elle ne songea désormais plus qu'au Canada. Une fièvre l'abattit au milieu de son zèle, et les médecins désespérèrent de sa vie ; mais la malade au plus fort de la crise, fit vœu à St Joseph, que si Dieu lui rendait la santé, elle bâtirait une maison en son honneur au Canada, et qu'elle

---

gieux, les mains sont croisées, ses yeux grands et noirs accompagnent une bouche petite et malicieuse ; l'ensemble du visage est assez joli et fort coquet. On a joint une gravure de ce portrait à la Notice bibliographique de madame de la Peltrie dans les *Ursulines de Québec*, I, 348.

consacrerait sa vie et sa fortune à l'éducation des filles des Indiens. Le lendemain, dit son biographe, la fièvre avait disparu.

En même temps, sa famille affermissait ses résolutions en tentant de les entraver : ils la déclarèrent visionnaire, et incapable de diriger sa fortune ; son père, dont la tendresse pour elle s'était encore accrue avec l'âge, la supplia de demeurer avec lui, et de différer l'exécution de ses plans jusqu'après sa mort; des instances, il passa aux défenses, puis menaça de la déshériter si elle persistait. Notre humble opinion sera que la vertu d'obéissance envers ses supérieurs spirituels si hautement exaltée en elle par ses biographes, lui manquait singulièrement envers le père auquel la loi divine assignait les premiers droits, car madame de La Peltrie fut plus résolue que jamais au départ.

Son père tenta alors de la remarier ; elle prit conseil à cet égard d'un Jésuite, lequel « après avoir sérieusement réfléchi devant Dieu, (nous dit Casgrain l'un de ses biographes), lui répondit qu'il croyait avoir trouvé un moyen de tout concilier ». Ce moyen nous paraît étrange, mais agréa à madame de La Peltrie, comme conciliant à la fois la satisfaction due à l'esprit troublé de son père, et celle de lui éviter à elle le péché d'abandonner ses pieuses intentions ; nous allons voir quel était ce singulier expédient.

Parmi ses connaissances, on comptait un M. de Bernières, gentilhomme plein de piété et usant dignement d'une fortune appropriée à son rang. Elle lui écrivit, lui expliquant sa situation et le priant de se prêter à un mariage simulé avec elle. Le sentiment de l'honneur chez M. de Bernières s'opposait à ce subterfuge, et d'autre part, mû par un ardent esprit de sacrifice, M. de Bernières avait fait vœu de chasteté ; il y voyait donc une violation dans l'arrangement qu'on lui proposait. Au milieu de ces perplexités il consulta son directeur et quelques amis dévoués ; tous furent d'accord pour y voir un ordre de Dieu en vue de sa gloire, et qu'il devait accepter les ouvertures assez étranges de la jeune veuve, en demandant sa main à son père. M. de Chauvigny qui estimait grandement M. de Bernières, fut ravi, et le ravissement ne fit que s'accroître en apprenant la modeste et respectueuse soumission de sa fille [1].

Les fiançailles eurent lieu ; l'harmonie rétablie entre le père et la fille, il ne fut plus pour le moment question de la déshériter ou de l'interdire. Mais les scrupules de Bernières revinrent ; partagé entre sa conscience et l'honneur, il remettait toujours le mariage, si bien que M. de Chauvigny conçut des soupçons, et menaça de nouveau de déshériter si le mariage ne s'accomplissait pas [2]. Bernières céda, et alla avec madame de La Peltrie consulter « les plus éminents théologiens ». Le mariage eut lieu, et les nouveaux époux parurent devant le monde comme mari et femme ; mais la famille de madame de La Peltrie avait dans l'intervalle renouvelé ses tentatives

---

1. Tous les détails sont tirés d'une lettre de Marie de l'Incarnation, traduite par la Mère Saint-Thomas, du couvent des Ursulines de Québec, et placée par elle dans sa *Vie de madame de La Peltrie*, 41. Comparez aussi *Les Ursulines de Québec*, 10, et la " Notice biographique " dans le même volume.

2. « Notre vertueuse veuve ne perdit pas courage. Comme elle avait donné sa confiance à M. de Bernières, elle l'informa de tout ce qui s'était passé, pendant le temps qu'elle flattait son père, lui répétant chaque jour que ce gentilhomme était trop honorable pour manquer à sa parole. — Plus loin on lit : « Bernières alla s'établir chez un ami commun, où elle et lui eurent de fréquentes occasions de se voir, et de consulter d'éminents docteurs sur ce qu'il fallait résoudre sur ce prétendu mariage... » Saint-Thomas, *Vie de madame de La Peltrie*, 42 et 43.

pour la priver de la direction de ses biens ; un jugement avait été porté contre elle à Caen, dont elle appela devant le Parlement de Normandie ; ses hommes d'affaires étaient aux abois, mais, comme l'observe son biographe, « les saints ont des ressources inconnues aux mortels. » Un vœu à St Joseph en lui assurant son appui, décida du gain de sa cause. Une autre pensée vint alors la remplir d'inquiétude ; ses plans étaient arrêtés, et le moment de l'action approchait. Comment pourrait-elle supporter la douleur de ce père, qui apprendrait à la fois les subterfuges employés pour le tromper, le départ de sa fille et de Bernières pour les solitudes du Canada ? Heureusement pour le pauvre homme, une maladie l'emporta, dans l'ignorance de toutes ces manœuvres [1].

Quoi qu'on puisse penser de la nature de la dévotion de madame de la Peltrie, on ne saurait élever le moindre doute sur la sincérité de ses intentions, tout en y démélant, joint à l'amour de la gloire

[1]. Il ne sera pas sans intérêt de lire les diverses appréciations des écrivains catholiques de l'époque sur ce curieux incident. Le P. Charlevoix raconte l'histoire, sans aucun commentaire. Sainte-Foi, dans ses *Premières Ursulines de France*, dit que, puisque Dieu l'a prise sous sa guidance, nous ne devons point la critiquer. Casgrain, dans sa *Vie de Marie de l'Incarnation*, remarque : « Une telle conduite peut encore paraître étrange à bien des personnes ; mais outre que l'avenir fit bien voir que c'étoit une inspiration du ciel, nous pouvons répondre, avec un savant et pieux auteur, que nous ne devons point juger ceux que Dieu lui-même se charge de conduire.» P. 247. La Mère Saint-Thomas va plus loin en approuvant pleinement le procédé, et nous nous permettrons d'observer que l'extrait suivant, quelque étrange que cela nous paraisse, est tiré d'un livre écrit, il y a peu d'années, en anglais, pour l'instruction des élèves du couvent des Ursulines, à Québec. « Ainsi se termina le prétendu engagement de cette vertueuse dame et de ce pieux gentilhomme, qui causa en ce temps tellement de curiosité et d'enquête parmi la noblesse de France, et qui, après deux cents ans écoulés, ne peut manquer de provoquer les sentiments d'admiration dans les cœurs des femmes vertueuses. »

de Dieu, quelque peu de ce désir de renommée et d'éclat, qui est la passion dominante de quelques femmes. Il est probable que, lorsqu'en compagnie de Bernières, elle allait d'Alençon à Tours, et de Tours à Paris, objet de l'attention des prélats, des prêtres, des religieuses, et que la reine Anne d'Autriche elle-même, voulait avoir une entrevue avec elle, elle atteignait le parfait contentement de l'âme qu'on lui attribue, tout en mêlant bien à son origine mystique quelques atômes d'un esprit moins détaché des vanités de la terre. A Tours, elle se rendit au couvent des Ursulines : la supérieure vint à sa rencontre avec toutes les sœurs, puis se divisant à son approche en deux files, elles chantèrent le *Veni Creator*, pendant que les cloches sonnaient à toute volée. On la conduisit à l'église où l'on chanta le *Te Deum*, pendant que les sœurs se tenaient agenouillées en demi-cercle autour de l'hôte si fêtée, prosternée elle-même devant l'autel. Les cœurs battaient vivement, car en ce jour devaient être choisies celles qui allaient suivre madame de La Peltrie à Québec où elle devait fonder un couvent ; leurs dévotions accomplies, toutes se jetèrent à ses pieds, en larmes et l'implorant chacune de les emmener. Une jeune religieuse se tenait timidement à l'écart de ce flot de suppliantes, Marie de St-Bernard brûlait intérieurement pourtant du désir de se consacrer à ce pieux exil ; son désir fut exaucé sans qu'elle ait eu à le demander ; elle fut choisie et ce choix fut sage comme le prouva l'avenir.

Une autre religieuse se tenait aussi à part, immobile et silencieuse, de taille imposante, avec des traits accentués et plutôt masculins, mais dont l'apparence seule démentait ainsi son sexe, car Marie de l'Incar-

nation sera femme dans toute l'acception du mot [1].
Elle n'avait pas à supplier, sachant que les Jésuites l'avaient désignée comme supérieure du nouveau couvent, née à Tours, quarante ans auparavant (le 18 octobre 1599), d'une bonne famille de la bourgeoisie, les éminentes qualités de Marie Guyard se déclarèrent en avançant vers la maturité.

Elle réunissait à une vive imagination, une rare intelligence et les tendances religieuses les plus développées, ensemble de facultés souvent dangereux comme peut l'être l'imagination stimulée par les formes de la religion catholique. De même que madame de La Peltrie, elle se maria selon le gré de ses parents, à dix-huit ans.

Cette union ne fut pas heureuse, sans que, d'après ses biographes, il y eût de torts mutuels : il y avait sans doute une grande incompatibilité d'humeur ! Elle chercha ses consolations dans la religion, et s'absorba dans des communications mystiques entre elle le Christ et les Anges. Son mari mourut après deux années de mariage, la laissant veuve avec un petit garçon. Elle remit celui-ci aux soins de sa sœur, s'abandonna aux méditations solitaires, et devint de plus en plus une adepte de l'école du mysticisme passionné dont sainte Thérèse a été le plus illustre chef féminin.

Néanmoins, l'instinct maternel luttait dans son sein avec l'appel de la vocation religieuse. Les rêves, les visions, les extases, des alternatives de ravissement et de sombre abattement se partagèrent sa vie ; elle jeûna, se mortifia, puis descendit

---

[1]. Il existe un portrait gravé d'elle, dont l'auteur possède la photographie. Lorsqu'elle était du monde, ses proportions exceptionnelles attiraient l'attention.

aux offices les plus bas dans sa maison, prenant à tâche de s'humilier devant ses servantes. Au milieu d'un de ses transports, elle entendit une voix miraculeuse ; c'était celle du Christ, promettant de devenir son époux. Des mois, puis des années s'écoulèrent, remplis d'espoir troublé et de craintes, lorsque la voix résonna de nouveau à son oreille, portant l'assurance que Dieu tenait sa promesse et qu'elle était sa fiancée. Alors se produisirent ces phénomènes d'une imagination surexcitée, assez fréquents chez les femmes dont la jeunesse n'a trouvé d'aliment ni dans un mariage satisfaisant, ni dans les occupations de la maternité. Marie Guyard vit dans Notre-Seigneur un époux dont la présence réelle amenait une explosion de langage empreint des formes de la passion terrestre ; elle se rendait à la prière dans un état d'agitation et d'attente émue ressemblant malgré ses aspirations toutes célestes à une rencontre avec l'époux le plus adoré.

L'imagination ne peut toutefois se maintenir toujours à la même hauteur, les ailes même se fatiguent, et une tension aussi exagérée des facultés amène son inévitable réaction. La lassitude ramena le sens commun, et elle dissipa les rêves insensés dans lesquels se perdait son âme. Sa nature énergique ne tarda pas à tomber dans l'excès opposé ; les paroles de son confesseur frappèrent des oreilles insensibles ; bientôt le saint homme ne lui inspira plus que de l'éloignement. Elle venait de perdre son ancien directeur, son guide, son oracle, sa consolation, et son découragement s'en était accru, d'autant que le nouveau confesseur déclara nuisibles et visionnaires tous les conseils de son prédécesseur. Rebuté, croit-on, par ses sombres résistances à sa direction, bientôt il la quitta et elle resta pendant plusieurs mois privée d'aucun guide spirituel. Deux années s'écoulèrent avant que son esprit reprit quelque calme ; ce fut pour s'élancer alors vers le septième ciel de la dévotion imaginative.

Nous avons vu Marie de l'Incarnation recherchant toutes les pratiques d'humiliation; s'habillant comme celles de la dernière classe, soignant des mendiants dégoûtants, faisant l'ouvrage d'une servante, et tracassant pendant ce temps son cerveau, pour lui fournir mille moyens métaphysiques d'anéantissement moral; et pourtant lorsqu'on lit ses « Lettres spirituelles » on reste convaincu qu'un orgueil immense est insuffisamment réprimé chez elle. Elle aspirait au cénacle des croyants, cette aristocratie de la dévotion, qui, pendant que le commun des fidèles accepte les devoirs de la vie, rejette le monde présent et visible, et demande à ne vivre qu'en Dieu. Dans son affection maternelle, elle ne voulut plus voir qu'un piège, la détournant du sentier de la perfection ; longtemps, l'amour pour son enfant l'empêcha de se faire religieuse; un jour enfin fortifiée par la confession, elle abandonna ce dernier attrait humain, et prononça des vœux aux Ursulines de Tours. Son fils, renouvelant bien que plus jeune, la tentative du fils de madame de Chantal, exaspéré de son abandon, excité par une famille irritée, guetta l'occasion, et pénétra jusque dans le réfectoire du couvent, interpellant les sœurs et criant qu'elles lui rendissent sa mère. Lorsque l'enfant fut devenu jeune homme, l'angoisse de la mère dut être grande, car elle apprit qu'il avait quitté les parents qui s'occupaient de lui, et que tombé en mauvaise compagnie il s'était enfui, on ne savait où. La mère, qui semble avoir ressenti fortement cette cruelle épreuve, trouva pourtant dans son énergie naturelle et dans l'exaltation religieuse, un semblant de calme, jusqu'à ce qu'elle sut qu'on avait enfin retrouvé et ramené le fugitif au bercail.

Quelqu'étrange que cela puisse paraître, cette femme, dont l'état habituel était celui du mysticisme le plus abstrait, était douée à un haut degré de facultés propres à la pratique des affaires.

Elle avait passé plusieurs années à la tête de la maison de son beau-frère ; là, tandis que d'une part, ses veillées, ses visions, ses jeûnes exagérés, avaient renversé les habitudes de toute famille bien gouvernée, de l'autre, elle établissait une compensation au mécontentement légitime de son parent, en lui prêtant une aide fort efficace dans l'administration de ses affaires privées et extérieures. Ses biographes ajoutent que son cœur restait absent de tous ces intérêts humains, mais ses aptitudes n'en furent pas moins manifestes ; ses guides spirituels s'en aperçurent et virent clairement que des dons aussi utiles dans le monde pourraient devenir précieux, mis au service de l'Église. De là, le choix qu'on fit d'elle comme supérieure du couvent que madame de La Peltrie allait fonder à Québec. Ce mélange d'enthousiasme religieux, même sous la forme d'exagération mystique, s'allie très-fréquemment à ce don de gouvernement et d'administration ; la plupart des fondateurs d'ordres religieux, de ceux surtout qui subsistent à travers les épreuves des siècles, en sont la preuve.

Marie de l'Incarnation nous apprend dans ses lettres que c'est de Dieu lui-même qu'elle reçut l'ordre de sa « vocation » vers le Canada ; le miracle eut lieu ainsi qu'il suit.

Dans un rêve, une dame inconnue s'offrit à elle, prit sa main et la conduisit ainsi vers l'ouest, allant à la mer ; elles firent bientôt la rencontre d'un

VISION DE MARIE DE L'INCARNATION

des Apôtres, vêtu de blanc, qui leur indiqua la route. Elles entrèrent alors dans une région éblouissante ; sous les pieds un pavement de marbre blanc, moucheté de rouge, et séparé par des lignes écarlates; tout à l'entour, se voyaient des monastères de la plus belle architecture, mais les deux voyageuses passant rapidement sans s'arrêter, arrivèrent devant la sainte Vierge, assise avec l'enfant Jésus sur un petit temple de marbre lui servant de trône; elle leur parut n'avoir pas plus de quinze ans, et être « d'une beauté ravissante ». Elle avait la tête tournée de côté et son regard était fixé sur une vaste étendue de vallées et de montagnes à demi perdues dans le brouillard. Marie de l'Incarnation s'approcha, les mains étendues pour la révérer ; la vision se pencha vers elle, et souriante l'embrassa par trois fois; à ce moment la dormeuse s'éveilla, le rêve finit.

Elle parla de cette vision au Père Dinet, jésuite à Tours. Son interprétation immédiate fut que ce pays brumeux n'était autre que le Canada où l'appelait la Vierge Marie.

Un point restait néanmoins obscur ; qui pouvait être la compagne inconnue de son rêve ? Plusieurs années étaient écoulées quand le ciel se chargea de lui répondre en lui faisant reconnaître dans madame de La Peltrie, dès qu'elle la vit entrer au couvent de Tours, la dame de sa vision nocturne. Madame de Chantal eut une révélation semblable sur l'arbitre terrestre de sa destinée, lorsqu'elle rencontra pour la première fois saint François de Sales. Ces sortes de faits ne peuvent surprendre quiconque a étudié les phénomènes de l'exaltation religieuse.

Le 4 de mai 1639, madame de La Peltrie, Marie de l'Incarnation, Marie de Saint-Bernard et une troisième Ursuline s'embarquaient à Dieppe pour le Canada.

Avec elle partaient trois jeunes sœurs d'hôpital envoyées à Québec pour y fonder un Hôtel-Dieu, dû aux libéralités de la duchesse d'Aiguillon, la célèbre nièce de Richelieu [1]. Les jésuites Chaumonot et Poncet prenaient aussi passage sur le vaisseau, sous la conduite du P. Vimont appelé à succéder à Le Jeune comme supérieur.

Nous pouvons imaginer quel changement dût offrir à ces jeunes filles pâlies par la réclusion du cloître, ce monde bruyant et actif du pont d'un vaisseau, avec ses marins, les commandements, les passagers, le vent fraîchissant et le balancement des vagues. Le voyage fut long et pénible pour ces pauvres femmes ; la souffrance les retenait souvent couchées dans leurs étroites cabines ; lorsque le temps le permettait, elles montaient ensemble sur le pont, y chantaient en chœur de pieux cantiques, ou entendaient la messe dans la cabine réservée. Un matin le brouillard les enveloppant, un cri d'alarme fit tressaillir passagers et équipage. Une énorme banquise s'avançait sur le navire, et le péril était imminent.

Madame de La Peltrie se pressa contre Marie de l'Incarnation, restée parfaitement calme, et rassembla ses vêtements autour d'elle dans la pensée de mourir décemment ; un vœu offert à la sainte Vierge et à saint Joseph par le P. Vimont, les sauva, le vaisseau s'avança vers la mer libre.

Le 15 juillet, on arrivait à Tadoussac, et les religieuses remontaient vers Québec dans un petit transport marchand, chargé de morue salée, de laquelle elles durent vivre sans avoir même la ressource de la faire cuire, jusqu'au 1er août, jour où elles touchèrent au port si désiré. Le canon tonna pour les recevoir,

---

1. Juchereau, *Histoire de l'Hôtel-Dieu de Québec.*

tout travail cessa, les magasins furent fermés, et le zélé Montmagny, avec une suite de prêtres et de soldats, vint les recevoir sur le rivage. Les religieuses s'agenouillèrent, baisant le sol du Canada ; elles allèrent entendre la messe à l'église, dîner au fort, et partirent aussitôt pour visiter le nouvel établissement de Sillery, situé à 4 milles au-dessus de Québec [1].

Noel Brulart de Sillery, chevalier de Malte, qui avait rempli les plus éminents emplois sous la reine Marie de Médicis, avait maintenant renoncé au monde et à son Ordre, et s'était fait prêtre. Une dispense du Pape lui ayant permis de conserver ses grands revenus, il les consacra uniquement aux bonnes œuvres. Parmi celles-ci, il avait remis aux Jésuites une somme importante dans le but de fonder un établissement destiné aux enfants des sauvages devenus chrétiens, et le lieu où l'on plaça cet asile porte encore son nom. Sur le rivage de Sillery, entre la rivière et les hauteurs boisées placées en arrière, étaient réunies les petites huttes des Algonquins convertis, ainsi que l'église, la maison de la mission et une infirmerie, le tout entouré de palissades.

C'est là que furent conduites les six religieuses par les Jésuites. L'emplacement ravit ces pieuses filles, et dans le transport de leur zèle elles saisissaient chaque petite fille indienne qu'elles rencontraient, l'embrassant « sans prendre garde » nous dit le Père, « si ces petits enfants sauvages étaient sales ou non ;... la loi d'amour et de charité l'emportait par-dessus toute considération humaine. »

Les sœurs de l'Hôtel-Dieu se fixèrent peu après à

---

1. Juchereau, 14. Le Clerc, II, 33. Ragueneau, *Vie de Catherine de Saint-Augustin*, épître dédicatoire. Le Jeune, *Relation*, 1639, chap. II. Charlevoix, *Vie de Marie de l'Incarnation*, 264; Acte de réception dans *Les Ursulines de Québec*, I, 21.

Sillery, d'où elles revinrent à Québec, lorsque la maison, qu'on bâtissait pour elles fut prête. Les Ursulines, faute d'un meilleur logement, trouvèrent leur abri dans un modeste campement de bois, placé sous le rocher de Québec, au bord de la rivière. Là elles furent envahies par une telle horde d'enfants, que le sol de leurs misérables huttes était tout couvert de lits, et leur labeur devint sans trève. Bientôt parut la petite vérole, semant la terreur et la mort parmi les sauvages ; ceux-ci affluaient à Québec dans leur désespoir, demandant du secours aux Français. C'est alors que la tâche des Ursulines et des sœurs de l'hôpital dépassa les forces humaines ; ces pauvres femmes vivaient dans leurs huttes, remplies de sauvages malades et mourants, placés depuis le sol jusqu'au toit intérieur dans des hamacs superposés, au milieu de cet air infecté, avec des êtres répugnants à tous les points de vue féminins et civilisés, sans sommeil, presque sans nourriture! C'est ainsi que débuta leur apostolat! Plusieurs d'entre elles tombèrent malades, mais l'excès du mal amena une sorte de soulagement! Tant d'Indiens périrent dans ces réduits pestiférés, que ceux restés valides les fuyaient avec horreur.

Une lettre d'une des Ursulines [1] écrivant à l'époque où leur labeur trouvait quelque répit, nous apprend comment se comportèrent ces anges de la charité pendant cette horrible épreuve ; nous y voyons que cette délicate jeune fille, Marie de Saint-Bernard, appelée dans le couvent, sœur Saint-Joseph, choisie à Tours pour cette rude mission, les charmait toutes par son heureux naturel ; pendant les récréa-

---

1. Lettre de la Mère Sainte-Claire à une de ses sœurs Ursulines de Québec. 2 sept. 1640. Voir : *Les Ursulines de Québec*, I, 38.

tions, elle les faisait souvent « rire aux larmes par son aimable gaieté, il serait impossible d'être mélancolique avec elle » écrit la sœur.

Ce ne fut que trois ans plus tard que les Ursulines prirent possession du massif couvent en pierre, bâti pour elles sur l'emplacement qu'il occupe encore aujourd'hui ; l'argent avait manqué avant la fin des travaux, et l'intérieur était aussi nu que celui d'une grange ; on ne l'acheva que deux ans après, avec la division de cellules accoutumée. On y avait placé quatre cheminées, dont les âtres consommaient 175 cordes de bois par hiver; néanmoins, et bien que les religieuses fussent ensevelies dans des lits fermés comme des coffres, Marie de l'Incarnation se plaint vivement de l'intensité du froid, dans sa lettre du 26 août 1644. Un gros tilleul s'élevait contre le couvent, qu'on y voit encore aujourd'hui. La tradition nous dit que sous son ombre, Marie de l'Incarnation et ses compagnes instruisaient les enfants des vérités de la Foi; nous ne saurions décider si tous les détails de leur éducation étaient bien intelligemment conduits, puisque le P. Vimont raconte avec admiration, qu'elles maintenaient leurs pupilles dans une si chaste horreur du sexe masculin, qu'une petite fille à laquelle un homme prit la main en jouant, s'enfuit en criant jusqu'à ce qu'une ablution d'eau froide eut lavé la tache imaginaire; mais laissons ces minuties qui, même dans leur exagération, tendaient au moins à préserver ces jeunes filles du contact de la licence sans bornes que nous avons pu constater parmi les sauvages.

Revenons à Marie de l'Incarnation dont la figure restera désormais la première parmi cette noble confraternité du dévouement. Une fois engagée dans les responsabilités du poste le plus ardu et les devoirs de la charité, les divagations mystiques disparaissent pour faire place à une rare intelligence et à une entente sérieuse et persévérante de ses fonctions qui commandent l'admiration ; son exaltation, ses fausses aspirations ne reviennent que rarement ; l'anxiété la dévorait relativement à son fils, et elle se trouvait souvent dans un état d'esprit dépeint par ses biographes, comme privé de toute consolation spirituelle.

Sa position était des plus difficiles, et elle parle elle-même de sa vie comme ne lui offrant qu'une série de croix et d'humiliations, la plupart étaient dues aux frasques de madame de La Peltrie ; celle-ci, dans un des accès de son caractère changeant, abandonna entièrement les Ursulines, qui se trouvèrent alors privées de tout moyen de subsistance ; puis venaient les discussions intérieures qu'il fallait calmer, et enfin pourvoir à tout sans argent. Marie de l'Incarnation, dans ses plus tristes épreuves, ne manqua jamais de jugement ni ne faillit à l'effort. Elle entretenait une vaste correspondance, embrassant quiconque en France pouvait aider la communauté naissante de son influence et de sa fortune, et au milieu des austérités les plus grandes, elle était aimée comme une mère par ses élèves et ses inférieurs. Les écrivains catholiques l'exaltent comme une sainte, et les protestants peuvent la considérer comme une héroïne chrétienne, admirable, malgré quelques fautes ou erreurs [1].

---

1. Il existe une lettre de sœur Anne de Sainte-Claire, Ursuline, qui vint à Québec en 1640, écrite peu après son arrivée, et contenant un intéressant témoignage de la réputation de sainteté attachée dès lors à Marie de l'Incarnation. « Lorsque je lui parlai, écrit sœur Anne, parlant de sa première entrevue, je perçus dans l'air une certaine odeur de sainteté, qui me laissa la sensation d'un agréable parfum. » On peut lire cette lettre dans le récent ouvrage catholique *Les Ursulines de Québec*, I, 38, où le passage est souligné comme pour le recommander à l'attention particulière du lecteur.

MORT DE MADAME DE LA PELTRIE.

Les traditions des Ursulines abondent en récits des vertus de madame de La Peltrie, dont la charité, l'humilité et les actes de mortification sont au premier rang ; nous ne mettons pas la véracité de ces récits en doute, mais nous ne pensons pas pécher contre la charité en supposant que son zèle eût été moins soutenu si elle n'avait eu de nombreux spectateurs. D'ailleurs, une fois retenue dans les liens de la vie monastique, elle fut forcée de refréner son humeur changeante et de soumettre sa volonté ; désireuse d'autre part d'acquérir des mérites pour le jour du Jugement, lorsqu'on étudie son caractère, on voit qu'elle appréciait pleinement l'éloge, l'approbation que lui valaient l'abandon de sa fortune et ses nombreux actes de piété. La vanité prend diverses formes, tantôt elle se glisse sous la soie et l'or ; parfois elle s'habille de bure, et ici nous croyons que la tentation assaillit madame de La Peltrie dans son désir de surpasser ses sœurs en humilité et en sainteté, si nous avons cru démêler ce sentiment dans la vie de la protectrice des Ursulines, le but au moins en était trop louable pour ne pas racheter ces imperfections inhérentes à la nature humaine et peut être féminine, nous permettra-t-on d'ajouter. Madame de La Peltrie mourut dans son couvent en 1671, Marie de l'Incarnation la suivit de près, ayant eu au moins la suprême consolation de savoir que son fils en se faisant prêtre, avait réalisé le vœu le plus ardent de son cœur.

CHAPITRE XIII

VILLEMARIE DE MONTRÉAL.

(1636-1642.)

Dauversière et la voix du ciel. — L'abbé Olier. — Leurs projets. — La société de Notre-Dame de Montréal.—Maisonneuve.— Les pieuses dames. — Mademoiselle Mance. — Marguerite Bourgeois. — Les Montréalistes à Québec. — Jalousies et querelles. — Roman et dévotion. — Fondation de Montréal.

Nous touchons ici à une entreprise dont le caractère fut aussi singulier qu'important par ses résultats.

Jérôme le Royer de la Dauversière, receveur des impôts, vivait à cette époque dans la petite ville de La Flèche, en Anjou. Son portrait représente une bonne figure bourgeoise, quelque peu lourde, mais relevée par des yeux vifs et brillants et une légère moustache. Il porte une petite calotte noire, et un large col blanc d'une simplicité monacale dans sa blancheur. Bien qu'il appartînt à la petite noblesse, il a l'air d'un grave bourgeois, de mœurs sages et de bonne renommée. Dauversière avait, sous ces dehors placides, une âme enthousiaste et dévote, aux tendances mystiques, se donnant la discipline au point que ses épaules n'étaient qu'une plaie, portant un cilice à plus de douze cents pointes et s'ingéniant à trouver d'autres instruments de pénitence qui excitaient l'admiration de son directeur.

Un jour, il entendit pendant ses dévotions, une voix qui lui commandait de fonder un nouvel ordre de sœurs hospitalières, et ensuite d'établir sur une île nommée Montréal, au Canada, un hôtel-Dieu qui serait desservi par ces religieuses.

Mais Montréal était un désert qui ne fournirait aucun malade à l'hôpital ; il fallait donc, pour obéir à l'ordre céleste, commencer par coloniser l'île, et la perplexité de Dauversière était grande. D'une part, il fallait se soumettre à Dieu, et de l'autre, il avait une femme, six enfants et une très-petite fortune [1].

Pendant ce temps, vivait à Paris un jeune prêtre de vingt-huit ans, Jean-Jacques Olier, si connu depuis comme fondateur de la Congrégation de Saint-Sulpice. Les traits que nous ont transmis la gravure sont empreints d'énergie et d'intelligence, mais sa physionomie n'a rien qui attire. L'abbé Olier cependant a tous les titres à notre estime ; sa piété le portait aux actes de mortification les plus grands, mais tous ses efforts tendaient à améliorer les classes inférieures et à réformer le clergé. Son zèle était tel pour la morale et les mœurs qu'il s'attira le soupçon d'être entaché de jansénisme, imputation fortifiée par sa lutte contre des prêtres trop indulgents pour les mœurs relâchées de leurs ouailles, dans la crainte de les voir s'éloigner ; on vit bien que loin de pencher vers les Jansénistes, l'aversion d'Olier pour eux ne le cédait guère à celle des Jésuites [1].

Il priait un jour dans l'antique église de Saint-Germain-des-Prés, lorsque, de même que Dauver-

---

1. Fancamp dans Faillon, *Vie de mademoiselle Mance*, introduction. Dollier de Casson, *Histoire de Montréal*, M.S. *Les véritables motifs des Messieurs et Dames de Montréal*, 25 ; Juchereau, 33. Faillon, *Vie de M. Olier*, Mémoires autographes de M. Olier cités par Faillon, dans l'*Histoire de la Colonie française*, I, 384.

8.

sière, il crut entendre une voix du ciel, lui disant qu'il était destiné à être une lumière des Gentils. On rapporte, comme une singulière coïncidence, qu'en ce même moment le chœur chantait les mots : *Lumen ad revelationem Gentium*, et il ne semble pas qu'il vint à l'idée d'Olier ni de son biographe que ces mots frappant l'oreille d'un adorateur en extase aient pu suggérer inconsciemment cette révélation. Mais le miracle se poursuivit, en donnant à Olier la pensée de fonder une Congrégation de prêtres, qu'il établirait sur l'île appelée Montréal, au Canada, pour la propagation de la vraie Foi ; des écrivains de l'époque affirment que lui et Dauversière étaient également ignorants de la géographie canadienne, ils se trouvèrent soudainement et sans savoir comment, en possession des détails les plus précis sur Montréal, sa forme, son étendue, sa situation, son sol, ses productions et son climat.

Les recueils annuels des *Relations des Jésuites*, sortis des presses renommées de Cramoisy, étaient répandues alors dans toute la France, et parmi les cercles de la haute dévotion, le Canada et ses missions servait de thème à la conversation générale ; Champlain avait longtemps avant, dans ses écrits déjà publiés, désigné Montréal comme le point propre à un établissement ; mais loin de nous de vouloir expliquer le miracle, l'illusion même, existât-elle, devient ici de l'histoire.

Dauversière méditait sur la révélation qu'il avait reçue, et plus il y réfléchissait, plus elle lui apparaissait comme émanant de Dieu même. Il partit en conséquence pour Paris, afin d'y trouver quelque moyen d'accomplir la tâche assignée. Entrant à Notre-Dame, il se mit en prière devant une image de la Vierge, et là, tomba dans une extase avec la vision suivante :

(son biographe ajoute que la réalité de cette faveur céleste, est hors de doute, Dauversière en ayant parlé aussitôt à ses filles.) Le Christ, la Vierge et saint Joseph lui apparurent, il les vit distinctement ; puis il entendit le Christ disant par trois fois à sa mère : « Où pourrai-je trouver un serviteur fidèle ? » La sainte Vierge, prenant alors Dauversière par la main, lui répliquait : « Voyez, Seigneur, voici ce serviteur fidèle. » Le Christ, avec un sourire plein de bonté, le recevait à son service, lui promettant de lui donner la sagesse et la force pour accomplir sa tâche. A la suite de cette révélation, Dauversière alla au château de Meudon, qui domine la vallée de la Seine ; en entrant dans une salle du vieux château, il vit un prêtre s'approcher de lui : c'était Olier. On nous dit que ces deux hommes ne s'étaient jamais rencontrés, et que néanmoins, ils se reconnurent sur-le-champ, poussés par une sorte d'inspiration surnaturelle, pénétrant jusqu'au fond de leurs cœurs ; ils se saluèrent par leurs noms, comme nous le lisons de saint Paul, ermite, et de saint Antoine dans les déserts de l'Éthiopie, et aussi de la rencontre de saint Dominique et de saint François ; et se jetèrent dans les bras, l'un de l'autre comme deux frères se retrouvant après une longue séparation [1].

« Monsieur, s'écria Olier, je connais votre dessein et je vais de ce pas le recommander à Dieu sur son autel. »

Il partit dire la messe, à laquelle Dauversière reçut la sainte communion de sa main ; puis ils se promenèrent pendant trois heures dans le parc, discutant leurs projets. L'accord était complet entre eux, lors-

---

1. Faillon, *La Colonie française*, I, 390.

qu'ils se séparèrent ; Olier remit cent louis à Dauversière en lui disant : « Ceci est pour commencer l'œuvre de Dieu. »

Ils se proposaient de fonder à Montréal trois communautés religieuses : l'une de prêtres séculiers, devant diriger les colons et convertir les Indiens; les deux autres de religieuses pour soigner les malades et pour enseigner la Foi aux enfants blancs ou sauvages.

Ils comptaient, disaient-ils, planter la bannière du Christ dans un séjour de démons, où femmes et hommes devaient envahir ces solitudes et arracher les âmes des griffes des Iroquois et de Satan. Mais pour tous ces pieux projets, il fallait d'abord trouver de l'argent avant de fonder une colonie.

Olier avait de riches et généreux clients, Dauversière comptait sur un ami, le baron de Fancamp, aussi pieux que lui mais possédant en plus de la fortune. Ce dernier, convaincu que l'œuvre était une inspiration de Dieu, prit une large part dans l'entreprise.

Olier trouva trois autres répondants, et ces six personnes formèrent le noyau de la Société de Notre-Dame de Montréal ; entre eux six, ils levèrent la somme de soixante et quinze mille livres du temps, qui représentent au moins 400,000 francs de notre époque [1].

---

1. Dollier de Cassan, *Histoire de Montréal*, ms. Belmont, *Histoire du Canada*, 2. — Sur tout ce qui a rapport aux premiers temps de Montréal, l'abbé Faillon a répandu la plus vive lumière ; comme prêtre de Saint-Sulpice, il a eu accès aux archives des séminaires de Paris et de Montréal, et de maints autres dépôts ecclésiastiques qui n'eussent pas été ouverts aux laïques. On ne pourra jamais louer trop hautement son zèle, son exactitude et l'étendue de ses innombrables recherches. Il admet comme certain tout ce qui tient au surnaturel, et sa pieuse crédulité le fait s'identifier absolument avec le dix-septième siècle, bien qu'écri-

A considérer leurs plans d'un point de vue humain, ils semblent n'être que folie ; les associés s'engageaient mutuellement à ne chercher aucun intérêt de leurs avances, et certes la récompense céleste pouvait seule être la rémunération à espérer! Le naissant établissement de Québec menaçait ruine; les Iroquois exaspérés des attaques faites par Champlain, unissaient toutes leurs forces dans de terribles représailles, et l'existence de la faible colonie ne tenait qu'à un fil. Si Québec était exposée à leurs féroces excursions, Montréal le serait d'une façon infiniment plus dangereuse encore, et on pouvait comparer sa position à celle d'un bras placé entre les mâchoires d'un tigre ! l'emplacement étant situé sur le grand chemin même de la guerre entre les deux ennemis. Ajoutons que les associés renonçaient volontairement au profit du commerce de fourrures. Tous ces dangers énumérés, le lieu était admirablement choisi pour une mission ; les deux grands fleuves s'y rejoignaient : le Saint-Laurent avec ses innombrables tributaires coulait à l'ouest, pendant que l'Ottawa descendait du nord; Montréal, enlacée dans leurs cours, pouvait devenir la clef maîtresse d'une vaste navigation intérieure, puisque les Indiens y afflueraient naturellement et qu'ainsi les missionnaires pourraient attaquer le paganisme dans un centre nombreux. Nous voyons par cet aperçu com-

---

vant au dix-neuvième. Ses détails touchent à la prolixité par l'abondance des citations de textes qu'il a déterrés partout, au prix d'un incroyable labeur. L'abbé est un prodige de patiente recherche, et s'il fatigue parfois son lecteur, celui-ci est souvent récompensé aussi. — J'ai sous les yeux ceux des textes originaux, comprenant beaucoup de manuscrits, dont il s'est servi, et qui pouvaient m'être accessibles; parmi ces derniers, le plus important est l'*Histoire de Montréal*, par Dollier de Cassan, et l'original dont je tiens la copie est à la Bibliothèque Mazarine, à Paris.

bien les motifs de colonisation étaient étrangers à cette entreprise, qui dut son origine exclusivement au zèle religieux le plus désintéressé.

L'île de Montréal appartenait à Lauson, l'ex-président de la grande compagnie des Cent-Associés [1] et son fils conservait le monopole de la pêche sur le Saint-Laurent. Après maint effort de diplomatie, Dauversière et Fancamp réussirent à persuader à Lauson de leur transférer son titre ; comme cet acte portait une clause litigieuse, ils obtinrent des Cent-Associés le don de l'île, à la réserve de l'extrémité ouest qu'ils gardèrent comme emplacement d'un fort et de magasins [2]. En même temps, le jeune Lauson leur cédait le droit de pêche sur deux lieues d'étendue, moyennant une redevance annuelle de dix livres de poisson. La confirmation de ces droits fut accordée par le roi Louis XIII ; Dauversière et ses compagnons devenaient donc seigneurs de Montréal ; ils acquéraient le pouvoir de nommer un gouverneur, d'établir des cours ayant appel à la cour suprême de Québec, en supposant que celle-ci existât jamais ! Ils étaient exclus du commerce des pelleteries, et on leur faisait défense de bâtir des forts et bastilles autres que celles nécessaires pour se garantir des attaques indiennes.

Leurs titres ainsi assurés, ils songèrent à définir leurs projets. Ils résolurent d'envoyer d'abord quarante hommes au Canada pour prendre possession

---

1. Voir le volume Ier, *Les Pionniers de la France*.
2. Donation et transport de la concession de l'île de Montréal par M. Jean de Lauzon aux sieurs Chevrier de Fouacant et Le Royer de la Dauversière, *ms*. — Lettres de ratification, *ms*. — Acte qui prouve que les sieurs Chevrier de Fancamps et Royer de la Dauversière n'ont stipulé qu'au nom de la Compagnie de Montréal. *ms*. Il paraît que, d'après d'autres documents, la portion réservée de l'île fut également cédée à la Compagnie en 1659. Voir aussi : *Édits, ordonnances royales*, etc., I, 20-26. (Québec, 1854.)

de Montréal, s'y retrancher, et défricher le sol ; puis, ils bâtiraient une demeure pour les prêtres et deux couvents pour les religieuses. Olier travaillait avec ardeur pendant ce temps à inaugurer le séminaire de Vaugirard fondé par ses soins dans la banlieue de Paris, et Dauversière à La Flèche à former deux communautés de sœurs hospitalières ; nous verrons comment on établit les sœurs destinées à l'instruction, mais il ne faut pas perdre de vue que dans la pensée des fondateurs, la colonie était créée pour les couvents, et non les couvents pour la colonie.

Les associés avaient besoin d'un soldat gouverneur, pour conduire les quarante premiers colons, la Providence leur fournit un homme selon leur gré. Paul de Chomedey, sieur de Maisonneuve, gentilhomme vaillant et pieux, avait gardé une foi sans tache, parmi les hérétiques de la Hollande, et s'était préservé de la licence régnant tout autour de lui. Il aimait la profession des armes, et désirait la consacrer au service de l'Église ; il est avec Olier le seul homme actif et énergique qui ressorte de ce groupe dévot ; la sainteté de l'entreprise, les miracles qui l'avaient inspirée, l'aventure et le péril qui devaient l'accompagner, le séduisirent et il accepta volontiers le poste qu'on lui offrait. Son père s'opposa à ce projet, mais il lui répondit par le texte de saint Marc: « Tout homme qui quittera sa maison et ses frères pour l'amour de moi sera récompensé au centuple. »

Le vieux Maisonneuve, trompé par ses vues toutes temporelles, s'imagina que le plan en question cachait quelque vaste spéculation, dont on tirerait de grands profits, et retira son véto [1].

---

1. Faillon, *La Colonie française*, I, 409.

Après maintes alternatives de doute, d'hésitation, de scrupules, et de découragement partagé par Olier, mais augmenté sans doute chez Dauversière par les craintes légitimes de sa femme et de ses filles plus désireuses d'être établies que de voir passer leur dot à fonder des couvents dans le désert, les deux amis reprirent confiance et se remirent vigoureusement à l'œuvre [1].

Le besoin de fonds se faisait impérieusement sentir, et Dauversière, bien conseillé, s'attacha activement à en obtenir ; ce digne homme, tout aux illusions de l'esprit, n'était doué d'aucun avantage extérieur; de tournure courte et commune, il ne savait parler ni expliquer ses desseins à des personnes d'un rang supérieur; son succès auprès d'elles est donc considéré comme un des nombreux miracles qui accompagnèrent l'origine de Montréal ; mais la poursuite sérieuse et persévérante d'un but est déjà une puissance, et les ecclésiastiques en particulier avaient bien préparé le terrain.

Dans les pays tels que la France, où les femmes exercent une influence prépondérante, l'étude de leur esprit, la direction de leur âme a toujours été un sujet important, objet d'efforts suivis et souvent couronnés de succès. Nous en voyons le résultat par la forte somme que l'entreprise actuelle recueillit entre quelques pieuses dames ; plusieurs d'entre elles devinrent membres de l'association de Montréal, qui se composa bientôt de quarante-cinq personnes choisies pour leur dévotion et leur charité.

Olier et ses amis résolurent par prudence, de re-

---

[1] Faillon, *Vie de mademoiselle Mance*, introduction, 35. Faillon (*Vie de M. Olier*) consacre vingt-et-une pages au récit de ces défaillances morales.

mettre la fondation du séminaire et du collège jusqu'au moment où la colonie serait mieux formée, mais ils jugèrent qu'il convenait de commencer l'hôpital aussitôt, les blessures et les maladies devant être le lot immédiat des premiers colons !

Il fallait rencontrer une femme sage et dévouée qui les accompagnerait en qualité de gouvernante et de ménagère ; à peine ce besoin fut-il reconnu, qu'il trouva son instrument.

Mademoiselle Jeanne Mance était née à Nogent-le-Roi ; issue d'une famille honorable, elle avait en 1640 trente-quatre ans. Ces héroïnes chrétiennes au Canada semblent avoir eu toutes de précoces vocations : on nous dit qu'à l'âge de sept ans, Marie de l'Incarnation eut une vision du Christ, et le biographe de mademoiselle Mance affirme qu'au même âge elle s'était donnée à Dieu par un vœu de chasteté perpétuelle [1]. Cette étrange petite fille devint une femme de constitution délicate, mais de manières empreintes d'une gracieuse dignité. Sa grande dévotion ne la portait pourtant pas vers le cloître ; elle mena dans le monde la vie d'une religieuse. La lecture des *Relations* et l'exemple de madame de la Peltrie lui inspirèrent l'enthousiasme des missions qui régnait alors ; elle prit donc prétexte d'un voyage à Paris pour y consulter quelques ecclésiastiques. Il lui apparaissait clairement qu'elle était appelée au Canada, mais à quelle fin ? elle l'ignorait, et ne voulait s'en enquérir, s'abandonnant, comme un atôme dans l'immensité, à l'accomplissement inconnu de la volonté de Dieu. Une fois à Paris, le P. Saint-Jure, jésuite, l'assura qu'elle était destinée au Canada ; le P.

---

1. Casgrain, *Vie de Marie de l'Incarnation*. Faillon, *Vie de mademoiselle Mance*, I, 3.

Rapin, récollet, répandait le renom de ses vertus, et la présentait à nombre de dames de qualité. Leur pieux zèle la munirent d'argent ; elle s'embarqua dès lors pour La Rochelle, d'où des vaisseaux mettaient à la voile pour la Nouvelle-France ; elle ne savait encore rien de ce qui concernait Montréal, et ce ne fut qu'à ce moment que le jésuite La Place la mit au courant. Le lendemain de son arrivée à La Rochelle, allant à l'église des Jésuites, elle rencontre Dauversière qui en sortait. « Alors, nous dit son biographe, « se produisit le même miracle qui avait eu lieu entre M. Olier et ce même M. de La Dauversière, ces deux personnes qui ne s'étaient jamais vues, éclairées par la grâce d'en haut, connurent leurs pensées les plus secrètes. »

Une longue conversation s'en suivit entre eux, dont les délices ne s'effacèrent jamais de la mémoire de mademoiselle Mance. « Elle en parlait comme un séraphin, » écrit une des religieuses, « et mieux qu'aucun docteur eût pu le faire »[1].

Elle avait trouvé sa destinée ! L'Océan, les solitudes, les Iroquois, rien ne l'intimida ; elle était décidée à aller à Montréal avec les quarante premiers colons ; néanmoins, au moment de partir, une appréhension traversa son esprit : comment pourrait-elle, jeune encore et agréable, vivre seule dans les forêts, au milieu d'une troupe de soldats ? Ses scrupules furent mis à l'aise par l'embarquement de deux des femmes des soldats qui refusèrent de partir sans elles, et par celui d'une jeune femme, laquelle poussée par son enthousiasme, échappa à ses amis et prit passage malgré leurs remontrances.

---

[1]. La sœur Morin, *Annales des Hospitalières de Villemarie*, Ms, cité par Faillon.

Tout était prêt; les vaisseaux partirent; Olier, Dauversière et Fancamp restaient en France ainsi que les autres associés, à l'exception de Maisonneuve et de mademoiselle Mance. Au mois de février suivant, eut lieu une émouvante cérémonie dans la basilique de Notre-Dame de Paris. Les associés, au nombre de quarante-cinq, avec Olier à leur tête, se réunirent devant l'autel de la Vierge et y consacrèrent Montréal en grande pompe à la sainte Famille.

Dorénavant, on devait l'appeler Villemarie de Montréal, fondée en l'honneur et sous la protection du Christ, de saint Joseph et de la Vierge Marie, représentés sur la terre par trois personnes, fondateurs de chacune des communautés, Olier, Dauversière et Marguerite Bourgeois, jeune fille de Troyes; le séminaire serait dédié au Christ, l'Hôtel-Dieu à saint Joseph, et le collége à la sainte Vierge.

Ici, nous anticipons un peu; car il s'écoula quelques années avant que Marguerite Bourgeois prît une part active dans l'œuvre; fille d'un respectable commerçant, elle était âgée alors de vingt-deux ans. Son portrait est venu jusqu'à nous, et nous donne l'image de la franchise loyale et de la bonté féminine. Ses qualités essentielles résidaient dans un esprit consciencieux, plein de bon sens, et dans un cœur chaud; elle n'avait connu ni les extases, ni les miracles, ni les enchantements; et même lorsque l'élan religieux eut atteint son plein essor chez elle, elle ne montra nul goût pour le surnaturel, et avouait que dans le gouvernement de ce monde, Dieu se départait rarement de ses lois établies.

Elle ne se sentait pas de vocation vers le cloître, mais avait fait vœu de chasteté, et était du tiers-ordre des sœurs de la congrégation de Troyes, toutes enfiévrées du désir de partir pour le Canada.

Marguerite attendait patiemment que l'occasion d'y être utile se présentât, et ce ne fut qu'en 1653, qu'ayant renoncé à un héritage et donné tous ses biens aux pauvres, elle s'embarqua pour le sauvage théâtre de ses labeurs. De nos jours encore, dans les écoles de Montréal et de Québec, témoins bien appropriés de ses modestes vertus, celles qui lui ont succédé instruisent les enfants des pauvres, et leur apprennent à chérir le doux souvenir de Marguerite Bourgeois ; cette touchante figure, et les mâles vertus de Maisonneuve personnifient les héros chrétiens qui fondèrent Montréal [1].

Maisonneuve, ses hommes et les quatre femmes ses compagnes, atteignirent Québec trop tard dans la saison pour gagner Montréal. A Québec, ils ne trouvèrent qu'opposition, jalousie et méfiance. Les agents de la Compagnie des Cent Associés les regardaient comme des intrus ; le gouverneur, M. de Montmagny, voyait un rival en Maisonneuve ; bref, tous les moyens furent employés pour les dissuader de l'entreprise et les fixer à Québec ; Montmagny assembla un conseil des principaux membres de la colonie, dont l'avis fut que les arrivants feraient bien mieux d'échanger Montréal contre l'île d'Orléans, d'où ils seraient au moins à portée de recevoir et de donner des secours, tandis qu'en persistant dans leurs premiers desseins, ils s'exposeraient à périr sans être utiles à personne [2].

Maisonneuve exprima sa surprise qu'on prétendît lui dicter la conduite à tenir dans ses propres affaires. « Je ne suis pas venu ici, disait-il, pour dé-

---

1. Voir la *Vie de Marguerite Bourgeois*, par Faillon.
2. Juchereau, 32. Faillon, *Colonie française*, I, 423. La Tour, *Mémoire de Laval*, liv. VIII. Belmont, *Histoire du Canada*, 3.

libérer, mais bien pour agir ; mon devoir et mon honneur sont engagés à former une colonie à Montréal ; et j'irai, dût chaque arbre contenir un Iroquois ! »

A Québec, il y avait peu de moyens et encore moins de désir d'abriter les nouveaux colons pour l'hiver ; ils eussent été bien mal partagés sans la générosité de M. Puiseaux, qui vivait non loin de là, au lieu nommé Saint-Michel. Ce pieux et excellent homme trouva de la place pour eux tous dans sa rustique mais vaste habitation. Ils avaient comme voisines les sœurs de Sillery, logées dans une solide maison en pierres, mais aussi nue que s'il n'y avait eu que les murs ; là, elles travaillaient jour et nuit, avec une inépuisable charité, au milieu des maladies, des privations, et d'un dégoût insurmontable pour la saleté des sauvages qu'elles soignaient. On pouvait compter aussi parmi leurs épreuves secondaires, celle des excentricités d'une des sœurs converses, prenant soin des animaux domestiques et de la volaille ; à moitié imbécile, elle traduisait sa ferveur religieuse en questions adressées à ses bêtes sur l'amour qu'elles devaient porter au créateur ; orsqu'aucun signe ne venait lui répondre affirmativement, elle les mettait tout de suite à mort, leur disant que leur impiété ne méritait pas d'autre sort! Ces bonnes religieuses eurent aussi l'ennui de devoir renoncer à la blancheur de leur costume, impossible à garder propre au milieu de la saleté générale, et il fallut le teindre au brou de noix.

Maisonneuve utilisa le séjour de Saint-Michel en faisant construire à ses hommes des bateaux pour remonter vers Montréal, et en les employant à d'autres travaux dans l'intérêt de la colonie future. L'hiver se passa ainsi ; mais la sainteté des vues et des mœurs n'exempte pas de toutes les faiblesses humaines ; la colère devint l'écueil entre Montmagny et Maisonneuve ; à l'occasion de la fête de Maisonneuve, qui tombait le 25 janvier, ils ne tardèrent pas à se quereller ; très-aimé de ses hommes, ceux-ci résolurent de célébrer cette matinée par une décharge générale de mousqueterie et d'artillerie.

Le son en arriva jusqu'à Québec, arrachant le gouverneur à son sommeil ; son indignation redoubla en entendant ces salves se renouveler le soir, car Maisonneuve charmé des démonstrations de sa troupe les avait régalés de vin. Montmagny, jaloux de son autorité, ressentit le tout comme une infraction faite sans sa permission ; aussitôt, arrêtant l'instigateur, Jean Gory, il le mit aux fers. Relâché quelques jours après ses compagnons lui firent un chaleureux accueil, et Maisonneuve leur donna à tous un festin, pendant lequel il vint lui-même boire à la santé de la réunion, donna la main à Jean Gory, le plaça au haut de la table, puis, dit en s'adressant à lui :

« Jean Gory, vous avez été mis aux fers à cause de moi, mais si vous avez eu la peine, moi j'eus l'affront ; pour ce fait, j'ajoute dix pistoles à vos gages. » Puis se tournant vers les autres : « Mes enfants, leur dit-il, bien que Gory ait été malmené, ne perdez pas courage pour cela, mais buvez tous à sa santé. Une fois établis à Montréal, nous serons nos maîtres, et nous tirerons le canon quand bon nous semblera. »

La vexation de Montmagny redoubla en apprenant ce petit incident ; se fondant sur ce que la scène qu'on lui rapporta était « contraire au service du Roi et à l'autorité de son gouverneur », il fit appeler Gory avec six de ses camarades, et leur demanda le serment sur ce qui s'était passé ; mais leur témoignage ne servit qu'à l'éloge de leur commandant, et dorénavant la froideur persista entre les pouvoirs rivaux de Québec et de Montréal.

Le mois de mai arrivé, Maisonneuve et ses hommes s'embarquèrent, emmenant une recrue inattendue dans la personne de madame de La Peltrie. Le but, l'aventure et la nouveauté de l'entreprise avaient charmé la belle enthousiaste ; elle suivit un entraînement qu'elle crut irrésistible, que les médisants de l'époque n'attribuèrent qu'à la mobilité de son sexe, et s'associa au sort des Montréalistes.

On peut présumer que son zèle fut plus apprécié de ceux-ci que des Ursulines qu'elle abandonnait ; elle emportait tous les effets mobiliers qu'elle leur avait fournis, les laissant absolument dépouillées. Cette expédition ne suffit pas à la calmer ; car à peine arrivée à Montréal, elle fut prise du désir d'aller visiter les Hurons et de prêcher elle-même la foi à ces malheureux sauvages ; il fallut toute l'éloquence d'un jésuite, récemment revenu de cette pénible mission pour la convaincre que son équipée serait aussi imprudente qu'inutile [1].

Maisonneuve et sa suite partirent le 8 mai de Saint-Michel ; les bateaux, chargés d'hommes, de munitions de guerre et de bouche, flottaient paisiblement sur ces eaux bordées d'une forêt endormie dans le calme printanier, et offrant toutes les apparences d'une paix durable ; mais, hélas ! derrière les îlots boisés, dans les sombres ravins, et sous l'ombrage des bois silencieux devaient surgir le danger, la terreur et la mort pour les pauvres émigrants.

Que dirons-nous, spectateurs désintéressés et loin-

1. Saint Thomas, *Life of madame de la Peltrie*, 98.

tains de ces hardis aventuriers? de ces hommes, de ces femmes, qui risquaient leur fortune et sacrifiaient le repos de leurs vies à une entreprise si téméraire dans son dévouement? Il serait bien difficile de juger équitablement, avec l'esprit imbu des sentiments de notre siècle, ces âmes héroïques, bien qu'environnées d'illusions, d'espérances mal fondées, respirant une atmosphère d'hallucinations, de révélations miraculeuses, de communication avec les anges et les démons, et disposées ainsi à tous les entraînements dont naissent ces aventureuses entreprises; un mérite réel était souvent leur partage, mais notre jugement ne saurait être favorable à l'ensemble de ces singulières tentatives au point de vue pratique; et pour estimer, de notre temps, à un haut prix des caractères devenus presque des anomalies, il faudrait pouvoir se placer à un point de vue plus qu'humain. Songeons au moins que l'Eglise catholique venait d'être tirée de l'influence corruptrice du seizième siècle, par la cloche d'alarme de la Réforme; devant cet appel, elle secoua son engourdissement et se prépara à la lutte en purgeant son sein des erreurs qui la souillaient, en Italie surtout; elle voulut se renouveler aux sources les plus pures de la vie primitive de l'Église; et à la suite de ce mouvement l'on vit éclore des vertus, une ferveur digne du temps des Croisades.

A bien des points de vue, l'entreprise de Montréal a le caractère de cette époque; l'esprit de Godefroy de Bouillon revit dans Chomodey de Maisonneuve, et Marguerite Bourgeois réalise l'idéal de la femme chrétienne, fleur de la terre baignée dans les rayons célestes, dont la mission semble n'être que de pénétrer de sa douce influence un siècle barbare.

Le 17 mai 1642, la petite flotille approchait de

Montréal, et l'équipage entonnait un hymne de reconnaissance [1]. Montmagny au nom de la Compagnie des Cent-Associés, les accompagnait pour livrer l'île à Maisonneuve représentant les associés de Montréal. On y voyait aussi le P. Vimont, supérieur des missions, car les Jésuites avaient été prudemment invités à prendre la direction spirituelle de la colonie naissante[2]. Le jour suivant, ils glissaient le long des rives verdoyantes et désertes ; trente et un ans avant,

---

1. Dollier de Casson, Morin, *Annales manuscrites* citées par Faillon.
2. Les associés de Montréal publièrent en 1643, un essai in-4, intitulé : *Les véritables motifs des Messieurs et Dames de la Société de N.-D. de Montréal, pour la conversion des sauvages de la Nouvelle-France.* C'était une réponse aux reproches qui leur étaient adressés principalement par les personnes intéressées à la Compagnie de la Nouvelle-France ou des Cent Associés. L'exposition de l'esprit de l'entreprise est curieuse ; le livre est des plus rares, et j'en extrais le passage suivant : « Vous dites que l'entreprise de Montréal est d'une dépense infinie, plus convenable à un roi qu'à quelques particuliers, trop faibles pour la soutenir ; et vous alléguez encore les périls de la navigation et les naufrages qui peuvent la ruiner. Vous avez mieux rencontré que vous ne pensiez en disant que c'est une œuvre de roi, puisque le Roi des rois s'en mêle, lui à qui obéissent la mer et les vents. Nous ne craignons donc pas les naufrages ; il n'en suscitera que lorsque nous en aurons besoin et qu'il sera plus expédient pour sa gloire, que nous cherchons uniquement. Comment avez-vous pu mettre dans votre esprit qu'appuyés de nos propres forces nous eussions présumé de penser à un si glorieux dessein ? Si Dieu n'est point dans l'affaire de Montréal, si c'est une invention humaine, ne vous en mettez point en peine, elle ne durera guère. Ce que vous prédisez arrivera, et quelque chose de pire encore ; mais si Dieu l'a ainsi voulu, qui êtes-vous pour le contredire ? — C'était la réflexion que le docteur Gamaliel faisait aux Juifs, en faveur des Apôtres ; pour vous qui ne pouvez ni croire, ni faire, laissez les autres en liberté de faire ce qu'ils croient que Dieu demande d'eux. Vous assurez qu'il ne se fait plus de miracles, mais qui vous l'a dit ? où cela est-il écrit ? Jésus-Christ assure au contraire « que ceux qui auront autant de Foi qu'un grain de sénevé, feront en son nom des miracles plus grands que ceux qu'il a faits lui-même ». Depuis quand êtes-vous les directeurs des opérations divines pour les réduire à certains temps et dans la conduite ordinaire ? Tant de saints mouvements, d'inspirations et de vues intérieures qu'il lui plaît de donner à quelques âmes dont il se sert pour l'avancement de cette œuvre, sont des marques de son bon plaisir. Jusqu'ici il a pourvu au nécessaire ; nous ne voulons point d'abondance et nous espérons que sa Providence continuera. »

Champlain y avait choisi l'emplacement d'un établissement, là où s'élève aujourd'hui une ville populeuse. C'était un triangle de terre formé par la jonction d'un ruisseau avec le Saint-Laurent, et connu ensuite sous le nom de Pointe Callière ; bordé par une prairie, le ruisseau était appuyé par une forêt, dont les premiers arbres, un peu espacés, et posés sur un tapis de gazon émaillé de fleurs, étaient égayés par de nombreux oiseaux au plumage varié [1].

Maisonneuve s'agenouilla avec tous ses hommes sur le sol, et les voix s'élevèrent vers le Seigneur ; tentes, bagages, provisions, tout fut débarqué ; on dressa un autel que décorèrent avec un goût infini mademoiselle Mance et madame de La Peltrie, aidées de la fidèle Charlotte Barré. Vimont officia pour toute l'assistance, dont Montmagny n'était pas le membre le plus enthousiaste ; la figure martiale de Maisonneuve se détachait au milieu des soldats, des laboureurs et des marins, tous priaient dévotement au moment de l'Élévation ; le Saint Sacrifice terminé, le prêtre leur adressa les paroles suivantes de l'Évangile :

« Vous êtes le grain de sénevé qui grandira jusqu'à ce que ses branches couvrent la terre ; vous êtes peu nombreux, mais votre travail sera l'œuvre de Dieu ; son sourire est avec vous, et vos enfants rempliront l'univers. »

L'après-dînée passa ; le soleil se couchait derrière la forêt, la nuit tombait, les mouches phosphorescentes éclairaient la prairie ; on se mit à les attraper et à les réunir en festons, puis on les attacha devant l'autel où le Saint-Sacrement restait exposé. Ensuite on dressa les tentes, on alluma les feux, les sentinelles

---

1. V. *Les Pionniers français*, p. 297.

furent placées, et l'on put se livrer à un repos bien gagné. Telle fut la première nuit de la naissance de Montréal.

Est-ce de l'histoire ? est-ce là un roman de chevalerie chrétienne ? c'est à la fois l'un et l'autre.

CHAPITRE XIV.

VILLEMARIE DE MONTRÉAL.

(1642-1644.)

Enfance de Montréal. — L'inondation. — Vœu de Maisonneuve. — Villemarie. — Pèlerinage. — D'Ailleboust. — L'Hôtel-Dieu. — Piété. — Propagation de la foi. — Guerre. — Iroquois et Hurons. — Vigoureuse sortie des Français. — Combat. — Exploits de Maisonneuve.

Dès le lendemain qui suivit la prise de possession de l'île, il fallut se mettre vigoureusement à l'œuvre pour se créer un abri, quelque insuffisant qu'il dût être. Maisonneuve donna l'exemple en abattant lui-même un arbre ; le travail fut mené si rondement que bientôt on put entrer dans des tentes entourées d'une forte palissade, et officier à l'autel dont la chapelle était construite en écorce à la mode hurone.

Ils eurent alors tout le loisir de se bien fortifier avant que les Iroquois les découvrissent, et ils purent, nous dit le vieux chroniqueur, se promener le dimanche sur la verte prairie, à l'ombre des bois adjacents [1].

La fête de l'Assomption fut célébrée avec une pompe infinie ; après la messe dite dans la chapelle rustique, on eut le *Te Deum* et l'instruction pastorale destinée à quelques Indiens se trouvant par hasard à Montréal ; puis après vêpres, la procession solen-

---

1. Vimont, *Relation*. — Le Clerc, *Premier établissement de la Foy*, II, 51.

nelle établie par le vœu de Louis XIII; enfin, on tira le canon en l'honneur de leur protectrice céleste, le tout au grand ébahissement des Peaux-Rouges.

L'été s'écoula paisiblement, mais l'hiver allait mettre l'intrépidité des colons à de rudes épreuves ! Pendant le mois de décembre, une crue subite du Saint-Laurent menaça d'entraîner en une seule nuit le fruit de tout leur labeur.

Ils se mirent en prières, et Maisonneuve, plantant une croix de bois en face du flot, fit vœu que si le péril s'éloignait, il irait porter sur ses épaules jusqu'au sommet de la montagne une croix qu'il y élèverait. Le vœu sembla ne pas devoir être exaucé, l'eau montait, montait, remplissait le fossé de défense, et baignait le pied de la palissade ; mais là elle s'arrêta, se mit à décroître et rentra enfin dans son lit, laissant Villemarie debout [1].

Il restait à remplir la promesse qui avait amené de si heureux résultats. Maisonneuve fit établir à travers la forêt un sentier menant au haut de la montagne; une grande croix fut préparée et solennellement bénie par l'aumônier ; puis le 6 janvier, une procession gravissait le dur sentier, conduite par le Jésuite Du Pérou, suivie par madame de La Peltrie, par toute la colonie, par Maisonneuve (qui venait d'être déclaré premier soldat de la Croix), marchant le dernier, et portant sur son épaule une croix d'un poids tel qu'elle semblait l'écraser. Ils plantèrent le pieux symbole sur la crête de la montagne et s'agenouillèrent à ses pieds ; Du Pérou dit la messe et

---

1. Une petite carte manuscrite qui se trouve dans la copie de M. Jacques Viger du *Petit registre de la cure de Montréal*, montre la position et la forme du fort d'alors, et l'endroit où Maisonneuve planta sa croix.

madame de la Peltrie romantique et dévote trouva un double charme à communier sur le sommet de la montagne consacrée ; plusieurs reliques des saints placées sous la croix qui resta un but de pèlerinage avaient été pour les pieux habitants de Villemarie.

La paix et l'esprit de concorde régnaient dans le petit fort ; l'attitude des colons, leur fidélité au devoir religieux étaient si édifiantes, que le chroniqueur s'écrie que ce réceptacle des démons est devenu un séjour des anges [1].

Les deux jésuites les dirigeaient avec une sage fermeté ; ils demeuraient sous le même toit que la majeure partie du troupeau, qui vivait en communauté dans une grande maison, rivalisant de zèle en l'honneur de la Vierge et pour la conversion des Indiens.

Vers la fin d'août 1643, arrivait à Villemarie un vaisseau amenant du renfort sous la conduite de Louis d'Ailleboust de Coulonges, pieux gentilhomme champenois et l'un des associés. Quelques années auparavant, il avait demandé la main de mademoiselle Barbe de Boulogne ; mais la jeune fille, étant enfant, avait fait vœu de chasteté ; sur l'avis de son directeur, elle accepta pourtant ses propositions, à la condition qu'il respecterait l'état qu'elle avait choisi. D'Ailleboust l'épousa; lorsqu'il forma le projet de consacrer sa vie à l'œuvre des missions, il invita sa jeune femme à l'accompagner au Canada. Elle refusa, et ne voulut pas qu'on lui en reparlât. Cependant déjà souffreteuse à cette époque Barbe tomba malade, elle promit alors à Dieu, si elle se remettait, d'aller au Canada, et presqu'aussitôt la maladie cessa ; néanmoins sa répugnance persistait ; elle refusa de nouveau ; mais une

---

1. Vimont, *Relation*, 1643, 52, 53. Chaulmer, 101. Juchereau, 91.

révélation intérieure lui montra que c'était son devoir. Elle s'embarqua donc enfin avec son mari nominal, et sa sœur, Philippine de Boulogne, gagnée par la contagion du zèle. La présence de ces jeunes dames semblait devoir être plutôt une charge qu'un profit pour les colons, entourés d'Indiens, souvent menacés de périr de faim ; mais l'exemple de ce dévouement aussi désintéressé qu'extraordinaire pouvait exalter l'enthousiasme religieux, seul soutien réel de la colonie.

Le navire échappa aux Iroquois qui surveillaient le fleuve, et leur arrivée remplit de joie tous les cœurs. D'Ailleboust apportait un élément pratique par ses capacités militaires et ses connaissances d'ingénieur ; sous sa direction, les frêles palissades de défense furent remplacées par de solides remparts bastionnés.

Il annonçait en outre qu'une bienfaitrice inconnue, membre généreux et discret de l'association, avait offert 42,000 livres pour la construction d'un hôpital à Villemarie.

L'humilité religieuse avait fait garder le secret sur son nom à la généreuse donatrice, mais on sut bientôt qu'il s'agissait de madame de Bullion, dame de haut rang dont les richesses étaient au service de l'Église.

Il est vrai de dire que Villemarie n'ayant pas de malades, l'hospice était absolument inutile, deux ou trois chambres bien fournies eussent rempli bien suffisamment ce but prévoyant ; mais madame de Bullion ne voulut jamais consentir à une autre destination de son argent[1]. Il fallut donc, au lieu de

---

[1]. Mademoiselle Mance lui écrivit, demandant en grâce que la somme fût appliquée aux besoins urgents de la Mission, mais madame de Bullion s'y refusa absolument. Dollier de Casson, Ms.

raisonnablement défricher la terre qui devait les nourrir, mettre tous les ouvriers à cette tache parfaitement superflue [1]. Le fort étant soumis au danger des inondations, on plaça l'hôpital sur un terrain plus élevé, on l'entoura d'une palissade, indispensable défense contre les Iroquois, et l'on assigna à une partie de la garnison le devoir de le protéger ; c'est là que mademoiselle Mance s'établit, attendant le moment où la maladie et les balles lui amèneraient des patients.

Dauversière, à qui revenait la première pensée de cette fondation dans le désert, était un illuminé sans intelligence et rejetant toute prévoyance commandée par le plus simple bon sens, comme une atteinte à la volonté céleste ; heureusement que ses amis eurent l'esprit plus pratique ; on décida donc que l'hospice deviendrait un instrument de la mission en y soignant et en y catéchisant les Indiens malades aussi bien que les Français.

Au reste depuis Maisonneuve jusqu'au plus humble artisan, tous étaient saisis de l'ardeur de conversion ; les dames faisaient des pèlerinages pendant neuf jours successifs jusqu'au haut de la montagne, pour obtenir cette grâce ; la fatigue était doublée de dangers, car une escorte armée dut toujours les accompagner par la crainte des Iroquois [2]. Les colons mâles ne leur cédaient en rien comme ferveur, l'on

---

1. L'hospice avait soixante pieds de long sur vingt-quatre de large ; il contenait une cuisine, une chambre pour mademoiselle Mance, d'autres pour les serviteurs, et deux grands logements destinés aux malades ; le tout était amplement fourni de mobilier, de linge, de drogues, etc. On lui alloua deux bœufs, trois vaches et vingt moutons. Un petit oratoire en pierre y fut joint ; l'enclos contenait quatre arpents. — *Archives du séminaire de Villemarie*, citées par Faillon.

2. Morin, *Annales de l'Hôtel-Dieu de Saint-Joseph*, ms. Faillon. I, 457.

voyait jusqu'à quinze ou seize d'entre eux s'agenouiller devant la croix, implorant la même grâce pour les pauvres païens. On ne pouvait faire à ces pieuses excursions d'autre reproche que celui du temps précieux qu'on leur consacrait et dont la valeur eût été si grande appliquée à l'exploitation du domaine [1]. Les colons ajoutaient aux prières des moyens plus appréciables des Indiens ; ils logeaient, vêtissaient, nourrissaient ces sauvages, à la moindre occasion ; quelques rares que fussent les provisions venues de France, ils savaient toujours en réserver une part à ces misérables affamés ; lorsqu'on pouvait les persuader de se laisser soigner, on les confiait à la charité de mademoiselle Mance, enfin, si un détachement d'entre eux partait en expédition, les Français se chargeaient des femmes et des enfants. Tous ces soins ne tendant qu'à gagner leurs âmes, on accompagnait ces bontés de prédications intimes ; il en résulte un assez grand nombre de conversions. La plus notable fut celle d'un chef célèbre : Tessouat ou le Borgne, comme l'appelaient les Français ; sauvage rusé et indomptable, les colons eux-mêmes furent surpris de le gagner à la vraie foi et de se l'attacher [2]. Sa femme et lui furent baptisés sous le nom de Paul et de Madeleine. Maisonneuve l'encouragea par le don d'un fusil et célébra l'événement par un festin offert à tous les Indiens présents.

Les chrétiens espéraient parvenir à former un établissement agricole d'Indiens dans le voisinage de

---

1. Marguerite Bourgeois, *Écrits autographes,* ms. extraits par Faillon, I, 458.
2. Vimont, *Relation,* 1643, 54, 55. Tessouat était chef de l'île des Allumettes, dans l'Ottawa. Son prédécesseur du même nom avait été l'hôte de Champlain en 1613. Voyez *Les Pionniers français,* chap. XII.

Villemarie ; ils n'épargnèrent à cet effet ni efforts, ni dons d'outils, ni peines pour leur apprendre à cultiver le sol. Ils eussent peut-être réussi sans le fléau des incursions des Iroquois, les menaçant, les dérangeant par de petites attaques qui chassaient les Algonquins effrayés hors de leurs campements. Nous avons vu que le nouvel établissement resta quelque temps ignoré de ces féroces ennemis ; mais en un jour malencontreux, dix Algonquins fugitifs, poursuivis par une bande d'Iroquois, se dirigèrent vers le fort hospitalier, comme offrant un asile assuré, et mirent ainsi leurs ennemis étonnés au courant de son existence. Les Iroquois prirent connaissance de l'établissement et revinrent dans leurs villes en donner la nouvelle[1]; à partir de ce moment, les colons ne connurent plus de repos, plus de parties de chasse ni de pêche, plus de promenades dans le bois ; les hommes durent se rendre armés à leurs travaux, et revenir au son d'une cloche, marchant en troupe et prêts à répondre à l'attaque.

En juin 1643, soixante Hurons vinrent en canots pour trafiquer ; arrivés à Lachine, au sommet des rapides de Saint-Louis, à quelques milles de Villemarie, ils furent stupéfaits en trouvant un parti de guerriers iroquois établis dans un fort hâtivement élevé en troncs et en branches d'arbres. La surprise et la frayeur leur firent perdre tout sens ; ils allèrent à leurs ennemis invétérés comme à de bons amis et alliés, et dans le but de gagner leurs bonnes grâces, racontèrent tout ce qu'ils savaient de Villemarie, leur conseillant d'attaquer et leur promettant la victoire.

Les Iroquois détachèrent quarante des leurs en

1. Dollier de Casson, Ms.

conséquence ; ceux-ci surprirent six Français travaillant au bois à portée de fusil du fort; en tuèrent trois, et ramenèrent en triomphe les trois autres prisonniers. Les captifs furent cruellement attachés et insultés par leurs lâches amis hurons pour complaire à leurs dangereux compagnons. Cette bassesse leur servit de peu ; car après le festin de victoire, les Iroquois profitèrent du sommeil des Hurons pour en tuer et capturer le plus grand nombre ; le reste prit refuge à Villemarie, où dans l'ignorance de leur traîtrise on les accueillit fraternellement [1].

Le lendemain, les Iroquois décampaient, emmenant les prisonniers, et les fourrures pillées sur les canots hurons. Ils y avaient pris aussi, et sans doute détruit, toutes les lettres que les missionnaires avaient confié aux Hurons avec la copie de la *Relation* de l'année écoulée ; un seul des pauvres prisonniers réussit à s'échapper ; les deux autres périrent dans les tortures du feu.

Il finit par être dangereux à Villemarie de dépasser le fossé du fort ou les estacades de l'hospice ; un guerrier isolé était capable de rester caché pendant des jours entiers derrière un tronc d'arbre, ou dans un épais taillis, guettant avec l'œil du lynx quelque traînard attardé.

Ils formaient souvent aussi des embuscades au nombre de plus de cent d'entre eux, et ils envoyaient quelques-uns des leurs pour attirer les soldats au dehors par de petites attaques suivies d'une fuite simulée. L'arrivée de France d'une troupe de chiens intelligents et attachés diminua fort ces dangers ; sen-

---

1. J'ai suivi la version de Dollier de Casson. Le récit de Vimont diffère un peu en diminuant la part traîtresse des Hurons. Belmont, au contraire (*Histoire du Canada*, 1643), la confirme.

tinelles inappréciables, l'instinct de ces bêtes était admirable. Leur chef était une chienne répondant au nom de Pilote ; chaque matin, elle faisait le tour de la forêt et des prés, suivie d'une troupe de ses petits ; si l'un de ceux-ci s'écartait elle le mordait sévèrement pour le rappeler au devoir, et de retour au fort traitait de même celui qui l'avait abandonnée pour y revenir. Si elle dépistait un Iroquois, ses aboiements furieux avertissaient aussitôt, et elle galopait sur-le-champ vers le fort suivie de toute la meute. Le naïf Lalemant ajoute dans sa Relation « que son attrait naturel était la chasse aux écureuils »[1].

Maisonneuve était brave autant qu'aucun chevalier de la Palestine, combattant pour le sépulcre de Jésus-Christ, mais il alliait la prudence à la valeur. Il savait que lui et ses soldats connaissaient mal la guerre des embuscades, dans laquelle excellait leur rusé ennemi ; de plus, une défaite serait la destruction des Français tandis qu'elle ne ferait qu'exaspérer un ennemi pouvant combler ses pertes par de fréquents renforts. Un jour donc que les chiens donnèrent l'alarme, il retint ses défenseurs, et resta sur le qui-vive ; ses soldats rongeaient leur frein, goûtant peu cette tactique temporisatrice, qu'ils imputaient sourdement à la crainte.

Des murmures s'élevèrent enfin, atteignant les oreilles de Maisonneuve ; sa piété n'avait pas éteint chez lui cet amour-propre guerrier qui a des racines si profondes dans le cœur humain ; cette imputation de couardise, venant de ses propres soldats, le piqua donc au vif.

Il voyait aussi qu'une semblable opinion de lui

---

[1]. Dollier de Casson parle aussi avec admiration du précieux instinct de cette bête.

affaiblirait nécessairement son autorité et nuirait à l'esprit de discipline, indispensable à la sûreté de la colonie.

Le matin du 30 mars, on entendit Pilote donnant de la voix plus furieusement que jamais dans la direction Est de la forêt, et presqu'en même temps elle et ses petits arrivaient à travers le défrichement, alors couvert de neige ; toute la meute criait, haletait ; les Français excités se groupèrent autour de leur commandant.

« Monsieur, les ennemis sont dans les bois ; ne les irons-nous jamais voir ? »

Maisonneuve, habituellement calme ou maître de lui, répondit sèchement :

« Eh bien, soit ; vous allez voir l'ennemi. Apprêtez-vous, et ayez soin d'être aussi braves que vous vous montrez impatients ; je vous conduirai moi-même. »

Tout fut bientôt en mouvement dans le fort. On chargeait les fusils, on garnissait les poudrières, et ceux qui savaient se servir des raquettes à neige s'en chaussaient ; malheureusement, cet utile appendice de mise en campagne manquait à la plupart. Tout étant prêt, Maisonneuve partit à la tête de trente hommes, laissant d'Ailleboust avec le reste de la garnison pour défendre le fort. On traversa la prairie, et on entra dans la forêt, silencieuse comme la tombe ; on poursuivait péniblement sa route à travers la neige cachant d'innombrables trous, lorsque les hurlements de quatre-vingts Iroquois embusqués dans le taillis les assaillirent subitement, accompagnés d'une pluie de flèches et de balles. On ne pouvait parer cette attaque qu'en s'abritant derrière les arbres, ce dont Maisonneuve donna l'ordre ; les Français se maintinrent pendant un certain temps, mais les

Iroquois les pressant de plus en plus, trois d'entre eux furent tués, d'autres blessés, et les munitions commencèrent à leur manquer ; la seule alternative était donc la retraite ou la destruction, mais la retraite devenait malaisée. On la commença en bon ordre; bientôt le feu incessant des Iroquois fit perdre tout sang-froid aux hommes, et Maisonneuve dut appliquer tous ses efforts pour les diriger vers un sentier à traineaux où la neige résistait sous les pas. Lui demeura le dernier, encourageant ses soldats et venant en aide aux blessés. Tout en fuyant, de temps à autre les Français faisaient tête à l'ennemi, tirant quelques coups de feu pour ralentir la poursuite; mais, dès qu'ils eurent atteint le sentier, la terreur les domina, et chacun joua des jambes vers le fort. La petite garnison voyant ces fuyards de loin les prit pour les ennemis ; le zèle aveugle d'un soldat lui fit pointer le canon, et si l'humidité n'avait fait rater le coup, il eût achevé la destruction commencée par les Iroquois.

Maisonneuve resta seul, opérant sa retraite en faisant face au danger et arrêtant la poursuite le pistolet au poing ; maintes fois, ils eussent pu le tuer, mais reconnaissant le commandant ils tenaient à honneur de le prendre vivant ; le chef s'étant réservé cette gloire, ses compagnons se tenaient à distance respectueuse. Il pressait vivement Maisonneuve ; celui-ci le tira, mais le coup ne partit pas ; l'Iroquois, qui s'était baissé pour éviter l'arme, se redressant vivement s'élançait pour le saisir, lorsque Maisonneuve l'étendit mort à ses pieds ; tout était sauvé, car l'incident habituel des combats iroquois eut lieu, dans leur anxiété d'arriver à emporter le corps de leur chef, les sauvages oublièrent leur but, et le chef français put gagner le fort. A partir de ce jour, ses hommes le considérèrent comme un héros [1].

Québec et Montréal eurent le rare bonheur de compter des hommes tels que Champlain et Maisonneuve comme fondateurs ; ces noms demeureront entourés d'une auréole d'honnêteté et de bravoure qui rejaillissent sur l'enfance d'un peuple.

---

[1]. Dollier de Casson, ms. Le récit de Vimont est bref. Marguerite Bourgeois détaille ce fait d'armes dans ses écrits manuscrits. Belmont, *Histoire du Canada*, 1645, dépeint l'affaire en indiquant la place; le combat dut avoir lieu un peu au-dessous de la place d'armes actuelle, sur laquelle s'élève l'église paroissiale de Villemarie, connue maintenant sous le nom de la Cathédrale. Faillon pense aussi que l'exploit de Maisonneuve eut lieu à ce même endroit.

CHAPITRE XV

LA GUERRE IROQUOISE.

(1641-1644.)

Les Mohawks. — Isaac Jogues. — Son voyage vers les Mohawks. — La capture. — Le lac Georges et les villes mohawks. — Tortures du missionnaire. — Mort de Goupil. — Babylone des Mohawks. — Le fort Orange. — Jogues réussit à s'échapper. — Son voyage vers la France. — Son arrivée parmi ses confrères. — Son retour au Canada.

Les eaux du Saint-Laurent coulaient à travers la forêt vierge, n'offrant à l'homme civilisé de précaire abri que sur trois points seulement : — à Québec, à Montréal et aux Trois-Rivières. L'âme de la Nouvelle-France se concentrait sur ces sentinelles perdues au milieu des déserts de l'Amérique ainsi que sur les missions dispersées dans ces immenses étendues; la population chrétienne ne comptait guère plus de trois cents âmes réparties ainsi, et c'est sur ce pauvre petit noyau qu'allait éclater des foudres guerrières de sinistre présage.

Trente-deux ans s'étaient écoulés depuis la première attaque dirigée par Champlain contre les Iroquois. Ceux-ci avaient dissimulé leur colère durant une génération ; l'heure était venue pour eux[1]. Les Hollandais du fort Orange les avaient munis de poudre et d'armes. Parmi les Mohawks, la plus orientale des nations des Iroquois, trois cents d'entre eux, sur sept

---

1. Voir *Les Pionniers français*.

ou huit cents guerriers, possédaient une arquebuse[1]. Ils étaient donc maîtres de ces tonnerres qui, entre les mains de Champlain, semaient la terreur dans leurs rangs.

Nous avons exposé dans notre introduction l'organisation de cette féroce peuplade, confédération de cinq nations reliées entre elles par le lien étroit du *Clan*; leurs chefs, mi-partis héréditaires et électifs; leur gouvernement oligarchique de forme, mais d'esprit démocratique, et leur nature foncièrement sauvage, souvent empreinte d'un singulier développement d'intelligence; nous y avons vu la guerre persistante établie entre les Hurons et les Senecas et autres nations occidentales de la Ligue, tandis que la conduite des hostilités contre les Français et leurs alliés du Bas-Canada était laissée aux Mohawks.

Réunis par groupes de dix à cent hommes ils quittaient leurs villages de la rivière Mohawk, descendaient le lac Champlain et la rivière Richelieu, s'embusquaient sur les bords du Saint-Laurent et y attaquaient les bateaux de passage. Parfois ils rôdaient autour de Québec et des Trois-Rivières, tuant les passants isolés ou attirant des détachements dans des embûches. Ils suivaient la trace des chasseurs et des voyageurs comme des limiers, attaquaient les campements mal gardés au milieu de la nuit, et savaient attendre des jours et des mois, l'occasion d'arrêter les trafiquants hurons, se rendant annuellement à Québec. S'ils eussent joint à leur

---

[1]. Vimont, *Relation*, 1643, 62. Les Mohawks étaient les Agniés ou Agueronons des vieux écrivains français. D'après le *Journal de la Nouvelle-Hollande*, document hollandais contemporain (V. *Documents coloniaux de New-York*, 1179), les Hollandais du fort Orange avaient fourni quatre cents fusils aux Mohawks; les profits de ce commerce, libre pour les colons, les aveuglant sur les dangers qui devaient en résulter.

féroce intrépidité la discipline et les connaissances militaires réservées à la civilisation, ils eussent promptement effacé le nom de la Nouvelle-France de la carte des nations, et refait la solitude sur les rives du Saint-Laurent ; heureusement que ces formidables sauvages encore n'étaient après tout que des sauvages.

Dès l'aube du 12 août 1642, douze canots hurons se dirigeaient lentement vers la rive nord de l'élargissement du Saint-Laurent connu sous le nom de lac Saint-Pierre. Quarante personnes étaient à leur bord, dont quatre Français, et parmi ceux-ci le jésuite Isaac Jogues, que nous avons déjà suivi dans sa mission aux villes des Tobaccos. Il n'avait pas vécu depuis lors dans l'oisiveté ; pendant l'automne de 1641, lui et le P. Charles Raymbault, passant le long du lac Huron au nord, étaient entrés dans le goulet où se décharge le lac Supérieur, avaient poussé jusqu'au haut Sainte-Marie, et prêché la Foi à 2000 Ojibewas, et à d'autres Algonquins qui y étaient assemblés [1].

Il revenait actuellement d'une mission bien autrement périlleuse : la mission hurone était dénuée de tout, de vêtements ecclésiastiques, d'objets du culte ; on manquait même de pain et de vin eucharistique, de ce qu'il fallait pour écrire, de tout en un mot ; dès l'été de l'année précédente, Jogues était descendu aux Trois-Rivières et à Québec pour s'y procurer ces objets de première nécessité. Sa tâche était accomplie, et il revenait alors vers la mission. Quelques convertis Hurons l'accompagnaient et parmi ceux-ci, un chef renommé, Eustache Ahastsistari ; d'autres étaient en voie de préparation pour le baptême, mais la majeure

---

1. Buteux, *Narré de la prise du Père Jogues*, ms.—*Mémoire touchant le Père Jogues*, ms. Un portrait de lui est joint à l'excellente édition in-4 du *Novum Belgium* de Jogues, donnée par M. Shea.

partie restait païenne, et leurs canots étaient surchargés des profits qu'ils avaient tirés de leur commerce avec les Français commerçants en fourrures.

Jogues était assis dans un des canots en tête. Né à Orléans en 1607, il était âgé alors de trente-cinq ans : la coupe délicate de ses traits indiquait une nature distinguée et pensive; il joignait à une timidité extrême les dispositions les plus religieuses, et la conscience la plus scrupuleuse pour lui-même. Il avait fait des études complètes et eût pu prétendre à une renommée littéraire, mais quelque peu qu'il semblât approprié à la rude carrière qu'il allait embrasser, il l'avait choisie de préférence à toutes celles qui s'ouvraient devant lui ; bien que frêle de corps, son activité devait lui être de grand secours, car aucun Indien ne pouvait l'égaler à la course.

Deux jeunes gens, René Goupil et Guillaume Couture, l'accompagnaient comme *donnés* de la mission, laïques qui sans avoir fait de vœux se consacraient bénévolement et sans rétribution au service des Jésuites. La santé de Goupil l'avait forcé de quitter une première fois le noviciat des Jésuites; dès qu'il fut remis, il vint au Canada offrir ses services au supérieur de la mission, s'employer aux offices les plus humbles, et devenir infirmier de l'hôpital.

Enfin on l'autorisa, à sa grande joie, d'aller chez les Hurons, où ses connaissances chirurgicales devaient être de grande utilité ; il s'y rendait donc avec Jogues. Leur compagnon, Couture, était vigoureux, intelligent, et du caractère le plus désintéressé ; tous deux se trouvaient dans les premiers canots, pendant qu'un quatrième Français formait avec les Hurons l'arrière-garde [1].

---

1. Jogues, *Notices sur René Goupil.*

Les douze canots avaient atteint l'extrémité du lac Saint-Pierre, qui est semé d'innombrables îlots[1]. La forêt bordait la rive droite, qu'ils longeaient pour éviter le courant, et l'eau était remplie d'aulnes et de joncs épais entravant la navigation. Soudain, le cri de guerre retentit, mêlé de coups de fusil et du sifflement des flèches, pendant que plusieurs canots iroquois, cachés dans ces fouillis aquatiques, s'élançaient contre la petite flottille portant Jogues et ses compagnons.

Les Hurons, saisis d'une lâche terreur, bondissent à terre, laissent canots, bagages et armes à la merci de l'ennemi, et s'enfuient dans la forêt. Les Français et les Hurons convertis soutinrent le combat, mais lorsqu'ils virent une nouvelle flottille s'avancer des îles voisines, le cœur leur faillit et ils ne cherchèrent plus qu'à s'échapper. Jogues sauta dans les joncs, et eût pu se sauver ; mais à la vue de Goupil et des néophytes tombés aux mains de ces féroces sauvages il ne put se résoudre à les abandonner ; sortant de son refuge, il vint se rendre à ses vainqueurs stupéfaits : pendant qu'une partie de ceux-ci poursuivait les fugitifs, et que l'autre gardait les prisonniers, Jogues, surmontant sa douleur, s'efforçait de baptiser ceux des néophytes captifs qui n'étaient pas encore chrétiens.

Couture avait échappé à la poursuite, mais, en pensant au sort qui peut-être attendait Jogues, il résolut de le rejoindre. A son approche, cinq Iroquois coururent au-devant de lui, l'un d'eux fit feu, et le manqua ; Couture furieux tira son coup et tua le sauvage ; les quatre autres, se jetant alors sur lui, le

---

1. Buteux, *Narré de la prise du P. Jogues*. Ce document ne laisse aucun doute sur la localité.

dépouillèrent tout nu, passèrent un sabre à travers ses mains, et se mirent à lui ronger les doigts comme des chiens enragés. Jogues surexcité par ce cruel spectacle s'arrache à ses gardiens, s'élance vers son ami, et se jette à son cou, d'où les Iroquois l'arrachent, le battant jusqu'à le laisser sans connaissance, puis lui lacèrent les doigts avec leurs dents comme ils venaient de faire à Couture ; se tournant alors vers Goupil, ils le traitent avec la même férocité. On épargna les prisonniers hurons pour le moment ; trois d'entre eux avaient été tués, et l'on ramena vingt-deux captifs en tout. Les Iroquois, au nombre de soixante-dix, s'embarquèrent avec leur proie, non sans avoir tué d'abord un Huron âgé que Jogues venait de baptiser avec ses pauvres mains martyrisées. Sous un soleil brûlant, les vainqueurs vinrent débarquer à l'embouchure de la rivière Richelieu, où ils campèrent [1].

De là, ils dirigèrent leur course le long de la rivière Richelieu, vers le lac Champlain, puis ils s'acheminèrent par le lac Georges vers ces villes mohawks. La douleur et la fièvre de leurs blessures, aggravées par le tourment des moustiques, ne laissaient de repos ni jour ni nuit aux prisonniers ; le huitième jour, on

---

[1]. Tous ces récits sont extraits de trois documents : le premier est une longue lettre latine, adressée par Jogues au Père Provincial de Paris. Elle est datée de Rensselaerswyck (Albanie), 5 août 1643. Martin Bressani en a donné une traduction française, et M. Shea, une version anglaise, dans son *Histoire de New-York*, collection de 1857. Le deuxième document est un ancien manuscrit, dit : *Narré de la prise du P. Jogues*, relevé de la bouche même de Jogues, par le jésuite Buteux. Le Père Martin, S. J., qui en est dépositaire, a gracieusement permis à l'auteur d'en prendre copie. Il en existe en outre deux récits, dans les relations de 1647 et de 1648. Toutes ces narrations portent le caractère d'une entière sincérité, se corroborent entre elles et sont appuyées par le témoignage des prisonniers hurons qui purent s'échapper, et les lettres des Hollandais établis à Rensselaerswyck.

apprit qu'un groupe d'Iroquois, en route pour le Canada, s'approchait ; ils arrivèrent du camp, placé en ce moment sur un petit îlot à la pointe sud du lac Champlain. Les guerriers saluèrent leurs compatriotes victorieux de salves de leurs fusils, puis ces misérables, se plaçant sur deux rangs, firent gravir le sommet d'une colline à leurs captifs ; ces malheureux durent passer au milieu d'eux, et pendant ce trajet, ils les battirent avec une telle rage, que Jogues, le dernier de ce cruel défilé, tomba sans connaissance baigné dans son sang ; regardé comme le chef des Français, on le traita avec d'autant plus de cruauté, on tortura de nouveau ses mains, on lui brûla partiellement le corps ; le chef des Hurons, Eustache, subit des traitements encore plus atroces, et lorsque, la nuit venue, les infortunés cherchaient un peu de repos, les guerriers venaient leur arracher les cheveux, la barbe et raviver leurs plaies.

Le matin, on reprenait la marche. Bientôt le lac se changea en une tranquille rivière ; devant eux s'élevait un promontoire rocheux et une côte boisée où prenait naissance le lac Georges ; cent ans plus tard, les remparts de Ticonderoga devaient s'élever sur ces rochers. Les Indiens débarquèrent, entrèrent dans les bois, chargés des canots et du bagage, passèrent sur les lieux, témoins inconscients de la lutte que devaient y soutenir, au siècle suivant, les intrépides régiments anglais et les highlanders écossais, et ils atteignirent ainsi le rivage où devaient débarquer Abercromby et tomber lord Howe. Les premiers parmi les hommes blancs, Jogues et ses compagnons contemplèrent ce lac aux aspects romantiques et qui porte le nom du maussade souverain hanovrien au lieu de celui qui devrait rappeler le doux martyr qui nous occupe ici. Comme une belle naïade du désert, il reposait, paisible et inconnu, entre les deux montagnes dont les échos ont reçu le baptême du feu ; la solitude y régnait alors seule en maîtresse, et le son des trompettes, le grondement du canon et le sifflement meurtrier des balles n'avaient pas encore éveillé ses rives endormies [1].

Une fois encore, on remit les canots à l'eau, et la flottille glissa tantôt à l'ombre des hauteurs, tantôt au milieu d'espaces ouverts, ou bien, serpentant à travers d'innombrables méandres d'îlots boisés, qui remplissaient l'air d'émanations des pins, des cèdres, des mélèzes, elle atteignait ainsi les rives où les soldats incultes du Nouveau-Monde vainquirent l'expérience consommée des légions de la mère patrie, commandées par Dieskau ; là aussi, Montcalm planta ses batteries ; la croix rouge s'y éleva à travers la fumée du canon; enfin, sur ces mêmes bords aussi une nuit d'été fut ensanglantée par un hideux carnage, laissant une tache de sang sur le nom le plus honoré [2].

Les Iroquois débarquèrent près du site du futur fort William Henry, laissèrent là les canots, et avec leurs prisonniers, se mirent en marche vers la ville mohawk la plus proche. Chacun portait sa part du pillage, le malheureux Jogues lui-même, malgré l'état pitoyable de ses mains lacérées, et son corps couvert de plaies, fut contraint de suivre ses bour-

---

1. Les Mohawks, d'après Jogues, nommaient le lac Georges « Andiatarocte » ou « le lieu où finit le lac ». Le même mot se retrouve sur une carte de Sanson. Le nom « d'Horicon » dont se sert Cooper, dans son *Dernier des Mohicans*, ne paraît avoir aucun fondement historique suffisant. En 1646, le lac se nommait, comme nous verrons, « lac Saint-Sacrement ».

2. Cette allusion a trait au siège du Fort William en 1757, et au massacre qui s'en suivit.

reaux chargé d'un lourd fardeau ; la force manquait aux infortunés captifs pour ce surcroît de misères, car ils mouraient de faim et ne vécurent presque que de graines sauvages le long de la route. On traversa l'Hudson supérieur, et treize jours après avoir quitté le Saint-Laurent, ils arrivaient au terme de leur douloureux pèlerinage dans une ville palissadée située sur les bords de la rivière Mohawk.

Les cris de guerre des vainqueurs annoncèrent leur approche, et la fourmillière sauvage s'élança au-devant d'eux, le long de l'éminence sur laquelle était établie la ville ; jeunes et vieux portaient tous un bâton ou une baguette de fer achetée aux Hollandais de l'Hudson ; ils se placèrent sur une double ligne s'étendant de l'arrivée jusqu'à l'entrée de la ville ; puis, à travers « cet étroit sentier du Paradis », ainsi que le nomme Jogues, on conduisit les captifs en une file unique, Couture en tête suivi de quelques Hurons, puis Goupil, puis venaient les autres Hurons et enfin Jogues. Leur passage était salué d'une tempête de cris, de hurlements et de coups ; l'un d'eux fit tomber Jogues, mais comme une fois étendu à terre, la mort était imminente, tout en trébuchant, il se releva et suivit ses malheureux compagnons. Les sévices ne cessèrent qu'en entrant dans la ville, où on les plaça sur une haute plate-forme au milieu de la place. Les trois Français étaient les plus maltraités et affreusement défigurés ; Goupil particulièrement qui, contusionné de la tête aux pieds, ruisselait de sang.

On les laissa reprendre haleine au milieu des clameurs de la foule ; puis un chef donna le signal en s'écriant : « Allons caresser un peu ces Français ! » et la foule impitoyable s'élança sur la plate-forme le couteau à la main. Ils ordonnèrent à une Algonquine, prisonnière, bien que convertie, de couper le pouce de Jogues ; afin d'augmenter la douleur du même supplice pour Goupil, on se servit d'une coquille tranchante. Il serait révoltant de citer toutes les tortures auxquelles on les soumit dans le but d'épargner leur vie, tout en multipliant la souffrance. A la nuit on les descendit, ils furent étendus sur le sol d'une des maisons, les membres attachés à des pieux, et les enfants, jaloux d'imiter les cruautés des parents, s'ingéniaient à placer des charbons ardents sur les corps sans défense et si endoloris des prisonniers, que le moindre mouvement pour tenter de se délivrer de cette nouvelle plaie augmentait la torture.

Vers le matin, on les replaça sur l'échafaud, où pendant trois jours ils restèrent exposés aux insultes de la populace ; alors on les conduisit à la seconde des villes mohawks, puis à la troisième, souffrant dans chacune d'elles une répétition de cruautés dont le récit serait trop révoltant [1]. A Teonontogen, entre autres, Jogues fut suspendu par les poignets de façon à ce que ses pieds ne touchassent pas terre ; cette torture était telle, que le voyant sur le point de s'évanouir, un Indien, plus compatissant que ses pareils, coupa les cordes; pendant qu'ils accomplissaient leur calvaire dans cette ville, on amena quatre nouveaux prisonniers hurons, et on les exposa sur la même plate-forme qu'eux ; Jogues fit trêve à son épuisement et à ses souffrances et chercha à les convertir ; on lui avait jeté un épi de blé vert en guise de nour-

---

[1]. Les Mohawks n'avaient que trois villes : la première sur la partie la plus basse du fleuve, se nommait Osseruenon; la seconde, placée deux milles plus haut, était Andagaron, et la troisième Teonontogen ; elles contenaient environ 3,500 habitants (ou un peu plus). En 1720, il existait encore trois villes, nommées alors : Teahtontaioga, Gaonwauga et Ganeganaga. Voir la carte dans Morgan, *Ligue des Iroquois*.

riture ; quelques gouttes d'eau qui y étaient suspendues lui servirent à baptiser deux Hurons ; les autres reçurent le sacrement en traversant un ruisseau à gué avec Jogues pendant leur marche vers une autre ville.

Couture, qui avait exaspéré les Indiens en tuant l'un de leurs guerriers, avait néanmoins conquis leur admiration par son intrépidité ; après l'avoir abominablement torturé, ils l'adoptèrent dans une de leurs familles pour remplacer un parent mort ; cette adoption bizarre le sauva.

Le pauvre Jogues et Goupil furent moins heureux. Trois des Hurons ayant été placés sur le bûcher, les Français s'attendaient à partager leur mort, mais le conseil assemblé pour prononcer sur leur sort s'étant dispersé, on reconduisit ces malheureux au premier village, où ils demeurèrent exténués de faim et d'anxiété. Jogues saisissait toute occasion de baptiser les petits enfants en péril de mort, et Goupil apprenait aux plus grands à faire le signe de la croix. Un jour, un vieux sauvage, chez lequel ils vivaient, le vit tracer ce signe sur le front de son petit-fils ; les Hollandais lui avaient appris que le signe de la croix était l'œuvre du démon et ne pouvait causer que des malheurs ; il crut alors que Goupil allait ensorceler l'enfant, et résolu à se défaire d'un hôte si dangereux, il appela deux jeunes guerriers à son aide. Jogues et Goupil, vêtus de leurs misérables vêtements de peaux de bêtes, se promenaient dans la forêt touchant au village, se consolant dans de ferventes prières et s'exhortant mutuellement à souffrir patiemment pour l'amour du Christ et de la Vierge, lorsque au retour, récitant leur rosaire, ils rencontrèrent les deux Indiens dont les visages n'exprimaient rien de bon ; ceux-ci marchèrent à leurs côtés jusqu'à l'entrée du village, et là, l'un d'eux tirant une hache de dessous sa robe, en fendit la tête de Goupil, qui tomba en murmurant le nom du Christ ; Jogues se jeta à genoux attendant le coup, la tête inclinée et priant, mais le meurtrier lui ordonna de se relever et de rentrer au village. Il n'obéit qu'après avoir donné l'absolution à son ami qui respirait encore, et avoir vu le pauvre corps traîné au milieu des insultes et des réjouissances!

Jogues passa une nuit de désolation ; il sortit dès le matin, indifférent à tout danger, et voulant revoir la dépouille inanimée de Goupil. « Où allez-vous donc, lui cria le vieil Indien, son maître, ne voyez-vous pas ces jeunes braves qui vous guettent pour vous tuer ? » Mais Jogues persistant, le sauvage touché de compassion demanda à un Indien de l'accompagner comme sauvegarde. Le corps avait été jeté dans un ravin au fond duquel coulait un torrent, et c'est là que Jogues le trouva, nu et déjà rongé par les chiens. Il l'amena jusque dans l'eau, et le couvrit de grosses pierres afin d'éviter de nouvelles profanations, décidé à revenir l'enterrer en secret dans un coin consacré. Mais dans la nuit un violent orage survint, grossissant le torrent, et lorsque au matin, Jogues arriva, il ne vit que des flots bourbeux ; le corps avait été emporté si loin que malgré les recherches ardentes de Jogues dans tous les trous, dans la forêt même, il ne put rien retrouver ; alors accroupi sur les bords de l'impitoyable torrent, il mêla ses larmes aux flots, et chanta le service des morts d'une voix entrecoupée par la douleur, rendue plus amère encore d'avoir vu disparaître aussi totalement cet unique compagnon de ses tribulations [1].

1. Jogues, dans *Tanner, Societas militans,* 519 ; Bressani, 216 ;

Le printemps lui révéla que les Indiens, et non le torrent, lui avaient dérobé son ami; à la fonte des premières neiges, des enfants Mohawks lui racontèrent que la dépouille mortelle avait été jetée sur un point solitaire plus bas dans le ravin ; Jogues s'y rendit, trouva les ossements dénudés par les renards et les oiseaux de proie, les rassembla soigneusement, et les cacha dans un tronc d'arbre, espérant pouvoir, un jour ou l'autre, leur donner une sépulture digne d'un chrétien.

Après le meurtre de Goupil, la vie de Jogues ne tenait qu'à un fil ; il s'attendait à toute heure à périr par le tomahawk, et ses souffrances lui eussent fait accepter la mort comme un bienfait. Tout lui annonçait que son heure était proche, mais son intrépidité sereine semblait en éloigner l'imminence, et chaque jour en se retrouvant vivant, il en éprouvait le même étonnement.

Une partie des Indiens se mit tard en mouvement pour la chasse annuelle du daim, et l'on intima l'ordre à Jogues d'avoir à les accompagner. Il les suivit presque nu, et tout affamé, à travers les frimas du mois de novembre; il partagea leur rude bivouac pendant les mois désolés de l'hiver. Tout le gibier étant dédié à l'idole Areskoui, et mangé en son honneur, Jogues ne voulait pas toucher à ces viandes, symboles de l'idolâtrie, et périssait de besoin au milieu de l'abondance. La nuit, la chaudière mise au feu, il s'étendait dans un coin de la hutte, dévoré par la faim, et transi jusque dans la moelle des os. Les Indiens croyaient qu'il portait un mauvais sort à leur chasse, et les femmes, en particulier, le détes-

---

Lalemant, *Relation*, 1647, 25, 26; Buteux, *Narré*, Ms.; Jogues, *Notice sur René Goupil*.

taient ; son attitude étonnait autant qu'elle exaspérait ses maîtres ; il leur apportait le feu, l'eau, comme un esclave, leur obéissait et supportait leurs mépris sans murmures ; seulement lorsqu'ils attaquaient son Dieu, et se moquaient de ses dévotions, l'ilote se redressait et faisait entendre à ses tyrans ses sévères reproches.

Parfois, le pauvre missionnaire réussissait à gagner la forêt, pour échapper à « cette Babylone ». Là, il disait son chapelet, et répétait des versets de l'Écriture sainte. Dans un coin désert et perdu, il forma une croix d'écorce coupée à un gros arbre, et il vint y faire ses prières, échappant pour quelques instants à cette hutte empestée et remplie de démons ; lorsque l'imagination se représente ce martyr vivant, à peine couvert de quelques dépouilles d'animaux, s'agenouillant sur la neige, parmi les rochers glacés et les pins garnis de givre, courbé devant l'emblème de la foi, restée sa seule consolation et son unique rayon d'espérance, on y trouve un sujet bien digne d'inspirer un pinceau habile, et le thème de plus d'un touchant récit !

Les Indiens se lassèrent bientôt de lui, et le renvoyèrent au village ; il y resta jusqu'en mars, baptisant et catéchisant ; il décrivait à son sauvage auditoire, les planètes, les étoiles, le système solaire et lunaire ; on l'écoutait avec intérêt, jusqu'au moment où il tentait d'aborder la théologie ; là, il perdait ses peines. A la fin de mars, le vieillard chez lequel il logeait partit en expédition de pêche avec sa squaw et de nombreux enfants. Jogues fut de la partie, et l'on gagna un lac, peut-être le lac Saratoga, à quatre journées de marche. On vécut de grenouilles, d'entrailles de poisson et d'autres immondices ; Jogues restait dans les bois, répétant ses prières et gravant le nom de Jésus sur les arbres pour en éloigner les démons. Un messager arriva de la ville, et sur les nouvelles qu'il apportait de l'approche de l'ennemi, l'expédition leva le camp en toute hâte et regagna ses foyers. La vérité était qu'une expédition de guerre, envoyée contre les Français, avait été détruite par eux, et l'inepte population demandait à grands cris la torture de Jogues pour apaiser sa douleur; mais à leur arrivée, les nouvelles avaient changé; les guerriers étaient sains et saufs, et revenaient avec un grand nombre de prisonniers.

La vie du pauvre prêtre allait encore être épargnée, mais il dut subir la vue de la cruelle boucherie exercée contre les convertis et les alliés des Français; son existence n'était plus qu'une série d'affreuses alternatives dont chaque expédition de guerre ramenait une chance de mort certaine en cas de défaite, et son assistance forcée aux monstrueuses conséquences de leur triomphe.

Jogues n'ayant jamais paru tenter de s'évader, on lui laissait une grande liberté. Il allait de ville en ville, donnant l'absolution aux captifs chrétiens, convertissant et baptisant les païens ; il raconte qu'il baptisa un jour une malheureuse captive tout au milieu du bucher, sous prétexte d'approcher un vase avec de l'eau de ses lèvres desséchées. Les sujets ne manquaient pas à son zèle. Une seule expédition de guerre revint des contrées huronnes avec cent prisonniers dont quelques-uns furent distribués dans les villes iroquoises, mais la plupart périrent dans les flammes [1].

---

1. Le pasteur hollandais, Megapolensis vivant alors au fort Orange, témoigne fortement de la férocité de ses bons amis les Mohawks, à l'égard de leurs prisonniers. Il mentionne les mêmes genres de torture dont parle

LE FORT ORANGE.   183

Il avait baptisé environ soixante-dix enfants chez les Mohawks et leurs voisins, et le saint prêtre finit par croire que sa dure captivité était un moyen providentiel pour le salut des âmes.

Vers la fin de juillet, on l'emmena à une partie de pêche dans les pêcheries de l'Hudson, à vingt milles au-dessous du fort Orange. Pendant ce déplacement, il apprit que les guerriers iroquois avaient ramené de nombreux prisonniers à la ville et que deux d'entre eux avaient été brûlés ; sa conscience lui reprocha de n'être pas resté en ville pour leur donner l'absolution ou le baptême, et il pria ses patrons de lui permettre de repartir : un canot conduit par les Iroquois eut occasion de l'emmener, et l'on toucha d'abord à Rensselaerswyck, où les Indiens trafiquèrent avec les Hollandais.

Le centre de ce misérable établissement était au fort Orange, triste construction de bois, élevée au milieu de la ville actuelle d'Albany, là où est le Phœnix hôtel [1]. Quelques maisons et des bâtiments touchaient à un petit temple érigé récemment, et desservi par le pasteur Dominique Mégapolensis, connu de nos jours comme l'auteur d'un intéressant, bien que court, travail sur les Mohawks ; on peut évaluer à vingt-cinq ou trente, les maisons dispersées et placées sur les bords de l'Hudson ; une centaine d'habitants, dont la plupart rudes fermiers hollandais, tenanciers de Van Rensselear, seigneur du lieu, peuplaient ce maussade séjour. Ils récoltaient de l'orge dont ils faisaient de la bière, et de l'avoine

---

Jogues et constate leur cannibalisme en disant : « Les gens du commun, mangent les bras, les jambes et le tronc, mais les chefs, se réservent le cœur et la tête. » (*Short Sketch of the mohawk Indians*). Ces fêtes avaient un caractère religieux.

1. Note de M. Shea dans le *Novum Belgium* de Jogues.

servant à nourrir leurs nombreux chevaux. Ils trafiquaient aussi avec les Indiens ; ceux-ci tiraient bon profit de leurs échanges de fourrures contre des fusils, des haches, des couteaux, des chaudrons, du drap et des verroteries qui leur étaient livrés à des prix modérés [1]. Les Hollandais vivaient en excellents termes avec leurs voisins cuivrés, les rencontraient sans crainte dans la forêt et épousaient même leurs filles. Ils avaient appris la captivité de Jogues, et ce qui leur fait honneur, tentèrent de le délivrer, offrant à cette intention des marchandises de grande valeur, mais cela sans succès [2].

Jogues apprit d'importantes nouvelles au fort Orange. On lui dit que les Indiens du village où il vivait, exaspérés contre lui, étaient décidés à le brûler vif à la suite de l'affaire suivante. Vers le 1er juillet, une troupe guerrière était partie pour le Canada ; l'un des hommes avait offert à Jogues de se charger d'une lettre de lui au commandant français des Trois Rivières, pensant trouver quelqu'avantage au rôle de parlementaire.

Jogues jugea qu'il était de son devoir de tenir les Français au courant de l'état des choses parmi les Iroquois. Un Hollandais lui donna du papier, et il écrivit une lettre dans un jargon, moitié latin, français et huron, conseillant à ses compatriotes de se tenir sur leurs gardes, des partis guerriers étant sans cesse en mouvement, et les prévenant qu'ils n'eussent à

---

1. Jogues, *Novum Belgium*; Barnes, *Settlement of Albany*, 50-55. O'Callaghan, *New Netherland*, chap. VI. Sur les rapports entre Hollandais et Mohawks, V. *Megapolensis*, déjà cité, et des parties de la lettre de Jogues à son supérieur, datée de Rensselaerswyck, 30 août 1643.
2. Voyez une longue lettre d'Arendt Van Curler (Corlaer) à van Rensselaer, 16 juin 1643, dans la nouvelle Hollande, de O'Callaghan, appendice L.

compter sur aucun répit d'attaques jusqu'à la fin de l'automne[1].

Lorsque les Iroquois atteignirent l'embouchure de la rivière Richelieu, où un petit fort avait été construit l'été précédent par les Français, le messager se présenta comme parlementaire et donna la lettre de Jogues au commandant du poste, lequel, après l'avoir lue, tourna ses canons contre les sauvages. Ceux-ci s'enfuirent tout en désarroi, laissant à l'aventure leur bagage et quelques fusils ; revenus pleins de fureur chez eux, ils accusèrent Jogues de leur déconfiture. Jogues s'était préparé à ce résultat ; mais les colons hollandais, et parmi eux Van Curler, qui avaient tenté déjà de le délivrer, lui démontrèrent la certitude de la mort s'il retournait chez les Indiens, et l'engagèrent à s'échapper. Un petit bâtiment hollandais stationnait justement dans l'Hudson, prêt à mettre à la voile ; Van Curler offrit à Jogues d'y prendre passage jusqu'à La Rochelle ou à Bordeaux, lui représentant que l'occasion était trop bonne pour la manquer, et réduisant à néant la crainte exprimée par le prisonnier, que l'apparence de connivence de la part des Hollandais dans son évasion, exciterait leur ressentiment contre ces derniers. Jogues le remercia chaleureusement ; puis, à son vif étonnement lui demanda une nuit pour considérer cette affaire en prenant conseil de Dieu dans la prière.

Le pauvre missionnaire passa une nuit d'agitation, torturé par le doute et la crainte que l'amour de lui-même ne lui cachât son véritable devoir. D'ailleurs, ne pouvait-il arriver que les Indiens épargnassent ses jours, et que par quelques gouttes d'eau administrées

---

[1]. Voir une version française de la lettre dans Vimont, Relation, 1643, p. 75.

en temps opportun, il put sauver encore des âmes des flammes éternelles de la perdition ? d'autre part, ne semblait-il pas aussi par son refus de profiter du salut offert, courir au suicide ; de ses compagnons de labeur, l'un d'eux, Goupil était mort, tandis que Couture avait conseillé la fuite à Jogues, lui disant qu'il suivrait alors son exemple, mais que tant que lui demeurerait prisonnier, il partagerait son sort. Vers le matin, Jogues avait pris son parti, et croyait que Dieu voulait qu'il saisit l'occasion offerte. Il alla donc trouver ses amis hollandais et accepta leur proposition avec mille effusions de reconnaissance. Ils lui promirent qu'on laisserait un bateau sur le rivage pour lui, qu'il guetterait l'occasion, et se rendrait ainsi à bord du navire, où il serait en sûreté.

Ses maîtres Indiens et lui étaient logés dans une sorte de vaste grange, appartenant à un fermier hollandais, longue de cent pieds et sans aucune division. Le fermier remisait son bétail dans un des bouts du bâtiment, et à l'autre il dormait avec sa femme, qui était Mohawk, et ses enfants, tandis que les Indiens avec Jogues étaient placés au milieu [1]. Le fermier nous étant donné comme un des principaux personnages du lieu, nous n'en concevrons pas une bien haute idée du raffinement de la civilisation à Rensselaerswyck !

Vers le soir, Jogues put sans exciter les soupçons des Indiens, aller faire une reconnaissance. La maison était entourée d'une barrière, de derrière laquelle l'un des chiens de garde s'élança et le mordit grièvement ; le Hollandais sortit au bruit, ramena Jogues et pansa sa blessure. Il paraît avoir eu quelque soupçon des projets du prisonnier, car, pensant

---

1. Butens, Narré, M. S.

peut-être qu'en cas d'évasion, il aurait à souffrir de la rage des Indiens, il ferma la porte de façon à ce qu'on ne pût guère l'ouvrir. Jogues se roula dans sa couverture près des Indiens ; enfièvré par la douleur de sa blessure et l'angoisse morale, il ne put s'endormir, et bien lui en prit : vers l'aube, pendant que chacun dormait encore, un laboureur au service du fermier entra avec sa lanterne ; Jogues, quoique ne parlant pas le hollandais, lui fit comprendre par signes qu'il lui demandait aide et secours. L'homme se montra disposé à l'assister ; il sortit sans bruit, apaisa les chiens, et lui montra le sentier conduisant à la rivière ; la distance était encore grande, le chemin rugueux et difficile. Jogues, exténué de privations, était en outre gêné par sa jambe blessée ; lorsqu'il atteignit le rivage, le jour se levait, et à son inexprimable déception, il vit que la marée avait laissé le bateau à sec. Le désespoir lui donna des forces ; il finit peu à peu par amener le bateau jusqu'au mouillage, et put de là en ramant, gagner le navire. Les marins le reçurent bien, et le cachèrent à fond de cale, avec un gros coffre devant lui pour le dissimuler.

Il demeura là deux jours, à demi suffoqué par l'absence d'air et l'infection du lieu, pendant que les Indiens parcouraient tout l'établissement pour le retrouver. Ils vinrent même dans leur fureur jusque sur le navire, et terrifièrent si bien les officiers, qu'à la nuit on débarqua Jogues pour le conduire au fort ; là on le fit cacher dans le grenier d'un vieil avare à la garde duquel on le confia. Les Hollandais lui envoyaient de la nourriture, mais l'hôte se l'appropriait. Jogues courut risque de mourir affamé. Son grenier était séparé en deux par une cloison ; dans cette autre partie du grenier, le vieux conservait des marchandises dont il trafiquait avec les Mohawks, et il y amenait souvent ses chalands. Les planches offraient de larges crevasses, par lesquelles Jogues pouvait voir les Indiens passant entre lui et la lumière ; il n'échappa à leur vue, que grâce à des barils derrière lesquels il s'accroupissait pendant des heures, abîmé de chaleur et n'osant faire un seul mouvement. Sa plaie commençait à se gangrener, mais les soins du chirurgien du fort le soulagèrent. Le ministre réformé, Megapolensis, venait aussi le visiter, et fit de son mieux pour réconforter son frère catholique dont il paraît avoir été charmé, et qu'il nomme dans ses écrits « un clerc très-lettré ».

Jogues dut rester six semaines dans l'affreuse cachette, au bout desquelles, ses amis les Hollandais, réussirent à éloigner les Indiens en leur payant une forte rançon [1]. Bientôt arriva un ordre du directeur général, Kieft, apporté par un navire expédié de Manhattan (actuellement New-York), disant qu'on eût à lui envoyer Jogues ; un petit vaisseau lui fit, en conséquence, descendre l'Hudson ; les Hollandais à bord le traitèrent de leur mieux, et donnèrent même à titre d'honneur son nom à l'une des îles de la rivière, tant le courage et le dévouement sincère à une cause s'imposent même à ceux qui n'en partagent pas les convictions. A Manhattan, notre missionnaire trouva un fort presque ruiné tenant soixante hommes de garnison, une église en pierre, et la maison du directeur général ainsi que les barraquements et les magasins. Près de là se voyaient quelques rangées de

---

1. Lettre de Jogues à Lalemant. Rennes, 6 janvier 1644. Voir relation, 1643, p. 79. On donna aux Indiens la valeur de 300 livres de marchandises comme rançon.

maisons, occupées par des laboureurs et des artisans, pendant que le surplus des colons au nombre de quatre à cinq cents, étaient dispersés sur l'île, et les rives voisines ; les *settlers*, bien que de nations et de sectes diverses, étaient pour la plupart Hollandais et calvinistes, et Kieft raconta à son hôte qu'on parlait dix-huit dialectes différents à Manhattan. Les colons luttaient contre des attaques sanglantes des Indiens, provoquées il faut le dire par leur propre et cruelle sottise ; pendant le séjour de Jogues, quarante Hollandais furent tués dans les fermes environnantes et plusieurs maisons et granges incendiées [1].

Le directeur général avec une humanité rare pour l'époque, changea les haillons sordides de Jogues, témoins de tant de misères, contre un vêtement complet en drap de Hollande, et lui donna le passage gratuit sur un petit navire prêt à mettre à la voile. Le voyage fut long et pénible ; le passager couchait sur le pont ou sur un ballot de cordages, souffrant cruellement du froid, et souvent transpercé par les lames qui balayaient les flancs du vaisseau.

On atteignit enfin Falmouth et tout l'équipage descendit sur la côte anglaise pour s'amuser, laissant Jogues seul à bord. Une bande de forbans en profita pour accoster la nef abandonnée, la dépouiller de tous les objets de valeur, et tenant Jogues en respect sous le canon de leurs espingoles, lui enleva jusqu'à son habit et à son chapeau. Il obtint quelque secours d'un équipage français à l'ancre dans le port, et la veille de Noël, s'embarqua sur un petit transport à charbon pour la côte voisine de Bretagne. On le

[1]. Cette guerre était avec les tribus algonquines du voisinage. Voyez : O'Callaghan, *Nouvelle-Hollande*. I. chap. 3.

déposa le jour suivant aux environs de Brest ; voyant une chaumière à sa portée, il alla y demander le chemin de l'église la plus voisine. Le paysan et sa femme le prirent pour un pauvre et pieux Irlandais, et l'invitèrent par esprit de charité, ses dévotions terminées, à partager leur modeste repas ; à demi mort de faim, Jogues accepta leur offre de grand cœur. Il gagna l'église où il put entendre la messe, et à son inexprimable joie, recevoir la sainte communion, dont il était privé depuis si longtemps. De retour chez ses hôtes, l'état de mutilation de ses mains attira leur attention ; ils demandèrent avec stupéfaction comment il avait pu être ainsi traité, et au récit de quelques-unes des tortures qu'il avait endurées, leur surprise devint de la vénération. Les deux jeunes filles de cette pauvre demeure voulurent lui faire accepter leur petit trésor consistant en une poignée de monnaie de cuivre, pendant que le laboureur allait signaler à ses voisins l'honneur que le Ciel lui envoyait d'abriter ce saint prêtre. Un marchand de Rennes amena un cheval en priant Jogues de s'en servir pour le conduire au collège des Jésuites de cette ville ; le missionnaire accepta avec reconnaissance, et arriva ainsi à sa destination dans la matinée du 5 janvier 1644.

Il descendit et frappa à la porte du collège ; celle-ci ouverte, le portier vit un homme dont les vêtements n'annonçaient guère mieux qu'un mendiant, et qui demandait à parler au Recteur ; il répondit donc sèchement que le Recteur était occupé à la sacristie. Jogues n'eut pourtant qu'à lui dire qu'il apportait des nouvelles du Canada pour voir sa froideur se fondre ; les missions du Canada étaient à cette époque les objets du plus vif intérêt pour les Jésuites et pour ceux de France en particulier ;

une lettre de Jogues, écrite pendant sa captivité, et la *Relation* de 1643, racontant sa capture, étaient parvenues en France, il était donc devenu le thème de toutes les conversations dans chaque maison de l'Ordre. Le Père Recteur se vêtissait, en effet, pour célébrer la messe, mais à l'annonce du portier, il s'avança aussitôt à la rencontre du messager.

Jogues, sans encore se nommer, lui remit une lettre du Directeur général hollandais, attestant son identité. Avant de la lire, le Recteur commença par le questionner sur les affaires canadiennes, et enfin lui demanda s'il avait connu le Père Jogues.

« Je l'ai très-bien connu, » fut la réponse.

— Les Iroquois se sont saisis de lui, » continua le Recteur ; « est-il mort ? L'ont-ils assassiné ? »

— Non, répliqua Jogues, il vit, il est en liberté; c'est lui qui vous parle... » Et il tomba à genoux devant son supérieur, lui demandant sa bénédiction.

Cette nuit-là fut une veillée de jubilation et d'actions de grâce au collège de Rennes [1].

Jogues devint un objet de pieuse curiosité : la cour l'appela à Paris, où la reine, Anne d'Autriche, désirait le voir ; lorsque le vénérable prisonnier des Mohawks parut devant elle, la Régente baisa ses mains lacérées, et toutes les dames de la cour lui rendirent leurs hommages. On dit, et tout porte à le croire, que ces respects si mérités, embarrassèrent néanmoins le modeste et simple missionnaire, qui ne songeait déjà qu'à retourner convertir les Indiens.

On sait qu'un prêtre affligé d'une difformité corporelle, est privé de dire la messe ; les dents et les couteaux des Iroquois lui avaient donc infligé une

---

1. Voyez lettre de Jogues à Lalemant, Rennes, 6 janvier 1644, et le long récit dans la relation de 1647.

torture dépassant leurs prévisions, car ils avaient enlevé à Jogues la plus grande consolation de la vie d'un prêtre; mais le pape, par une dispense spéciale, lui rendit un privilège perdu au prix de son sang; dès le printemps suivant, Jogues faisait voile vers le Canada.

CHAPITRE XVI.

LA GUERRE IROQUOISE.

(1641. — 1646.)

Les Iroquois. — Bressani. — De Nouë. — La guerre avec ses misères et la terreur. — Le fort Richelieu. — Bataille. — Destruction des tribus indiennes. — Iroquois et Algonquins. — Position désespérée des Français. — Joseph Bressani. — Sa capture et traitements dont il est l'objet. — Il parvient à s'échapper. — Anne de Nouë. — Son voyage nocturne. Sa mort.

Deux puissances se disputaient la suprématie du Canada : d'une part, le Christ, sa sainte Mère, et les anges, avec leurs ministres visibles ; de l'autre, le démon secondé par les Iroquois, ses instruments nés. Au moins est-ce ainsi que les Pères jésuites et la plupart des colons définissaient la lutte, dans laquelle jamais le diable n'avait déployé autant de rage, et certes il trouvait dans ces sauvages ennemis des agents d'une nature semblable à la sienne !

A Québec, aux Trois-Rivières, à Montréal, au petit port Richelieu, dans tout le Canada enfin, nul homme ne pouvait chasser, pêcher, labourer ou couper des arbres dans la forêt, sans courir le risque d'être scalpé vif. L'Iroquois était en tout lieu et nulle part. Un cri, une grêle de balles, une course sauvage et tout était dit ; les soldats attirés par le bruit et arrivant en hâte, ne trouvaient plus que la solitude, le silence, et un corps mutilé.

« J'aimerais autant, écrivait le Père Vimont, être

environné de gnomes malfaisants que de ces Iroquois ! car les uns sont aussi invisibles que les autres. Nos pauvres gens sont tenus plus renfermés à Richelieu et à Montréal que dans la plus stricte claustration de moines et de religieuses de nos couvents de France. »

Les confédérés étaient alors fort animés et d'une audace inaccoutumée. Ils méprisaient les hommes blancs comme de lâches poltrons, et se croyaient des guerriers héroïques destinés à faire la conquête de l'univers [1].

Les armes à feu dont l'imprévoyance des Hollandais les avait munis, jointes à la bonne entente de leurs conseils de guerre, à leur courage et à une férocité exceptionnelle, leur assuraient sur les tribus environnantes un sensible avantage dont ils se rendaient fort bien compte ; aussi, leurs passions grandirent-elles avec le sentiment de leur supériorité. Ils se vantaient d'effacer les Hurons, les Algonquins et les Français de la surface du sol, et d'emmener les filles blanches, désignant ainsi les religieuses, dans leurs villages. Cette dernière catastrophe semblait si imminente, que les Sœurs de l'hôpital quittèrent leurs quartiers trop exposés de Sillery, pour se réfugier derrière les remparts palissadés de Québec. Le cours du Saint-Laurent et de l'Ottawa était tellement infesté, que les communications avec la contrée des Hurons furent coupées, et à trois reprises différentes, le paquet annuel des lettres qu'on y envoyait aux missionnaires, tomba entre leurs mains.

C'est vers l'an 1640, que le fléau de la guerre iroquoise avait commencé à frapper cruellement

---

1. Bressani pendant le temps de sa captivité parmi eux, écrivit tous ces détails à son supérieur. Voir Relation 131.

les Français. A cette époque, un de leurs partis de guerre avait entouré et saisi Thomas Godefroy et François Marguerie, ce dernier, jeune homme d'une rare énergie, entreprenant, familier avec les bois, possédant bien la langue algonquine, et clerc d'un réel mérite [1]. A la grande joie des autres colons, lui et son compagnon, furent ramenés par leurs vainqueurs et livrés à la garnison des Trois-Rivières, dans l'espoir que les Français répondraient à cet acte de générosité, par un don d'armes à feu ; leur demande ayant été repoussée, ils rompirent la négociation avec violence, se fortifièrent, firent feu sur les Français, puis se retirèrent sous le couvert de la nuit.

Une guerre sans trêve s'ensuivit, et tout ne fut plus que désordre et terreur. Comment arrêter les incursions d'un ennemi aussi rusé qu'avide de carnage ? Tel était le problème qui tourmentait le cerveau du gouverneur, Montmagny. Il crut en avoir trouvé la solution, lorsqu'il conçut le plan d'élever un fort à l'embouchure de la rivière Richelieu, par laquelle les Iroquois opéraient toujours leurs descentes sur le Saint-Laurent.

Le cardinal de Richelieu avait sauvé la colonie expirante en 1642, en envoyant trente ou quarante soldats pour sa défense. Il est vrai que ce nombre décuplé eût été à peine suffisant, mais même un aussi léger secours fut reçu avec enthousiasme, et Montmagny put réaliser son plan de défense, pour lequel il lui avait manqué jusqu'alors les constructeurs et les défenseurs. Il adjoignit aux nouveaux venus, un corps de soldats et de laboureurs armés, de

---

[1]. Il écrivit durant sa captivité, sur une peau de castor, une lettre aux Hollandais, en français, en latin et en anglais.

Québec, et avec un ensemble d'environ cent hommes en tout [1], il fit voile vers le Richelieu, dans un brigantin et sur quelques bateaux non pontés. Ils arrivèrent au terme de leur excursion le 13 d'août et débarquèrent là où s'élève maintenant la ville de Sorel. Onze jours à peine s'étaient écoulés depuis que Jogues et ses compagnons étaient tombés aux mains des sauvages, et la troupe de Montmagny put constater les cruelles traces de ce désastre ; des têtes restaient piquées sur des perches le long de la rivière, et plusieurs arbres dépouillés de leur écorce, portaient les rudes hiéroglyphes avec lesquels les vainqueurs racontaient leurs exploits [2] ; parmi ceux-ci, l'image grossière de Jogues était parfaitement reconnaissable. On enleva les têtes, on coupa les arbres et une grande croix remplaça ces tristes symboles de cruauté. Un autel fut dressé, et tous entendirent la messe, après laquelle des volées de mousqueterie précédèrent la mise à l'ouvrage. On défricha le commencement de la forêt, et le sol bien nettoyé, l'on prépara et l'on planta des palissades.

Une semaine se passa ainsi, et les défenses étaient presqu'achevées, lorsque le *war hoop* retentit et deux cents Iroquois s'élancèrent sur eux des confins de la forêt.

Ces guerriers étaient ceux que Jogues avait rencontré sur l'îlot du lac Champlain ; ce ne fut que grâce au courage du sergent Du Rocher, qui se tenait

---

1, Marie de l'Incarnation, lettre 29 sept. 1642.
2. Vimont, Relation. Cet usage était commun à beaucoup de tribus, et subsiste encore. L'auteur a vu de semblables mementos, inscrits par les guerriers des Pieds Noirs, dans le Far West. L'écorce de gros arbres à coton était enlevée, et les images tracées avec du charbon et du vermillon. Il y avait des signes divers, pour les scalps, les prisonniers, et pour représenter les vainqueurs eux-mêmes.

bien sur ses gardes, que tous ne furent pas balayés ; les Iroquois se précipitaient à travers une ouverture de la palissade, lorsque Du Rocher, aidé de quelques soldats, les arrêta avec une telle vigueur, que le reste de la garnison eut le temps de prendre les armes. Montmagny qui voyait l'attaque de dessus son brigantin mouillé dans la rivière, se hâta de débarquer, et la troupe encouragée par sa présence, se battit avec une rare valeur.

Les Iroquois, de leur côté, envahissaient les palissades de défense, passaient leurs armes à feu à travers les interstices, et tiraient sur les défenseurs du fort ; ils ne se retirèrent à une distance plus prudente, que lorsque plusieurs des leurs eurent été tués ; un Indien de taille gigantesque, coiffé d'une fourrure sauvage, teinte en ponceau et rattachée par un réseau de wampum, s'élançait à l'attaque lorsqu'il tomba frappé par une balle, un autre reçut sept coups de feu dans le corps, et autant dans son bouclier ; les Français redoublèrent leur tir et les Indiens reculèrent enfin découragés, pour se réfugier sous la protection d'un fortin qu'ils avaient construit dans la forêt, à trois milles de là. Les Français perdaient un homme tué et quatre blessés, mais ils avaient échappé de bien près à la ruine totale de leur colonie ; ils gagnèrent à ce succès le temps voulu pour renforcer leurs défenses, et les mettre à peu près à l'abri des attaques des Indiens [1]. Le fort ne répondit pourtant pas effi-

---

1. Vimont. Relation, 1642, 50, 51. Il était rare que les Indiens attaquassent des places fortifiées. Pourtant on sait que les Iroquois y réussirent plusieurs fois, dont une entr'autres dans une circonstance très-extraordinaire. Le courage indien est incertain et surtout intermittent ; capables parfois de la témérité la plus audacieuse, ils sont soumis à une réaction équivalente, et d'ailleurs leur bravoure se déployait bien mieux dans des attaques couvertes qu'en champ ouvert.

cacement au projet conçu, d'arrêter ainsi les incursions des Iroquois. Ces rusés sauvages savaient débarquer à un ou deux milles en avant, porter leurs canots à travers la forêt en passant sur la langue de terre intermédiaire, puis les lancer sur le Saint-Laurent, pendant que la garnison demeurait en complète ignorance de leurs mouvements.

Tandis que les Français traversaient ces jours difficiles, leurs alliés Indiens avaient un sort pire encore. Les effets des hostilités iroquoises sur les tribus algonquines du Canada, depuis le Saguenay jusqu'au lac des Nipissings, se faisaient cruellement sentir. La peste et la famine avaient aidé de leurs ravages la destruction guerrière, et ces misérables tribus semblaient destinées à une prompte extermination. Ils étaient anéantis au moral ; devenus humbles et dociles aux mains des missionnaires, ils cessaient de railler la doctrine nouvelle, et n'espéraient que dans les Français comme dernier salut dans cette cruelle extrémité. Ils arrivaient parfois en troupes à Sillery et aux Trois-Rivières, fuyant leurs forêts à la vue d'une empreinte de pieds iroquois ; puis, saisis d'une nouvelle terreur, ils couraient se cacher dans les plus épais fourrés des bois. L'ennemi s'étendait sur leurs meilleurs terrains de chasse, et il leur fallait jeûner pendant des semaines, subsistant d'écorces d'arbres, ou de lanières de peau tannée qui surmontaient leurs chaussures d'hiver. La mortalité les décimait ; « là où huit ans avant, écrivait le P. Vimont, on voyait cent wigwams, on n'en aperçoit plus que cinq ou six ; un chef commandant à huit cents guerriers n'en a plus que trente à quarante, et les flottilles de trois et quatre cents canots, sont réduites au dixième de ce nombre. »

Ces tribus canadiennes subissaient la loi d'extermination, d'absorption et d'expatriation, qui, on a tout lieu de le croire, avait dû constituer presque toute l'insignifiante histoire des nombreuses générations de cette partie du continent. Son caractère propre ne fut que peu modifié par la possession de quelques centaines de fusils hollandais mis entre les mains des conquérants, et qui activèrent cette œuvre de destruction ; mais les exemples à l'appui pouvant seuls faire connaître l'horreur de cette lutte, nous en citerons ici un ou deux.

Vers la fin de l'automne de 1641, une bande d'Algonquins partit des Trois-Rivières pour faire la chasse annuelle, et dans la crainte des Iroquois, fit route par le nord et les profondeurs des forêts qui bordent l'Ottawa ; là ils se crurent saufs, construisirent leurs huttes, et se mirent à chasser le daim et le castor. Mais la singulière et persistante férocité de leurs ennemis, les fit pénétrer jusque dans ces solitudes ; ils y virent les traces des raquettes à neige, suivirent cet indice de présence humaine, et se cachèrent à la tombée de la nuit parmi les rochers et les taillis entourant le campement.

A minuit, leurs victimes endormies s'éveillèrent sous les coups de leurs massues et au bruit de hurlements furieux ; quelques minutes suffirent pour les faire tomber au pouvoir de ces démons ; ils attachèrent les prisonniers, allumèrent les feux, firent bouillir les marmites, coupèrent les corps de ceux qui venaient d'être tués, et les dévorèrent sous les yeux des malheureux survivants.

Vimont nous dit « qu'en un mot, ils mangèrent des êtres humains avec plus d'appétit et de plaisir, que des chasseurs ne mangent un sanglier ou un cerf. »

Pendant ce révoltant repas, ils insultaient les prisonniers : « Oncle, disait l'un d'eux à un vieil

Algonquin, tu es un homme mort ; tu vas au pays des âmes ; conseille-leur de se réjouir ; ils vont avoir bientôt nombreuse compagnie, car nous allons envoyer tout le reste de ta nation les rejoindre. »

Le vieillard, encore plus rusé que ses vainqueurs, trouva moyen de s'échapper, et apporta les nouvelles du désastre aux Français. Au printemps suivant, deux femmes purent aussi s'enfuir, et gagnèrent les Trois-Rivières réduites après d'indicibles souffrances, à l'extrémité de l'épuisement moral et physique. L'une d'elles raconta sa triste histoire au P. Buteux, qui la traduisit en français, et la donna à Vimont pour sa relation de 1642. Quelques révoltants que soient ces récits, ils sont corroborés par tous les témoignages contemporains.

Les conquérants firent bombance jusqu'au lever du jour ; puis se mirent en marche avec les prisonniers ; parmi ceux-ci se trouvaient trois femmes, (dont la narratrice ci-dessus nommée,) ayant chacune un enfant au maillot. A la première halte, les ennemis leur enlevèrent ces petites créatures, les attachèrent à des pieux de bois et les laissèrent mourir lentement sous leurs yeux, devant le feu, puis les dévorèrent malgré les cris suppliants des mères infortunées, s'efforçant, mais en vain, de briser les cordes qui les empêchaient de secourir leurs enfants ou de périr avec eux. Leur désespoir n'excitait que de montrueuses railleries ; aussi, la pauvre femme disait-elle au jésuite compatissant devant le récit de ses douleurs : « Ce ne sont pas des hommes, ce sont des loups dévorants ! » A la chute de la Chaudière, une autre des prisonnières mit fin à son agonie en sautant dans la cataracte. Aux approches de la première ville iroquoise, une foule des habitants, dont beaucoup de femmes, vint au devant d'eux, apportant des vivres aux guerriers triomphants. On fit halte, et la nuit se passa en chants de victoire, mêlés aux plaintes des victimes qu'on forçait de danser pour les amuser.

On entra au matin dans la ville, avec les Algonquins enchaînés ; et suivis d'une troupe d'hommes, de femmes et d'enfants criant à pleins poumons. La hutte principale les reçut, et dès l'entrée, les infortunés purent connaître leur sort à la vue des feux allumés sur le sol, et devant la féroce ardeur des sauvages, véritables démons attendant leur proie. Les tortures destinées à faire souffrir le plus possible sans ôter pourtant la vie, s'ensuivirent aussitôt ; on les battit, on les mutila, on les brûla avec des torches, et la narration de la prisonnière que nous citerons de nouveau, porte que : « Cette pauvre créature eut les deux pouces coupés ou plutôt hâchés. Quand ils me les eurent coupés, dit-elle, ils voulurent me les faire manger ; mais je les mis sur mon giron, et leur dis qu'ils me tuassent s'ils voulaient, que je ne leur pouvais obéir. » Les femmes dépouillées toutes nues, furent forcées de danser au son du chant de leurs compagnons de misères, et des rires de l'assistance. Alors on leur donna de la nourriture destinée à soutenir les souffrances du lendemain.

Dès l'aurore on les plaça sur un tréteau de bois, en face de toute la population ; jeunes et vieux montèrent sur la plate-forme pour les brûler, tandis que les enfants attisaient du feu sous les pieds des prisonniers ; on commanda aux femmes Algonquines de brûler leurs maris et compagnons ; et l'une d'elles malade et affaiblie leur obéit dans le fol espoir d'appaiser la rage de ces bêtes féroces. Le stoïcisme d'un des guerriers défia ses bourreaux et les exaspéra. « Crie donc, » hurlaient-ils, en lançant leurs brandons contre son corps sans défense.

— « Regardez-moi, leur répondait-il, vous ne pourrez me faire broncher, et si vous étiez à ma place, vous crieriez comme des marmots. » Leur rage redoublant ils le hachèrent avec leurs couteaux, il les brava alors même qu'il n'avait plus apparence humaine, et lorsque la mort vint le délivrer, ils lui arrachèrent le cœur et le dévorèrent, ainsi que le reste de ses membres [1].

On mit de même à mort tous les hommes et les vieilles femmes du groupe des prisonniers, mais peu d'entre eux déployèrent une aussi rare énergie. Les jeunes femmes, au nombre d'une trentaine, après avoir souffert mille tortures, eurent la permission de vivre, et toutes défigurées, furent réparties dans plusieurs villages, comme esclaves des guerriers iroquois. De ce nombre étaient la narratrice et sa compagne, qui, recevant l'ordre d'accompagner une troupe qui partait, s'échappèrent la nuit dans la forêt, et parvinrent aux Trois-Rivières, comme nous l'avons déjà vu.

Pendant que les Indiens alliés des Français, périssaient ainsi décimés, ces derniers et les Jésuites voyageurs surtout, souffraient leur large part des calamités. Le printemps parut surtout devoir amener la fin de la misérable colonie ; la terreur, l'appréhension ne furent pas longues, car dès la fonte

---

1. Les pratiques diaboliques n'étaient pas particulières aux Iroquois, Les Neutrals et bien d'autres tribus avaient les mêmes instincts de cruauté. M. Gallatin remarque, et avec raison, que les Indiens à l'ouest du Mississipi sont moins féroces que ceux de l'Est. Brûler les prisonniers est chose rare parmi les tribus de la prairie, mais n'y est pas une coutume inconnue. Je demeurai pendant plusieurs semaines dans la hutte d'un chef Ogillaah, en 1846, et il me décrivit avec la plus expressive pantomime, comment il avait pris et brûlé un guerrier de la tribu des Serpents, dans une vallée des montagnes de Médecine Bow, près de laquelle nous étions alors campés.

des glaces, implacables comme le destin, arrivèrent les Iroquois. Aussitôt qu'un canot put flotter, on les trouva en campagne, et le cri du gibier d'eau reparut mêlé aux hurlements de ces tigres à face humaine.

C'est bien à juste titre que le P. Vimont pouvait appeler ces Iroquois, « le fléau de l'église naissante ! » Ils brûlaient, massacraient et dévoraient les néophytes ; exterminant des villages entiers d'un coup, détruisant avec eux les nations que les Pères commençaient à convertir et ruinant le plus sûr allié des missions, le commerce des fourrures. Aucun cauchemar, fruit d'un cerveau enfiévré, ne pouvait égaler l'horreur des périls sans nombre que ces cannibales, semaient sous chaque pas des prêtres intrépides.

Vers le printemps de 1644, Joseph Bressani, jésuite Italien, né à Rome, et missionnaire depuis deux ans au Canada, reçut l'ordre d'aller chez les Hurons. La saison était si peu avancée qu'on pouvait espérer le voir passer en sureté ; les Pères de cette mission n'ayant reçu aucun secours depuis trois ans, Bressani fut chargé de lettres pour eux, et de ceux des objets de première nécessité qu'il pouvait leur porter. On lui adjoignit un jeune garçon français comme serviteur et six jeunes Hurons convertis. Ils étaient tous dans trois canots, et avant leur départ, se confessèrent et se préparèrent à la mort.

Ils quittèrent les Trois-Rivières le 27 d'avril et trouvèrent encore les glaçons dans la rivière, et la neige émaillant la forêt. Dès le premier jour, l'un des canots chavira, noyant presque Bressani qui ne savait pas nager ; peu après, une tourmente de neige s'éleva, retardant leur marche ; pour aggraver leurs maux, les jeunes Indiens tirèrent inconsidérément sur le gibier d'eau, et le son retentit aux oreilles d'un des dix partis de guerre Iroquois qui étaient déjà en route pour le Saint-Laurent, l'Ottawa, et les villes huronnes.

Il s'en suivit, qu'à l'embouchure d'un affluent du Saint-Laurent, vingt-sept Iroquois débuchèrent soudainement de derrière un rocher, et attaquèrent les canots ; l'un des Hurons fut tué, et tout l'ensemble de l'expédition capturé sans résistance possible.

Le 15 juillet suivant, Bressani écrivait de chez les Iroquois au général des Jésuites à Rome : « Je ne sais si votre Paternité reconnaîtra ici l'écriture de quelqu'un que vous connûtes si bien. Ma lettre est mal écrite et toute tâchée, parce que son auteur n'a plus qu'un doigt de sa main droite entier et ne peut empêcher le sang de ses nombreuses blessures encore ouvertes de couler sur son papier. Quant à mon encre, c'est de la poudre de chasse détrempée d'eau, et la terre sert de table [1].

Puis vient une modeste narration de ce qu'il a enduré des mains de ses vainqueurs. Ces derniers remercièrent d'abord le soleil de leur victoire, puis ne manquèrent à piller les canots, à découper, à rôtir et à dévorer le Huron qui venait d'être tué. Le lendemain on remonta la Rivière Richelieu jusqu'aux Rapides de Chambly, d'où l'on continua la marche à pied à travers les roches, les broussailles et les marais de la forêt inexplorée.

Lorsqu'on atteignit le lac Champlain, on constrt-

---

[1]. Cette lettre est imprimée sous l'anonyme dans la seconde partie Ch. 11, de la *Relation abrégée de Bressani*. La comparaison avec le récit de Vimont, dans sa relation de 1644, rend son authenticité incontestable ; car elles s'accordent en tout point essentiel. Son informant était, dit-il « une personne digne de foi, qui a été témoin oculaire de tout ce qu'il a souffert pendant sa captivité. » Vimont, *Relation*, 1644, 43.

sit de nouveaux canots, et l'on se réembarqua ; six jours après, l'on abordait à l'extrémité sud, et on se dirigeait vers le haut Hudson. Là, on rencontra un campement de pêche de quatre cents Iroquois et dès lors commencèrent les tourments affreux de Bressani. Ses persécuteurs lui fendirent la main entre le quatrième et le cinquième doigt : puis il fut battu à coup de bâtons, jusqu'à être couvert de sang, et on le replaça sur une des plates-formes destinées à ces cruelles exhibitions. Là, on le dépouilla de tout vêtement, et on le força, grelottant et glacé, à chanter. Deux heures après, il fut livré à la risée des enfants, qui le firent danser, pendant qu'ils lui arrachaient les cheveux et la barbe en le piquant de bâtons aiguisés. Les cris, les injures, les mauvais traitements semblables à ceux que nous avons décrits précédemment, se succédèrent toutes les nuits pendant une semaine ; chaque soir un chef parcourait le campement en criant : « Allons, enfants, venez caresser nos prisonniers.

La gent sauvage se précipitait alors vers la hutte où gisaient les captifs ; ils enlevaient les fragments de soutane déchirée, qui, seuls recouvraient le missionnaire, ils le brûlaient avec des pierres rougies et des charbons ardents, le forçaient à marcher sur des cendres brûlantes, rôtissant tantôt un ongle, et tantôt une phalange, réservant leurs plaisirs pour en retrouver le lendemain ; ces infamies se prolongeaient jusque vers deux heures du matin, après quoi on laissait le malheureux par terre fortement attaché à quatre poteaux ayant à peine un morceau de peau de daim pour se couvrir [1]. Les autres prison-

---

[1] Après avoir relaté toutes ces diverses tortures, Bressani parle de tortures encore plus atroces, d'une nature semblable à celles que

niers avaient bien leur tour de torture, mais la part la plus dure revenait à Bressani comme au personnage principal, ainsi qu'au pauvre gamin que ses douze à treize ans ne préservèrent pas d'être martyrisé sous ses yeux.

On quitta enfin ce funeste campement; et après une marche de plusieurs jours. pendant laquelle Bressani, faillit être noyé, en tombant d'épuisement dans un torrent, on gagna une des villes iroquoises. Ici, les tortures recommencèrent et plus révoltantes encore. On le pendit par les pieds, la nourriture de leurs chiens fut placée sur son corps, afin qu'ils le lacérassent en la dévorant ; enfin on le réduisit à un tel état qu'il faisait horreur même à ses bourreaux. « Je n'eusse jamais cru, écrit-il à son supérieur, qu'un homme fut si dur à tuer !... » Par un raffinement de cruauté, on lui donnait à manger, puisque ses mains n'eussent pu lui rendre cet office, car comme on le lui disait plaisamment, on désirait l'engraisser un peu avant de le tuer.

Le conseil, devant décider de son sort, était convoqué pour le 19 juin, lorsqu'à la surprise du prisonnier, et même à la leur, on résolut d'épargner sa vie. On le donna en grande cérémonie à une vieille femme pour remplacer un parent défunt, mais on l'avait réduit à un état si repoussant et si inutile que selon la coutume indienne, la femme l'envoya avec son fils au fort Orange, pour être vendu aux Hollandais. Ceux-ci montrèrent la même humanité qu'ils avaient déjà témoignée à Jogues ; ils don-

---

contient la relation anonyme de 1660. « Je ferais rougir ce papier, et les oreilles frémiraient si je rapportais les horribles traitements que les Agniéronnons, (nation Mohawk des Iroquois) ont faits sur quelques captifs ; les siècles passés n'ont rien entendu de semblable... *Relation*, 1660, 7, 8.

nèrent une généreuse rançon pour sa délivrance, lui fournirent des vêtements, le remirent sur pied, puis l'embarquèrent pour La Rochelle, où il arriva le 15 novembre ; dès le printemps suivant, inutile et défiguré, mais la santé rétablie, il repartait pour braver les couteaux et les tortures des Iroquois [1].

Pour être juste, même envers les Iroquois, il est essentiel d'observer, que tout féroces qu'ils étaient, les instincts d'humanité ne leur étaient pas aussi étrangers qu'on eût pu le croire à première vue, et qu'une sévérité inexorable envers leurs ennemis faisait partie dans leurs conceptions sauvages, de tout caractère guerrier ; la pitié, comme dans l'antiquité, était traitée de faiblesse contre laquelle réagissait leur orgueil ; ceci, joint à leur besoin d'applaudissements et à une crainte égale du ridicule, leur faisait refouler tout sentiment de commisération et produisait avec leur férocité native, un ensemble de cruauté sans égal.

Les périls encourus par les courageux missionnaires se compliquaient de ceux dûs aux rigueurs d'un climat cruellement âpre. Le 13 de janvier 1646 le père Anne de Noüe partit des Trois-Rivières pour aller au fort bâti par les Français à l'embouchure du Richelieu, où il devait dire la messe et entendre les confessions; il était alors âgé de soixante-trois ans, et

---

1. Dès son retour au Canada, il fut envoyé chez les Hurons ; mais plus heureux que lors de sa première tentative, il y arriva sans encombre dans l'automne de 1645. V. Ragueneau, *Relation des Hurons* 1646, 73.

Pendant qu'il était prisonnier, il ne fit pas de conversions, sauf celle de baptiser un catéchumène iroquois au bûcher, malgré la fureur des Iroquois environnants. En outre de ses lettres, il a laissé des notes intéressantes, sur sa captivité, conservées dans la *Relation abrégée*.

vivait depuis 1625 au Canada[1]. Comme sa mémoire ne lui permettait pas de saisir les dialectes indiens, il se dévouait à la direction spirituelle des Français, et des Indiens autour des forts, avec l'aide d'un interprète. Il s'occupait aussi des malades, et suppléait au manque de subsistance, en pêchant dans les rivières ou en déterrant des racines comestibles ; bien qu'issu d'une noble famille de Champagne, il ne se refusait à aucun labeur, quelque humble qu'il fût, y attachant l'idée du devoir et de l'obéissance ; il attachait un prix tout particulier à la vertu cardinale si prisée chez les Jésuites, celle de l'obéissance. Lalemant et Bressani rapportent qu'âgé de plus de soixante ans, ils le virent souvent en larmes, à la pensée qu'il n'avait pas bien rempli les ordres de son supérieur.

Le bon vieux missionnaire avait pour compagnons, deux soldats et un Indien huron.

Tous partaient sur les raquettes à neige, et les soldats traînaient les bagages sur de petits traineaux. Leur route suivait la surface du Saint-Laurent transformée en grand chemin glacé, et enfoui comme toute la contrée sous une couche de deux à trois pieds de neige, qui de toutes parts étincelait sous un clair soleil d'hiver. Ils firent dix-huit milles avant la nuit, et les raquettes à neige rendirent la marche très fatigante aux soldats qui n'y étaient pas habitués. On campa dans la forêt, sur la rive de la grande ouverture du Saint-Laurent nommée le lac Saint-Pierre ; là, on creusa dans la neige, s'en faisant un rempart contre le vent ; le feu fut allumé sur la terre gelée, puis on s'étendit pour dormir. Vers deux

---

1. V. *les Pionniers français*, p. 369.

heures du matin, de Noüe s'éveilla ; la lune brillait comme de l'argent sur la vaste étendue glacée du lac, bordée de sapins s'inclinant sous le poids de la neige ; la pensée vint à l'âme charitable du bon Père, qu'il pourrait rendre service à ses compagnons, en allant en avant, lui qui connaissait bien le chemin, et en envoyant du fort Richelieu, des hommes pour les aider à tirer les traîneaux. Il dit à ses compagnons de bien suivre les traces de ses raquettes à neige, et persuadé d'arriver au fort avant le soir, il n'emporta ni couverture, ni briquet ; quant aux provisions, un morceau de pain et quelques pruneaux lui semblèrent suffisants ; son rosaire dit, il se mit en marche.

Mais à l'aube, le temps changea. se couvrit, voilant la lune, et préludant à un ouragan de neige. Le pauvre pèlerin se trouva dans l'obscurité complète ; il perdit le secours de sa boussole, s'égara, et lorsque le jour parut, ne put distinguer que la plaine de neige sous ses pieds, avec des milliers de flocons l'entourant d'un rideau impénétrable. Il poursuivit courageusement, tournant en tout sens, et revenant inconsciemment sur ses propres pas. La nuit venue, de Noüe creusa un trou dans la neige sur les bords d'un îlot et s'y coucha, sans feu, sans aliments, et dépourvu même d'une couverture.

Pendant ce temps, les deux soldats et l'Indien, ne pouvant distinguer les empreintes cachées par la neige, continuaient leur route vers le Fort ; mais l'Indien ne connaissait pas le pays, et les Français encore moins. Ils s'écartèrent de leur direction, et durent camper le soir sur les rives de l'île Saint-Ignace, assez près, sans s'en douter, du pauvre prêtre. Là, l'Indien les quitta, et partit seul, en

12.

quête de leur destination qu'il atteignit bientôt; le petit fort était à demi enseveli dans la neige ; sous ce misérable abri dans cette plaine désolée, une poignée d'hommes devaient être sur l'alerte, et tenir tête aux Iroquois. Assis auprès d'un feu bien flambant, l'Indien s'enquit de De Noüe et fut surpris d'apprendre que les soldats ne l'avaient pas vu. On appela le capitaine du poste, l'anxiété gagna chacun, mais la nuit paralysait toute recherche.

Dès les premiers rayons du jour, on se mit en quête, et l'on tarda peu à rencontrer les deux soldats retardataires, mais on chercha en vain le missionnaire ; tout le long du jour on parcourut les espaces glacés, criant, appelant et tirant des coups de fusil en guise de signaux ; tout fut tenté inutilement et l'on dut rentrer le cœur navré.

Un Indien converti nommé Charles, se trouvait au fort avec trois autres y passant l'hiver ; le lendemain 2 février, lui et un de ses compagnons, aidé du soldat Baron, se remirent en recherche ; guidés par les légères dépressions dans la neige qui recouvraient des empreintes, l'œil exercé des sauvages suivit le dédale de ce cruel parcours, retrouva son misérable campement sur le bord de l'îlot; puis, guidés par ces mêmes traces, ils revinrent dépasser le fort. Le malheureux avait passé auprès des murailles sans les voir; la faiblesse ayant sans doute obscurci sa vue, il s'était arrêté sur une pointe à une lieue plus loin, puis avait poursuivi à trois lieues plus avant ; c'est là qu'on le trouva.

Il avait creusé un trou circulaire dans la neige, et s'y était agenouillé ; sa tête était nue ; ses yeux ouverts et levés vers le ciel, et ses bras croisés sur la poitrine, tout indiquait la pensée d'une dernière invocation à Dieu ; son chapeau et ses raquettes gisaient près de lui ; le corps, légèrement incliné en avant avait pris la rigidité du marbre.

C'est ainsi que devait périr dans l'exercice d'un acte de charité chrétienne le premier martyr de la mission canadienne [1]

1. Lalemant. *Relation*. 1644, 9. — Marie de l'Incarnation, lettre, 10 septembre 1646. — Bressani, *Relation abrégée*, 175. L'un des Indiens qui trouva le corps de De Noüe, fut tué par les Iroquois, à Ossossané, dans la contrée des Hurons, trois ans plus tard. Il reçut le coup de la mort dans la même position où il avait rencontré le missionnaire, et l'on trouva son corps avec les bras croisés sur sa poitrine (Lettre de Chaumonot à Lallemant, 1er juin 1649). La première mort qui suivit celle de De Noue chez les Jésuites, fut celle de Masse, qui mourut à Sillery, le 12 mai 1646, à 72 ans. Il était venu en Acadie avec Biard. en 1611.

CHAPITRE XVII

LA PAIX.

(1644-1645)

La Paix. — Prisonniers iroquois. — Piskaret. — Ses exploits. — Ambassade iroquoise. — Un Orateur. — Le grand conseil. — Harangues de Hiotsaton. — Réunion des sauvages. — La paix est confirmée.

La fraîcheur d'une belle matinée d'été, où le soleil encore voilé projetait ses rayons sur la rivière et le ciel déjà empourprés, souriait aux habitants du fort des Trois-Rivières, lorsque leur réveil fut hâté par l'éclat et le tumulte des voix humaines.

Prêtres, soldats, trafiquants, mêlés aux guerriers et à leurs squaws occupant les campements algonquins et hurons de la forêt, coururent au rivage; les sons devenaient plus vibrants, des chants de triomphe éclataient et bientôt on aperçut douze à quinze canots, descendant le courant du Saint-Laurent, et montés par quatre-vingts jeunes Indiens, tous chantant des hymnes de guerre et frappant en cadence de leurs rames le bord des canots, comme accompagnement de leurs voix ; au milieu des Indiens se dressaient trois prisonniers iroquois, chantant à pleine voix, en défiant la torture et la mort.

Quelques jours auparavant, ces jeunes guerriers Algonquins et Hurons réunis avaient suivi le sentier

MONTMAGNY ET LES PRISONNIERS.

de guerre allant au fort Richelieu, et s'y étaient trouvés aux prises avec des bandes iroquoises.

Ils se retiraient dans la nuit, après un combat livré à un canot iroquois, lorsqu'aux approches du fort Richelieu, ils découvrirent dix de leurs ennemis en embuscade derrière les broussailles et des arbres renversés dans le but de fondre sur les soldats qui viendraient visiter leurs filets de pêche tendus dans la rivière voisine. Trois Iroquois furent pris et emmenés en triomphe.

Les vainqueurs débarquèrent au milieu de transports d'allégresse ; on offrit deux des prisonniers aux Hurons, et le troisième aux Algonquins qui l'emmenèrent à leurs huttes, voisines du fort, et se mirent en devoir de le « caresser » comme de coutume, en brûlant ses pieds, et en coupant ses doigts. Le commandant Champfleur les morigéna vigoureusement et obtint enfin qu'ils laisseraient leur prisonnier en repos, jusqu'à l'arrivée promise du gouverneur, M. de Montmagny ; celui-ci vint en toute hâte, mû par un sentiment d'humanité, mais avec l'espoir aussi que les captifs pourraient s'entremettre pour conclure une trêve avec leurs concitoyens.

On tint un conseil au fort des Trois-Rivières, Montmagny offrit des présents de prix aux Algonquins et aux Hurons, afin de les décider à remettre les prisonniers entre ses mains. Les Algonquins y consentirent, et le malheureux Iroquois, mutilé, abîmé, brulé, fut livré aux Français qui le soignèrent comme un frère. Mais l'éloquence et les dons de Montmagny échouèrent devant l'obstination hurone et ils partirent pour leur contrée emmenant leurs deux captifs, promettant néanmoins de ne pas les brûler, mais de les utiliser aux négociations de la paix.

Montmagny dut se contenter de cette trop précaire assurance [1].

L'on vit ainsi que la fortune des armes ne souriait pas invariablement même aux Iroquois ; les Indiens ajoutaient foi à la tradition qui voulait que moins d'un siècle auparavant, les Mohawks, la plus féroce et la plus arrogante de leurs nations, eussent été presque détruits par celle des Algonquins aujourd'hui si déchue. L'infériorité de ce peuple tenait surtout à l'absence de cette organisation compacte faisant la force des Iroquois, mais ils n'avaient pas perdu leur ancien esprit guerrier, et ils possédaient un champion dont l'audacieuse confédération elle-même redoutait la valeur. Piskaret était le nom du guerrier en question, et il vivait dans la grande île, sur l'Ottawa, dont Le Borgne était le chef. Il venait de se faire chrétien, dans l'espoir de se rendre les Français favorables, espoir toujours ambitionné par les rusés Indiens, convoitant également le fusil et la poudrière qui formaient le « desideratum » terrestre de tout converti. La tradition rapporte les histoires les plus merveilleuses sur ses exploits. Une fois, raconte-t-on, il entra à la nuit noire, dans une des villes iroquoises. Il commença par chercher un lieu pour se cacher, et le découvrit bientôt au milieu d'une forte pile de bois, dont les Iroquois et

---

1. Vimont, Relation, 1644-45-49. Relation Anonyme, 1660. Perrot voir 9, 12 et 79 et aussi La Potherie, voir vol. 1, 288-295, rapportent des traditions de l'ancienne supériorité des Algonquins sur les Iroquois, qui demeuraient primitivement près de Montréal et des Trois-Rivières, d'où les Algonquins les expulsèrent. Ils se retirèrent d'abord dans le voisinage du lac Érié, puis au lac Ontario, leur résidence historique. Il y a fort à présumer que les Indiens trouvés par Cartier à Montréal en 1535, étaient Iroquois, (Voir les *Pionniers français*), et il est hors de doute qu'ils appartenaient à la même famille de tribus.

les Hurons faisaient de grands approvisionnements dans les villages aux approches de l'hiver. Pendant la nuit, il se glissa dans une hutte, et en trouvant les occupants endormis, les tua tous avec sa massue, prit leurs scalps, et se retira ensuite dans la retraite qu'il s'était préparée. Au matin, le massacre se découvrit, suscitant des cris de rage des habitants stupéfaits. Ils fouillèrent les monts et les bois en quête de l'assassin, qui demeura caché tout le jour dans sa pyramide de bois, d'où il ressortit à minuit, renouvelant son exploit de la nuit précédente. Dans la soirée, les familles placèrent des sentinelles, et Piskaret en s'avançant furtivement, put voir à travers les interstices des parois d'écorce, que chaque hutte était soigneusement gardée ; il aperçut enfin une sentinelle qui s'était endormie près de l'entrée de l'une des cabanes, tandis que son compagnon semblait alerte et vigilant. Piskaret alors, poussant la porte, frappa mortellement le dormeur, jeta son cri de guerre, puis s'enfuit, rapide comme le vent. Tout le village mis sur pied donna la chasse à l'audacieux guerrier. Mais Piskaret était le coureur le plus renommé de son temps et les eut bientôt distancés tout en se découvrant par moment afin de les animer davantage, puis lançant quelques cris de défi sauvage, il reprenait l'avance. La nuit venue, tous avaient abandonné la poursuite à l'exception de six d'entre eux, et ceux-ci même épuisés de fatigue, commençaient à faiblir. Piskaret voyant un arbre creux, s'y glissa comme un ours, et s'y dissimula si bien que les Iroquois, ayant perdu sa trace, se couchèrent tout auprès pour dormir. Au plus profond de leur sommeil, l'Indien s'en approcha avec la souplesse féline de sa race, les tua lestement, puis augmentant ainsi son fardeau de scalps, reprit le chemin de son pays où il fut reçu avec acclamations[1].

Ce n'est là qu'une des innombrables histoires que la tradition conserve de ses hauts faits, et tout en laissant une part à l'imagination, on peut personnifier dans cet Algonquin hardi et rusé, le modèle du guerrier Indien ; on en jugera par l'anecdote suivante, fondée sur des bases plus certaines.

Au commencement du printemps de 1646, Piskaret partit en guerre avec six Indiens sincèrement convertis, qui, après avoir tiré leurs canots le long du Saint-Laurent glacé les lancèrent dans le courant ouvert de la Rivière-Richelieu.

Ils remontèrent le lac Champlain et se cachèrent dans les bois dépouillés d'une grande île, attendant patiemment leur proie humaine. Un jour ils entendirent une détonation lointaine... « Allons, mes amis, dit Piskaret, tâchons de dîner ; peut-être ce repas sera-t-il le dernier, car il faut mourir plutôt que de fuir. » Ayant ainsi rempli ce devoir matériel, les philosophes guerriers se préparèrent à l'action ; l'un d'eux alla en reconnaissance, et rapporta bientôt que deux canots remplis d'Iroquois approchaient de l'Ile. Piskaret et ses compagnons se cachèrent derrière les buissons de la pointe vers laquelle se dirigeaient les canots, puis à l'approche du premier, chacun choisit son but, et tira avec une telle justesse, que sur sept guerriers un seul échappa à la mort. Le survivant sauta hors du canot, et nagea vers l'autre, où on le recueillit ; huit Iroquois le montaient, qui, loin de fuir le combat, firent force de rames, afin de débarquer et de venger la mort de leurs camarades. Mais les Algonquins, s'élançant à

---

1. L'histoire est relatée par La Potherie, 1, 299, et plus brièvement par Perrot 107.

travers les bois, gagnèrent le lieu d'abordage avant eux, et tuèrent le premier qui se dressa dans le canot, faisant ainsi chavirer l'esquif. On avait pied, les Iroquois submergés s'avancèrent vers la rive se défendant en désespérés ; mais les Algonquins avaient l'avantage de la position et s'en servirent si bien qu'ils tuèrent et firent prisonniers tous leurs adversaires, scalpèrent les corps et partirent triomphants.

Un heureux résultat de l'influence des Jésuites, fut que ces sauvages traitèrent leurs prisonniers avec une douceur, jusqu'alors sans précédents. L'un d'eux provocant et arrogant reçut quelques coups pour le faire taire, mais ils ne subirent aucun mauvais traitement [1].

Les Indiens aux approches de Sillery, près de Québec, entonnèrent leur chant de triomphe, en marquant la mesure avec leurs rames, pendant qu'onze scalps se balançaient au gré du vent à l'extrémité de onze perches. Le Père jésuite entouré de son troupeau les attendait sur la rive ; les Indiens tiraient des coups de fusil en jetant des cris de jubilation, et le chef de Sillery, converti du nom de Jean-Baptiste, fit un discours ; Piskaret y répondit, debout dans son canot, et pour couronner la solennité, une compagnie de soldats, venue en hâte de Québec, saluèrent par une décharge de mousqueterie qui ravit les Indiens. Quelle ne fut pas la surprise des prisonniers de n'être l'objet d'aucune des tortures accoutumées ! Néanmoins onze scalps flottaient comme de petits drapeaux au-dessus des portes des huttes et tout Sillery était en festins et en réjouissances. Une vieille femme adressa

---

1. Marie de l'Incarnation affirme que Piskaret était d'avis de torturer les captifs, mais qu'un converti nommé Bernard, s'y opposa formellement.

au Père jésuite un appel presque touchant dans sa cruelle naïveté. « O mon Père ! laissez-moi caresser un peu ces prisonniers ! ils ont tué, brûlé et mangé mon père, mon mari et mes enfants ! » Mais le prêtre fut inflexible, et lui répondit par une admonestation sur la vertu du pardon des offenses

Le lendemain, Montmagny se rendit à Sillery, et un grand conseil fut tenu dans la maison des jésuites. Piskaret, après une harangue solennelle, remit ses captifs au gouverneur, qui y répondit par un compliment et un cadeau important. Les deux Iroquois assistaient à tout ceci, avec une impassibilité extérieure absolue, mais en proie à une mortelle anxiété ; lorsqu'enfin ils comprirent que leurs vies étaient sauves, l'un d'eux de belle et grande taille, se leva et s'adressa dans ces termes à Montmagny [1] :

« Onontio : je suis sauvé du feu ; mon corps est délivré de la mort, Onontio, tu m'as donné la vie, je t'en rends grâce, je ne l'oublierai jamais. Toute ma contrée t'en témoignera sa reconnaissance. La terre sera radieuse, les rivières calmes et unies ; la paix et l'amitié règneront entre nous ; le brouillard s'est dissipé de devant mes yeux, l'ombre de mes ancêtres massacrés par les Algonquins s'est évanouie devant tes bienfaits ; Onontio, tu es bon : nous sommes

---

1. *Onontio, grande montagne*; interprétation du nom de Montmagny. Ce fut le nom donné depuis, par les Iroquois à tous les gouverneurs du Canada. Dans les papiers de la famille de Rigaud de Vaudreuil, qui eut trois de ses membres gouverneurs du Canada, et d'autres commandants à Montréal et aux Trois-Rivières, on trouve de nombreuses harangues de ces peuples, désignées sous le nom de *Colliers*, et s'adressant à M. de Vaudreuil sous le nom d'Onontio et de Père.

C'est ainsi que le nom d'Onas, ou Père de la Plume, devint le nom officiel de William Penn, puis de tous les gouverneurs se succédant en en Pensylvanie. Nous avons vu d'ailleurs, que les chefs iroquois héréditaires, portaient des noms officiels, qui sont restés les mêmes encore aujourd'hui.

mauvais. Mais notre colère est apaisée ; je n'ai plus l'âme disposée qu'aux réjouissances et à la concorde. »

En parlant ainsi, il avait commencé à danser, tenant les mains levées, comme s'il invoquait les cieux. Soudainement, il saisit une hache, la brandit un instant comme un possédé, puis la lança dans le feu en disant : « C'est ainsi que je foule aux pieds ma colère! j'abjure les instruments du meurtre et du sang! Adieu guerre! je suis votre ami pour jamais! » Vimont nous dit dans sa relation « que si ces peuples étaient des barbares comme actions, leurs sentimens avaient souvent la grandeur héroïque des Grecs et des Romains. » On permit aux prisonniers de se promener autour du campement, le point d'honneur indien excluant la pensée pour eux de s'échapper ; puis Montmagny les envoya aux Trois-Rivières rejoindre l'Iroquois fait prisonnier pendant l'été précédent, et qu'on y gardait. Le commandant Champfleur reçut l'ordre de le vêtir, de l'équiper et de le renvoyer avec un message portant qu'Onontio lui avait fait grâce de la vie ; que celui-ci conservait deux prisonniers entre ses mains, qu'il rendrait également si leur nation saisissait cette occasion de faire la paix avec les Français et leurs alliés indiens.

Ceci se passait à la fin de mai ; le 5 juillet suivant, l'Iroquois reparut aux Trois-Rivières, amenant avec lui deux hommes, choisis comme ambassadeurs, parmi les plus élevés en titre de la nation Mohawk; un quatrième individu s'était joint à eux, et à son approche, les Français reconnurent avec joie Guillaume Couture, le jeune homme fait prisonnier trois ans avant avec le Père Jogues, et qu'on croyait bien mort. Il avait pris toute l'apparence extérieure d'un Iroquois; son influence était considérable sur ses vainqueurs et l'ambassade pacifique était due à ses efforts [1].

Kiotsaton, le chef des Iroquois, de haute stature, couvert de la tête aux pieds de ceintures de wampum se tenait debout à l'avant du bateau à voile qui les avait amenés, lui et ses compagnons, et d'une voix élevée, il s'annonça comme l'envoyé accrédité de sa nation. Le bateau fit partir une fusée, le fort répliqua par un coup de canon, puis les envoyés débarquèrent solennellement.

Kiotsaton et son collègue furent conduits dans la chambre du commandant, où, assis par terre, on les régala somptueusement, et on les munit de pipes et de tabac. Jamais ils n'avaient rien vu d'aussi civilisé, et ils se montrèrent ravis de l'accueil. « Nous sommes aises de vous voir, » disait Champfleur à Kiotsaton, « vous pouvez vous considérer en toute sûreté ici; agissez comme si vous étiez chez vous, et dans votre propre maison ».

« Dites à votre chef qu'il ment », répondit l'hôte choyé à l'interprète.

Champfleur, bien qu'il sût que c'était là une forme indienne pour exprimer un désaccord, ne put dissimuler quelque surprise ; alors Kiotsaton, après avoir fumé encore pendant un moment continua ainsi :

« Votre chef m'assure que je suis dans mon propre pays ; ceci n'est pas vrai, car je n'y serais ni si gâté ni si honoré. Il dit aussi que je me regarde comme dans ma maison, mais dans ma maison, je suis souvent très mal servi, et ici vous me faites fête de toute façon. » A la suite de cette réplique et de beaucoup d'autres pleines de sens, les Français, nous dit Vimont, virent qu'ils avaient affaire à un homme d'esprit.

1. Marie de l'Incarnation, lettre, 14 septembre 1634.

Ce sauvage appartenait sans doute à cette classe d'orateurs de profession, qui, bien que ne réclamant que rarement les honneurs de la suprématie héréditaire, prenaient une grande influence sur les Iroquois ; ceux-ci les employaient dans toutes les négociations et ambassades. Leur mémoire était merveilleusement exercée ; passés maîtres dans les métaphores convenues formant la rhétorique et la langue diplomatique chez les Indiens, ils connaissaient toutes les traditions de leurs nations, et excellaient dans ces usages parlementaires, considérés par les Indiens presqu'à l'égal d'un rite sacré.

Les ambassadeurs furent fêtés pendant près d'une semaine, non-seulement par les Français, mais aussi par les Hurons et les Algonquins, puis s'ouvrit le grand conseil de la paix. Montmagny et les notables de Québec s'y rendirent par une belle matinée d'été, le soleil dardait ses rayons sur le terrain desséché du fort, où des tentes protégeaient l'assemblée contre ses rayons. D'un côté s'assirent Montmagny, ses officiers et ceux qui l'avaient accompagné ; puis de l'autre, Vimont, le supérieur de la mission et d'autres Jésuites parmi lesquels se voyait Jogues.

Juste devant eux se tenaient les Indiens assis sur des morceaux d'écorce de sapin ; ils avaient insisté pour être le plus près possible des Français, en signe du grand amour qu'ils éprouvaient *depuis peu* pour eux ! Du côté opposé de l'arène, se tenaient les Algonquins, divisés en Algonquins propres, en Montagnais et en Atticamègues, assis, couchés, ou étendus à terre [1]. A droite et à gauche, des Hurons étaient mêlés aux Français.

---

1. Les Atticamègues, ou tribu des Poissons blancs, demeuraient dans les forêts au nord des Trois-Rivières.

Au milieu, un espace ouvert, comme le cercle d'un cirque, contenait deux perches, où devaient être suspendues, en temps opp rtun, les ceintures de wampum, représentant les paroles de l'orateur, et enroulées pour le moment autour du corps des envoyés.

Lorsque tous les apprêts furent terminés, Kiotsaton se leva, entra dans l'espace libre. et redressant sa gran'e taille, fixa pendant un instant le soleil. Alors regardant l'assemblée et tenant une ceinture de wampum à la main, il commença ainsi :

« Onontio, prête l'oreille ; je suis la voix de ma nation. Lorsque tu m'écoutes tu entends tous les Iroquois. Mon cœur ne contient aucun mauvais sentiment ; mon chant est celui de la paix. Nous avons bien des chants de guerre dans notre nation, mais nous les avons tous rejetés pour ne plus connaitre que ceux de la paix et des réjouissances... »

Là dessus, il se mit à chanter, ses compagnons se joignant à lui, il marchait, gesticulait, et semblait apostropher les cieux et le soleil, puis revenant vers le gouverneur, il reprenait sa harangue. Il le remercia d'abord d'avoir donné la vie au prisonnier iroquois, tout en le blâmant de l'avoir renvoyé seul et sans escorte ; enfin, il fit avancer le jeune Français, Guillaume Couture, et attacha une ceinture de wampum sur son bras.

« Avec ceci, dit-il, je te rends ce prisonnier ; je ne lui ai pas dit seulement : « Mon fils. prends un canot et retourne à Québec, j'eusse perdu le sens d'agir ainsi ; et mon cœur aurait été troublé de la crainte qu'il lui arrivât quelque malheur. Le prisonnier que vous nous avez renvoyé a souffert mille dangers et misères sur sa route. » Alors raconte le Père Vimont, il se mit à rendre les incidents de ce voyage par pantomime, et cela si habilement qu'aucun acteur en France n'eût pu faire mieux. Il représenta le voyageur solitaire gravissant un périlleux point de débarquement, la tête chargée de bagages, tantôt s'arrêtant comme épuisé, tantôt trébuchant contre les pierres. Ensuite, il le montra dans son canot, luttant en vain contre la force du courant, regardant avec désespoir les récifs écumants, puis reprenant courage, et ramant pour sauver sa vie. « A quoi pensiez-vous » reprenait l'orateur dans sa harangue, « en envoyant un homme affronter seul de pareils dangers? je n'ai pas suivi cet exemple: viens mon fils, ai-je dit au prisonnier » désignant Couture, « suis moi ; je t'accompagnerai chez toi, même au péril de mes jours. » Et pour confirmer ces paroles, il ajouta une nouvelle ceinture de wampum à celles déjà suspendues.

La troisième ceinture avait pour objet de déclarer que la nation de l'orateur envoyait des présents aux autres tribus pour rappeler ses guerriers, en vue de la paix prochaine. La quatrième exprimait l'assurance que les mânes de l'Iroquois tué n'excitaient plus les vivants à la vengeance. « Je passai, dit l'Iroquois, près du lieu où Piskaret et les Algonquins massacrèrent nos guerriers au printemps. Je vis l'emplacement du combat où furent pris les deux prisonniers ; je m'éloignai rapidement, je ne voulus pas voir le sang de mon peuple ; leurs corps sont encore là, j'ai détourné mes yeux afin de ne pas ranimer ma colère. » Alors, s'arrêtant, il frappa le sol et sembla écouter : « J'ai entendu les voix de mes ancêtres, tués par les Algonquins, me criant, pleins de tendresse : « Mon fils, mon fils, retiens ta fureur, ne songe plus à nous que tu ne peux arracher à la mort; songe aux vivants, délivre-les du couteau et du feu. » « Lorsque j'eus entendu ces voix, je continuai mon chemin et voyageai jusqu'ici pour sauver ceux que vous tenez encore en captivité. »

La cinquième, sixième et septième ceinture, avaient pour but d'établir un passage par eau pour faire communiquer les Français avec les Iroquois, de chasser des rivières les barques ennemies, d'aplanir les rapides et les cataractes, et de calmer les flots des lacs. La huitième visait à faciliter les trajets par terre.

« Vous auriez cru », écrit Vimont, « qu'il abattait des arbres, élaguant les branches, enlevant les broussailles et les lianes, et bouchant les trous. » « Voyez » s'écriait l'orateur, lorsqu'il eut achevé sa pantomime, « la route est ouverte, droite et unie » et il se penchait contre terre, comme s'il eût voulu enlever le moindre obstacle. « Il ne reste plus d'épines, de pierres ou de troncs d'arbres sur le chemin ; maintenant vous pouvez de Québec voir la fumée de nos villages jusques au milieu de notre contrée. »

Une nouvelle ceinture de proportions et de beauté exceptionnelles avait en vue d'unir comme un seul homme, les Iroquois, les Français et leurs alliés indiens, et en signe de confraternité il amena un Français et un Algonquin au milieu de l'auditoire ; là passant son bras sous les leurs, il les pressa contre son cœur.

La ceinture suivante invitait les Français à venir festoyer avec les Iroquois. « Notre contrée regorge de poissons, de venaison de toute sorte. Laissez là ces vilains pourceaux qui vivent de débris, et venez partager une bonne nourriture avec nous. Les chemins sont ouverts, vous ne courrez aucun danger. »

Une autre ceinture signifiait l'éclaircissement des nuages, afin que le soleil pût illuminer le cœur des Indiens et des Français, et prouver à tous leur sincérité ; arrivé à la quinzième ceinture, Kiotsaton déclara que les Iroquois avaient toujours désiré renvoyer Jogues et Bressani à leurs amis, et que telle avait été leur intention, mais que Jogues leur avait été volé par les Hollandais, et qu'ils avaient cédé au désir de ceux-ci en leur donnant Bressani. « S'il avait été patient, » ajoutait l'ambassadeur, « je vous l'eusse ramené moi-même ; maintenant, je ne sais ce qui lui sera arrivé, peut-être se sera-t-il noyé, ou peut-être est-il mort ! » Ici, Jogues ne put retenir un sourire en disant aux jésuites placés près de lui : « Ils avaient élevé le bûcher sur lequel on devait me brûler, et si Dieu n'avait sauvé mes jours, ces bonnes âmes m'eussent tué cent fois. »

De nouvelles ceintures furent suspendues, chacune avec une harangue particulière ; enfin le beau parleur termina son long discours par l'annonce suivante : « Je vais passer le reste de l'été dans mon pays, en jeux, en danses et en fêtes pour célébrer le bonheur de cette paix. » Il avait entremêlé ses harangues, de chants et de danses; le conseil se termina par une danse générale à laquelle prirent part chacun à leur façon, Français, Hurons, Algonquins, Atticamègues.

A la réserve de quelques mensonges palpables, mis là pour orner son discours, les Jésuites furent enchantés de leur allié. « Chacun dut admettre, » dit Vimont, « qu'il était aussi éloquent que pathétique ; en somme, il se montra un excellent acteur, surtout en pensant que la nature avait été son seul maître. Je ne pus recueillir par l'interprète que des fragments de son discours, qu'il ne traduisit pas en entier... »

Deux jours plus tard, un second conseil fut convoqué, dans lequel le gouverneur donna son adhésion à la paix proposée, et confirma son acceptation par des dons d'une valeur considérable. Il demanda comme condition que les alliés indiens des Français fussent respectés, jusqu'à ce que leurs principaux chefs, qui n'étaient pas présents, eussent fait un traité séparé avec les Iroquois en faveur de chacune de leurs diverses nations. Piskaret fit alors un présent pour effacer le souvenir de l'assassinat de l'Iroquois, et l'assemblée se sépara.

Dans la soirée, Vimont invita les envoyés à la maison de la mission, et leur donna à tous une pipe et un sac de tabac, en retour desquels Kiotsaton lui tint ce discours :

« Lorsque je quittai mon pays, je faisais le sacrifice de ma vie ; j'allais trouver la mort et je vous dois d'être en vie. Je vous rends grâces de voir encore le soleil, et aussi pour tous vos actes de bonté ; je vous remercie également de vos dons. Vous m'en avez couvert de la tête aux pieds ; vous n'aviez laissé découverte que ma bouche, et maintenant vous la fermez avec cette belle pipe et la régalez du parfum de l'herbe que nous aimons. Je vous fais mes adieux, mais pas pour longtemps ; vous entendrez bientôt parler de nous. Si même nous nous noyions dans notre voyage de retour, les vagues et les vents porteraient à nos compatriotes le témoignage de vos faveurs ; je suis certain qu'un bon génie nous a précédés, pour leur annoncer les grandes nouvelles que nous allons leur porter. »

Le jour suivant vit partir les deux Indiens. Kiotsaton, au moment de quitter les Français, se retourna vers ceux qui bordaient le rivage, disant à haute voix : « A revoir, mes frères ! je suis désormais l'un des vôtres. » Ensuite, se tournant vers le gouverneur : « Onontio, votre nom sera grand sur toute la terre » et il reprit le thème de son discours de reconnaissance adressé aux Jésuites. La représentation finit par une adjuration aux Indiens alliés : « Frères, obéissez à Onontio et aux Français. Leurs pensées et leurs cœurs sont bons. Soyez amis et imitez-les. Vous entendrez bientôt parler de nous. »

Les Indiens crièrent et tirèrent des coups de fusil, le canon tonna du fort, et la voile s'enfla pour ramener les éminents visiteurs vers le Richelieu.

Mais la tâche restait inachevée ! Les Indiens rassemblés aux Trois-Rivières, n'étaient pas en nombre suffisant pour représenter toutes les tribus, d'autres s'acheminaient vers Québec, et l'on devait subir de nouveaux conseils, d'éternels discours, agrémentés de dons de tout genre. Les principaux personnages parmi les Hurons devaient descendre cette année avec des Algonquins de clans divers, venant du nord et du nord-ouest ; de plus, Kiotsaton avait promis que des ambassadeurs iroquois, munis de pleins pouvoirs, les rencontreraient aux Trois-Rivières et y concluraient une paix solennelle et générale sous les yeux d'Onontio. Mais quel espoir certain pouvait-il y avoir qu'une multitude de sauvages, rusés et indisciplinés, pourraient être amenés à se rassembler dans un seul lieu, et cela étant, s'y trouver sans se couper tous la gorge !

Ce rêve sembla pourtant devoir se réaliser ; et les Jésuites y voyaient l'intervention de Dieu, amenée par les ardentes prières de tant d'âmes pieuses, qui, jour et nuit, en France invoquaient son secours pour les pauvres missions canadiennes [1].

D'abord, arrivèrent une foule de Montagnais ; puis vinrent les Nipissings, les Alticamègues et les Algonquins de l'Ottawa, avec leurs canots chargés de

---

1. Vimont. Relation, 1645, 28.

fourrures. Vers le 10 de septembre, apparut la grande flottille des Hurons, composée de soixante canots, portant une nuée de guerriers, et parmi ceux-ci les Français reconnurent la soutane usée du bon Père Jérôme Lalemant. On y voyait aussi vingt soldats français, revenant de la contrée des Hurons, où ils avaient été envoyés l'année précédente pour garder les Pères et leur petit troupeau.

Les Trois-Rivières fourmillèrent bientôt de sauvages. Les canots couvraient le rivage, les forêts et les plaines de campements pleins de vie et d'activité : le commerce s'exerçait partout avec sa suite accoutumée de discours, de fêtes et de danses.

Mais on se demandait où étaient les Iroquois au milieu de cette foule bigarrée. Montmagny et les Jésuites devenaient anxieux. Sous peu de jours ce concours allait se dissiper, et le moment opportun serait perdu. Aussi chacun sentit-il un réel soulagement, lorsqu'un canot apparut, annonçant que l'ambassade promise était en chemin, et l'esprit s'allégea encore plus, quand quatre Iroquois longèrent le rivage, se proclamant à haute voix les envoyés de leur nation. Le tumulte dépassait toute mesure ; pendant que les soldats de Montmagny, formés sur un double rang, et la horde sauvage, les yeux tendus, la face couverte de graisse et de peinture, contemplaient à travers les interstices des mousquets le débarquement de leurs mortels ennemis, qui s'acheminaient graves et impassibles vers le fort.

Conseil sur conseil se succédèrent avec leur interminable prolixité de discours ; les ceintures de wampum durent éteindre la mémoire des défunts, éclaircir les cieux, calmer les fleuves, enlever la hache, le fusil et le bouclier des mains des Indiens ; d'autres devaient effacer la peinture de guerre de leurs visages, puis briser les chaudrons où bouillaient les membres des prisonniers [1].

Enfin tout finit, même une harangue indienne, les danses cessèrent, les cris et les chants s'éteignirent, et la grande assemblée se dispersa, soit vers les huttes enfumées des bords du lac Huron, soit pour aller retrouver les terrains de chasse glacés des forêts septentrionales.

La paix régnait dans ces sombres et sanglantes solitudes. Le lynx, la panthère, le loup, avaient abjuré tout ressentiment ; mais quelle certitude pouvait-on avoir de la sincérité de ce pacte d'amour ? Le doute et la crainte troublaient le cœur des Jésuites ; maintes fois à leurs actions de grâce furent jointes de ferventes prières, afin que la main qui leur avait donné la paix s'étendît pour la conserver au troupeau exilé, séparé du foyer de la patrie et si loin de tout secours.

1. Vimont. Relation, 1645, 34.

CHAPITRE XV

LA PAIX EST ROMPUE.

(1645-1646.)

Incertitudes. — Mission du P. Jogues. — Il arrive chez les Mohawks. — Sa réception chez eux. Son retour. — Sa seconde mission. — Avertissements qui lui sont donnés. — Rage des Mohawks. — Meurtre de Jogues.

Il est bien démontré que les négociateurs iroquois agirent pour le moment en toute sincérité. Guillaume Couture qui retourna avec eux et qui passa l'hiver dans leurs villes, eut toutes les preuves voulues de leur désir de maintenir la paix. Néanmoins, le traité portait en lui un double défaut.

Mettons en première ligne la nature capricieuse, inconstante, ingouvernable en un mot des Indiens qui y avaient bien consenti des deux parts, mais qui en rendaient la prompte rupture presqu'inévitable. Secondement, les envoyés iroquois représentaient, en dépit de leurs assertions contraires, non la confédération des cinq nations, mais seulement l'une d'elles, celle des Mohawks: puisque chacun des membres de cette singulière ligue pouvait et souvent faisait la paix et la guerre indépendamment des autres.

Les Mohawks qui avaient guerroyé contre les Français et les alliés dans le territoire du Saint-Laurent-Inférieur, réclamaient un certain droit de possession sur toute cette région ; bien que les guerriers des quatre autres nations eussent souvent empiété sur ce domaine en assassinant Français et Indiens à Montréal, leurs efforts se tournaient généralement contre les Hurons, les Algonquins supérieurs et les autres tribus de l'intérieur, et ces attaques continuaient, nonobstant la paix faite avec les Mohawks.

Imparfait comme l'était ce traité, il eût été pourtant un bienfait inappréciable, s'il avait pu être respecté, et c'est vers ce but que Montmagny, les Jésuites et toute la colonie tournaient anxieusement leurs efforts.

Cette pensée de maintenir la bonne foi des Mohawks avait seule décidé Couture à bravement repartir avec eux ; on sentit pourtant le besoin d'un agent de plus de poids, et c'est sur le P. Jogues que tomba le choix.

Nul homme blanc, à l'exception de Couture, ne possédait aussi bien leur langage et leur caractère. Sa mission était moitié religieuse et moitié politique ; car il devait emporter les dons, les ceintures de wampum et les messages du gouverneur ; il allait aussi fonder une nouvelle mission nommée d'avance et trop prophétiquement « la Mission des Martyrs ».

Depuis deux ans, Jogues résidait à Montréal, et c'est là qu'il reçut l'ordre de son supérieur de se rendre dans les villes mohawks. La nature le fit reculer d'abord devant le souvenir trop récent des horreurs dont son corps et ses mains mutilées portaient le vivant témoignage. Mais ce ne fut là qu'une défaillance passagère, et il se prépara aussitôt à son voyage avec cette bonne volonté à laquelle est promis le ciel, rendant grâces à Dieu qu'il eût été trouvé digne de souffrir et de mourir pour le salut des âmes et la plus grande gloire de Dieu [1].

Il eut pourtant le pressentiment d'une fin prochaine, car il écrivait à un ami : « J'irai, et je ne reviendrai plus [2]. » Un Algonquin converti lui avait donné de sages avis. « Ne parlez pas trop vite de la foi, lui disait-il ; tout y est fait pour repousser dans le commencement, puisque votre doctrine ordonne de détruire tout ce que l'homme a chéri jusqu'alors; votre longue soutane prêche aussi avant que vos lèvres parlent ; revêtez-vous donc d'un habit ordinaire… » Jogues suivit ce conseil, en échangeant l'habit de l'ordre contre une casaque avec tout son accompagnement laïque : « Car, lui observa son supérieur, « il faut être à tout et à tous, afin de gagner les âmes à Jésus-Christ » [3].

Jogues quitta les Trois-Rivières vers le milieu de mai, avec le sieur Bourdon, ingénieur du gouvernement, deux Algonquins chargés de présents pour confirmer la paix, et quatre Mohawks comme guides et comme escorte. Il passa le Richelieu et le lac Champlain, témoins de ses souffrances, et atteignit l'entrée du lac Georges la veille de la fête du « Corpus Christi ».

En l'honneur de la solennité, il donna le nom de Saint-Sacrement au lac, et ce nom lui resta pendant un siècle, jusqu'à ce qu'un ambitieux irlandais, avide de faveurs et d'avancement, le changeât contre celui du triste souverain hanovrien, son maître [4].

---

1. Lettre du P. Isaac Jogues au R. P. Jérôme Lalemant. Montréal, 2 mai 1646, M. S.
2. « Ibo et non redibo. » Lettre du P. Jogues au R. P. Sans date.
3. Lalemant, Relation, 1646, 15.
4. M. Snea suggère avec raison, que rien ne serait plus facile et plus convenable que de donner au lac Georges le nom de lac Jogues en

Du lac Saint-Sacrement, ils gagnèrent l'Hudson à pied, où, succombant sous le poids de leur attirail, ils louèrent des canots à une station de pêche iroquoise, et descendirent au fort Orange.

Jogues y trouva ses amis Hollandais auxquels il devait la vie, qui le reçurent et l'entretinrent affectueusement. Il les quitta au bout de peu de jours, et remonta la rivière Mohawk jusqu'à la première ville de cette nation. La foule s'assemblait pour dévisager l'homme dont ils avaient fait un esclave martyrisé, et qui revenait au milieu d'eux, comme ambassadeur d'une puissance méconnue jusqu'alors, mais que leur disposition actuelle les portait à ménager.

On tint conseil dans l'une des cabanes, et pendant qu'un auditoire pressé fumait la pipe, Jogues, debout au milieu d'eux, les harangua. Il leur offrit dans la forme voulue les dons du gouverneur, avec les ceintures de wampum et les messages de paix qu'elles comportaient ; à chacune des pauses de son discours l'auditoire interposait des grognements d'approbation générale.

Des harangues pacifiques lui furent répondues, l'harmonie parut régner ; mais lorsque les députés algonquins parurent avec leurs présents, devant le conseil, on les reçut froidement.

La haine séculaire, entretenue par des traditions de mutuelle férocité, couvait ardente, sous de minces apparences pacifiques, et bien que les dehors fussent sauvegardés, l'avenir n'offrait rien de rassurant.

A peine les affaires furent-elles terminées, que les

l'honneur du doux martyr qui le vit le premier ; ou, ajouterai-je, de lui rendre la dénomination choisie par lui. — Note du traducteur.

Mohawks engagèrent Jogues à rentrer à Montréal en toute hâte, s'il ne voulait, en tardant davantage, courir le risque de rencontrer sur sa route des guerriers des quatre Nations supérieures, qui tueraient inévitablement les deux députés algonquins et ne l'épargneraient peut-être pas lui-même. Jogues se disposa donc au départ, mais non avant d'avoir, malgré les avis pressants des Algonquins, parcouru toutes les huttes, confessé et instruit quelques prisonniers chrétiens encore retenus là, et baptisé plusieurs Mohawks mourants.

Ces devoirs accomplis, lui et son monde gagnèrent l'extrémité sud du lac Georges par la forêt, construisirent des canots d'écorce, et arrivèrent au fort Richelieu le 27 de juin.

Sa mission politique était terminée ; maintenant restait à se demander s'il retournerait vers les Mohawks, ou si la mission des Martyrs devait être provisoirement abandonnée ? Lalemant, successeur de Vimont, comme Supérieur des missions, tint conseil à Québec avec les autres Jésuites dont était Jogues, et l'on y décida qu'à moins d'incident imprévu, Jogues demeurerait pour l'hiver à Montréal [1]. Ceci se passait en juillet ; bientôt après, et pour des raisons qui nous sont restées inconnues, Jogues reçut l'ordre de se rendre à son périlleux poste.

Il partit le 24 août, accompagné d'un jeune Français du nom de Lalande, et de trois ou quatre Hurons. Sur le chemin, ils se croisèrent avec des Indiens qui les prévinrent d'un revirement de l'opinion publique chez les Mohawks ; les Hurons, alarmés à bon droit, refusèrent d'aller plus loin. Jogues, par nature le plus doux et le plus timide des

---

1. Journal des supérieurs des Jésuites, M. S.

hommes, ne songea même pas à rétrograder, il poursuivit sa route, seul avec son compagnon de dangers, qui, comme tous les autres *donnés* des missions, ne le cédait guère aux Jésuites eux-mêmes en dévouement enthousiaste.

La rumeur avait sa raison d'être, et la cause de ce changement survenu dans l'opinion publique mohawke est bien caractéristique. Jogues, comptant revenir chez eux, avait confié une petite caisse à leur garde ; ils se montrèrent, en la recevant, inquiets et soupçonneux sur son contenu, Jogues crut alors devoir l'ouvrir et leur en montrer l'intérieur ; il y laissait quelques petits objets de nécessité personnelle ; il pensa les avoir ainsi rassurés, et, ayant refermé la boîte, la leur confia. Après son départ, les prisonniers hurons tentèrent de flatter leurs maîtres iroquois en vilipendant leurs amis les Français, les traitant de sorciers qui par leurs charmes et leurs momeries avaient ensorcelé toute la nation huronne, et causé la famine, la peste et tout un cortège de misères. Là-dessus l'attention soupçonneuse des Mohawks se reporta vers le coffre qui devait, selon eux, contenir un mauvais esprit n'attendant qu'un moment favorable pour s'élancer au dehors. Les chenilles mangeaient le blé à ce moment, et les maladies régnaient ; bien vite ces plaies furent mises au compte des Jésuites. Néanmoins, les opinions étaient encore divisées, quelques familles ou clans tenant bon pour les Français, et d'autres clans leur étant hostiles. Parmi les Mohawks, trois prédominaient, absorbant la presque totalité de la nation, celles de l'Ours, de la Tortue et du Loup ; ces clans étaient trop intimement unis par les liens du sang pour en venir à la guerre armée, mais leurs intérêts les divisaient souvent ; en ce moment l'Ours haïssait les Français, et voulait la guerre, tandis que le Loup et la Tortue s'en tenaient au maintien du traité. Le parti de l'action et de la violence devait prévaloir; aussi le parti de l'Ours, composé de ses chefs et suivi des forcenés de tous les clans, se mit-il en route, suivant le sentier de guerre en deux bandes séparées.

Les guerriers de l'une de ces bandes poursuivaient la route par les chemins allant du lac Mohawk au lac Georges, lorsqu'ils rencontrèrent Jogues et Lalande. Les saisir et les dépouiller fut l'affaire d'un instant, après quoi on les conduisit en triomphe à la ville, où la horde sauvage les roua de coups. L'un d'eux imagina de couper des lanières de chair sur les bras et le dos de Jogues, et de les dévorer en disant : « Voyons si cette peau blanche est celle d'un oki, ou mauvais esprit ». « Je suis un homme comme vous, » répartit Jogues, « mais je ne crains ni la torture ni la mort ; je ne sais pourquoi vous voulez me tuer, car je suis venu pour confirmer le traité de paix et vous montrer le chemin du ciel. Est-ce pour cela que vous me maltraitez plus qu'un chien [1]. ?

— Vous mourrez demain, cria la foule ; gardez votre courage, car nous ne vous brûlerons pas, mais on fendra vos têtes d'un coup de hache, et elles seront placées sur les palissades, afin d'être vues de vos frères, lorsque nous ferons ceux-ci prisonniers [2] ».

Les membres de la tribu du Loup et de la Tortue élevèrent la voix en faveur des prisonniers,

---

1. Lettre du P. de Quen au R. P. Lalemant, M. S.
2. Lettre de J. Labatie à M. La Montagne, au Fort d'Orange, 30 octobre 1646, M. S.

mais ici comme dans les pays les plus civilisés, une minorité furieuse leur imposa silence.

Dans la soirée du 18 octobre, Jogues frissonnant de douleur, était assis dans une des huttes, lorsqu'un Indien entra, l'engageant à un festin. Refuser eût été une offense ; il se leva donc et le suivit vers la hutte du chef de l'Ours. Jogues baissait la tête pour entrer, lorsqu'un Indien, dissimulé derrière la porte, le frappa de sa hachette. Un Iroquois, nommé Le Berger par les Français, semble l'avoir suivi dans le but de le défendre, et étendit bravement le bras pour le protéger, mais la hache traversa ce rempart vivant, allant frapper le pauvre missionnaire [1]. Il tomba aux pieds de son meurtrier, qui acheva son œuvre en lui tranchant la tête. Lalande resta toute la nuit dans ce mortel suspens et fut tué de la même façon au matin. L'on jeta les corps des deux Français dans le Mohawk, et leurs têtes furent, comme on le leur avait annoncé, piquées sur les palissades entourant la ville [2].

Ainsi périt Isaac Jogues, et avec lui l'un des modèles les plus purs des vertus catholiques qu'il ait

---

1. On s'est trompé en avançant que la courageuse tentative faite pour sauver Jogues, l'ait été par l'orateur Kiotsaton. Elle fut dûe à Le Berger, l'un de ceux faits prisonniers par Piskaret, et si bien traité par les Français. En 1648, il vint volontairement aux Trois-Rivières, et se remit aux mains des Français. Il fut converti, baptisé, puis emmené en France, où sa conduite fut, dit-on, des plus édifiantes, mais il y mourut bientôt: « Il faut dire qu'il avait bien mangé sa part de plus de cinquante hommes. » Telle est la réflexion du P. Ragueneau, après avoir rapporté son exemplaire conversion. — Relation, 1650. 43, 48.

2. V. sur les détails de la mort de Jogues la lettre de Labatie, déjà citée. Il était l'interprète français du Fort Orange, et voisin du lieu du meurtre, il chercha à bien en connaître les détails. La lettre était renfermée dans celle adressée à Montmagny par le gouverneur hollandais, Hieft, que j'ai sous les yeux, ainsi qu'un récit Ms. écrit sur ouï dire, par le P. Buteux, et une lettre de De Quen également citée ci-dessus.

été donné à ce continent de posséder. Ses collègues louent tous sa rare humilité, qui atteignait jusqu'au mépris de lui-même ; il ne vivait que pour faire la volonté de Dieu, transmise par ses supérieurs, et ne se comptait pour rien. Ils ajoutent que laissé à sa propre initiative, sa défiance de lui-même lui ôtait de la décision ; mais une fois ses ordres reçus, il ne connaissait ni crainte ni hésitation. Son aimable douceur s'alliait à une certaine vivacité de tempérament, et nous avons pu voir que durant sa première captivité, tandis qu'il acceptait tous les caprices et les tourments de ses persécuteurs, un mot dérisoire proféré contre sa foi transformait l'agneau en lion, et les lèvres qui ne s'ouvraient que pour bénir ses bourreaux, savaient alors parler sur le ton du reproche et de la répression énergiques.

CHAPITRE XIX

NOUVELLE GUERRE.

(1646-1647.)

Incursions Iroquoises. — Les chasseurs d'hommes. — Les convertis captifs. — Fuite de la prisonnière Marie. — Son histoire. Vengeance d'une captive algonquine. — Elle s'échappe. — Terreur des colons et intrépidité des Jésuites.

Nous venons d'assister au premier acte de la rupture de la paix; les démons allaient se mettre en chasse; la contagion gagna toute la nation mohawke, le cri de guerre retentit et l'on foula les sentiers menant vers le Canada.

Les malheureux colons et leurs plus misérables alliés, s'éveillaient du rêve de la paix pour retomber dans les réalités des horreurs et de la crainte.

Montréal et les Trois-Rivières se voyaient de nouveau assiégées par leurs sauvages ennemis, cachés dans les taillis, rôdant sous le couvert de la nuit, et déployant avec cette astuce, un courage féroce dès qu'on en venait aux prises.

Ces impitoyables dévastateurs brûlèrent et pillèrent le Fort-Richelieu, qu'avait abandonné sa garnison, laissant ainsi la pauvre colonie sans le simulacre même d'une défense.

Avant l'ouverture du printemps, tous les hommes valides parmi les Mohawks étaient en campagne; néanmoins, l'ardeur ne devait pas être générale, puisque deux tiers d'entr'eux lâchèrent pied et rentrèrent avant la fin de la saison, sous le prétexte d'un temps trop rigoureux ; deux ou trois cents maintinrent l'offensive, divisés en plusieurs bandes.

Le mercredi des Cendres, les Français des Trois-Rivières assistaient à la messe dans la chapelle, lorsque les Iroquois, s'approchant sans bruit, pillèrent deux maisons si voisines du fort, que pour cette raison on les avait remplies de tout ce que possédaient les habitants de la colonie. Les Indiens cachèrent leur butin, puis partirent en quête d'un groupe de chrétiens algonquins occupés à la chasse d'hiver.

Deux Indiens de cette nation dont ils s'emparèrent les mirent lâchement sur la piste, et ils partirent en chasse comme des chiens affamés. Le fusil, l'arc en main, tous munis de haches, de boucliers et de couteaux, juchés sur leurs raquettes à neige, le corps penché, se glissant le long des ravins, à travers les forêts glacées, et filant derrière les arbres, en dardant leurs petits yeux perçants à travers l'obscurité des bois sans mystère pour eux, ces chasseurs d'hommes suivaient leur proie.

Ils aperçurent enfin les wigwams du camp algonquin. Les guerriers étaient absents ; il ne restait que les femmes et les enfants, qui furent promptement capturés par ces ennemis inattendus.

Ceci fait, dix d'entr'eux partirent à la recherche des chasseurs absents ; bientôt ils rencontrèrent le redoutable Piskaret ; mais reconnu de loin et signalé pour son adresse, ses adversaires préférèrent, à une attaque ouverte, employer la ruse pour s'en emparer.

Ils s'approchèrent de lui dans une attitude amicale, pendant qu'ignorant la rupture du traité, Piskaret les accueillait par son chant de paix ; dès qu'il fut proche d'eux, un sabre lui traversa le corps, puis l'ayant scalpé, ils retournèrent en triomphe vers leurs compagnons [1]. Tous les chasseurs furent, soit par ruse, soit par force, tués ou faits prisonniers.

Une autre bande de Mohawks surprenait pendant ce temps, le second parti d'Algonquins, gagnant un nouveau campement de chasse et surhargés de leurs traîneaux et bagages.

Bien que cernés à l'improviste, ils se défendirent vaillamment, mais les survivants ne purent échapper au sort cruel que leur promettait la captivité. Alors commença le massacre des vieillards, des infirmes, des enfants ; les deux bandes mohawks, suivies du triste cortège de prisonniers, se réunirent au lac Saint-Pierre, et se félicitèrent, avec de sauvages hurlements, de leur lâche triomphe rehaussé par les cris d'angoisse des infortunés captifs, qui reconnaissaient à l'arrivée de nombreux compagnons de misère. On les fit tous agenouiller au milieu de leurs sauvages vainqueurs ; alors l'un deux, converti et de notoriété dans sa tribu, après leur avoir adressé quelques mots d'exhortation, récita à haute voix une prière, à laquelle tous répondaient ; puis ils chantèrent un hymne en langue algonquine, pendant que les Iroquois, d'abord stupéfaits, éclataient en rires et tombaient sur eux avec une nouvelle fureur. L'un des captifs fut brûlé vif sur place, et l'on rôtit la plante des pieds de l'un d'entre eux qui avait tenté de s'échapper. Bien d'autres furent mutilés. Détail plus hideux, rapporté par l'une des femmes qui réussit ensuite à s'échapper, ils cruci-

---

1. Lalemant, Relation, 1647, 4. Marie de l'Incarnation, lettre à son fils, Quebec, 1647.

fièrent en dérision du Sauveur un tout jeune enfant, en le fixant contre une épaisse bande d'écorce avec des clous de bois.

De là, on conduisit les prisonniers aux villes mohawks, il est inutile de redire le monotone et révoltant défilé de tortures qui les y attendait ; les hommes furent brûlés ; l'on n'épargna les femmes et les enfants que dans le but d'augmenter la nation par l'adoption, et ce ne fut qu'après leur avoir fait subir l'excès de toutes les souffrances et des indignités. Quelques-unes des captives s'échappaient de temps à autre, et venaient porter au Canada la lamentable histoire de leurs misères. Parmi celles-ci nous remarquerons Marie, femme de Jean-Baptiste, l'un des principaux convertis brûlé avec les autres captifs. Au commencement de juin, elle apparut en canot à Montréal, où madame d'Ailleboust, qui la connaissait bien, la reçut avec la plus grande bonté et l'établit au fort dans sa propre chambre. L'émotion paralysait la pauvre martyre; mais madame d'Ailleboust parlait facilement l'algonquin ; ses paroles affectueuses, le souvenir des lieux où l'infortunée avait trouvé si souvent un affectueux accueil avec son mari et son enfant, tout se réunit pour l'accabler, et sa voix se perdit dans les sanglots.

Elle avait, une fois déjà, été prisonnière des Iroquois, dans la ville des Onondagas ; aussi fut-elle reconnue par plusieurs de ceux qui se trouvaient dans les villes mohawks à son arrivée ; moitié par promesses et moitié par menaces ils la décidèrent à les accompagner, jusqu'au théâtre de sa première captivité, l'assurant de leurs bons traitements. Elle s'échappa donc avec leur aide, et partit pour Onondaga ; en chemin, l'on passa la grande ville des Onéidas, et ses conducteurs craignant que quelques Mohawks s'y trouvant, ne la réclamassent, lui trouvèrent une cachette dans la forêt, où ils lui laissèrent des aliments, lui disant d'y attendre leur retour. Elle resta cachée tout le jour, puis sous le couvert de la nuit s'approcha de la ville. Des flammes rougeâtres s'élevaient au-dessus de la palissade d'enceinte. Ceci joint au hideux concert de rires, de cris et de plaintes, lui apprit qu'on y brûlait un de ses compatriotes ; elle écoutait, frissonnante de froid et de terreur ; à la pensée qu'elle allait partager son sort, elle résolut de fuir.

Le sol couvert de neige l'eût infailliblement dénoncée par l'empreinte de ses pas, mais elle se jeta dans le sentier de guerre battu et durci. Torturée par la faim et la peur, elle poursuivit sa route, et arriva bientôt près d'Onondaga, à quelques milles de la ville actuelle de Syracuse ; là, elle se cacha dans un épais taillis de bouleaux, d'où elle sortait la nuit, cherchant dans la neige à demi fondue, quelques grains de blé échappés à la récolte précédente ; de son refuge, elle voyait les Indiens, et même l'un d'eux, d'une taille gigantesque, la hache à l'épaule, s'avançait droit sur sa cachette ; dans cette extrémité, elle eut recours à la prière, et vit l'Indien changer sa direction.

Son courage faillit l'abandonner lorsqu'elle se sentit prise entre le sort sans merci réservé à toute fugitive si elle était découverte, et les dangers non moins certains qui l'attendaient dans ces solitudes, loin encore du Canada ; elle était déjà à demi morte de froid et de faim ; le désespoir lui inspira le mépris de la vie, et à l'aide de sa ceinture, elle se pendit à une branche d'arbre ; celle-ci se rompit, elle tenta encore l'épreuve, avec un nouvel insuccès ; alors la pensée plus chrétienne lui vint que Dieu entendait sauver sa vie. La neige fondait dans les forêts ; elle se mit en marche avec plus de confiance, quoique n'ayant qu'une poignée de blé pour tout aliment. Elle dirigea sa course à l'aide de la position du soleil, arracha quelques racines, mangea l'écorce intérieure des arbres, et parfois sut attraper des tortues dans les flaques d'eau stagnante. Une heureuse chance lui fit rencontrer dans un camp déserté une hachette avec laquelle elle tailla de ces bois dont les Indiens se servent pour allumer leurs feux par le frottement. Cette trouvaille fut son salut : car elle périssait de froid sous une mince tunique laissant nuit et jour ses bras et ses jambes exposés à la rigueur de l'air.

Elle put faire du feu dans des coins abrités de la forêt, cuire ses maigres aliments, dire son chapelet à la chaleur de la flamme, et dormir jusqu'à l'aube, ayant toujours soin de jeter de l'eau sur les cendres, afin que la fumée n'éveillât pas l'attention des chasseurs Iroquois, qu'elle aperçut plus d'une fois. Marie suivit la trace d'un de ces groupes et trouva leur canot caché auprès de la rivière. L'embarcation eût été trop lourde pour ses forces, mais experte dans l'art de leur construction, elle sut réduire le canot à sa taille, et descendit ainsi tout le fleuve ; elle gagna le Saint-Laurent et toujours ramant, atteignit Montréal avec l'aide du courant. Pendant cet incroyable trajet, elle trouva des œufs d'oiseaux en abondance sur les rochers et les îlots ; elle sut harponner le poisson avec une perche en bois amincie et durcie au feu ; elle arriva même à tuer des daims, en les pourchassant jusqu'à la rivière, les y suivant en canot et les frappant à la tête. La lettre de Marie de l'Incarnation à son fils, déjà citée, dit qu'à son arrivée elle avait encore une bonne provision d'œufs et de venaison séchée ; elle dut descendre en canot les grands rapides de Lachine, ce qui demandait un sang-froid et une adresse bien rares chez une femme.

Son voyage d'Onondaga avait duré environ deux mois, semé de difficultés et de souffrances qu'aucune autre femme qu'une squaw n'eût pu endurer.

D'autres Indiennes s'échappèrent, et les chroniques relatent des odyssées non moins extraordinaires dont nous extrairons le récit suivant où se place un fait d'armes vraiment exceptionnel.

Huit Algonquins, saisis d'un de ces accès de valeur extravagante auxquels ils étaient sujets de temps à autre, avaient surpris le camp d'une quarantaine de guerriers iroquois ; ceux-ci, tués et fugitifs, laissèrent tout ce qu'ils possédaient aux mains des vainqueurs, et parmi le butin un certain nombre de captifs algonquins. Une femme faisant partie des prisonniers s'était échappée la nuit précédente. Dans la soirée, on l'avait étendue sur le dos, tous les membres bien attachés à quatre poteaux suivant l'usage habituel ; puis les Iroquois s'endormirent ; la femme sentit qu'une des cordes tenant son poignet cédait un peu ; au prix d'efforts inouïs, elle dégagea sa main ; après cela, le reste de sa délivrance devenait aisé ; elle put se lever sans bruit et gagner la porte au milieu des corps des guerriers endormis ; sur le point de sortir elle vit briller une hachette ; la tentation était trop forte pour sa nature indienne ; s'en saisir et frapper à mort l'Iroquois couché près de l'entrée fut le fait d'une résolution instinctive et soudaine sans souci de l'éveil général qu'elle donnait ; un instant de confusion s'en suivit jusqu'à ce que la lumière d'un de leurs rustiques briquets leur fit découvrir l'évasion et ses circonstances. La fugitive s'était

14.

jetée dans le creux d'un arbre qu'elle avait remarqué la veille, laissant ainsi la poursuite s'égarer ; une fois éloignée, elle sortit de sa cachette et se mit à fuir dans une direction opposée ; mais à l'aube ses pas la dénoncèrent, et le second jour, leurs cris et leur nombre lui firent abandonner tout espoir de se sauver ; elle aperçut en ce moment une mare peu profonde, sur laquelle, au plus épais de la forêt, les castors avaient formé un barrage ; cette eau était recouverte d'herbes, de buissons aquatiques et remplie de troncs d'arbres et de mousse ; elle y vit le salut, plongea, et moitié nageant, moitié se traînant, elle trouva une cachette où les masses végétales recouvraient toute sa personne. Ceux qui la poursuivaient perdirent sa trace et abandonnèrent la chasse.

Grelottante, trempée et affamée, elle sortit de son abri et reprit sa fuite.

Pendant le jour les broussailles déchiraient sa chair nue, et la nuit elle tremblait de froid, livrée sans défense aux morsures des insectes que ne connaissent que trop les voyageurs dans ces régions. Elle vivait d'herbes, de racines et de menus animaux que ses habitudes indiennes lui permettaient d'attraper.

Elle traversait les rivières à la nage et en se fabriquant des radeaux reliés par des lanières d'écorce; Dieu seul sait comment elle parvint au Saint-Laurent où elle put se construire un canot. Ayant toujours vécu sur l'Ottawa, elle ne savait rien de cette partie du grand fleuve, sauf que les Français seraient ses amis et qu'ils habitaient sur ses rives. C'était là son unique boussole, et elle se laissa aller au gré de cet immense courant sans savoir s'il la conduisait à la demeure des vivants ou au séjour des âmes. Elle passa devant les solitudes du lac Saint-Pierre, et aperçut un canot huron ; mais craignant d'y voir un ennemi, elle se cacha et ne reprit son voyage qu'à la nuit ; bientôt elle se trouva devant les palissades du fort des Trois-Rivières. Plusieurs Hurons qui l'aperçurent vinrent à elle, mais elle sauta à terre et se cacha dans le taillis, d'où, étant absolument nue, elle ne voulut plus sortir, jusqu'à ce qu'on lui eut jeté un manteau. Une fois enveloppée, la pauvre créature sortit de sa retraite ; conduite chez les Jésuites, elle y reçut les soins que nécessitait l'état misérable auquel elle était réduite, mais conservant toute l'énergie morale exaltée par l'heureux résultat de son entreprise.

Sans aller plus loin, nos citations auront suffi pour établir l'étendue de la plaie qui allait assiéger sans merci les Français au Canada. On ne pouvait plus vivre qu'à l'abri des palissades et des remparts. Un sombre découragement envahissait les hommes blancs et leurs alliés les Peaux-Rouges ; seuls, les Jésuites ne voulurent pas désespérer.

« N'imaginez pas, écrit le Père Supérieur, que la rage des Iroquois, la mort de nos chrétiens et des catéchumènes, puissent annuler le mystère de la croix de Jésus, et l'efficacité de son sang. Nous mourrons, nous serons captifs, torturés, brûlés ; qu'il en soit ainsi. Ceux qui meurent dans leur lit, n'ont pas toujours la mort la plus enviable.

« Je ne vois aucun de notre Compagnie abattu : au contraire, tous demandent permission d'aller aux Hurons, et quelques-uns protestent que les feux des Iroquois sont un des motifs qui leur font désirer cette mission [1]. »

---

1. Lalemant, Relation, 1647, 15, 16, id 8.

CHAPITRE XX.

PRÊTRES ET PURITAINS.

(1645-1651.)

Miscou. — Tadoussac. — Voyages de De Quen. — Druillètes. — Son hiver avec les Montagnais. — Influence des missions. — Les Abenaquis. — Druillètes sur le Hennebec. — Son ambassade à Boston. — Gibbons. — Dudley. — Bradfort. — Eliot. — Endicott. — Colonisation française et puritaine. — Echec subi par l'ambassade de Druillètes. — Nouveaux règlements. — Le nouvel an à Québec.

Avant d'en arriver aux scènes finales du drame dans le désert qui nous a occupés jusqu'à présent, nous effleurerons quelques-uns des points secondaires dans l'action principale, mais essentiels pour bien saisir le but de ces missions. En outre de leurs établissements de Québec, de Sillery, des Trois-Rivières, et de ceux dans le voisinage du lac Huron, les Jésuites avaient créé un poste à l'île de Miscou, sur le golfe Saint-Laurent, près de l'entrée de la baie des Chaleurs, où ils instruisaient les sauvages errants sur ces rives, et confessaient les pêcheurs français.

L'île était des plus malsaines; plusieurs prêtres succombèrent, et presqu'aucune conversion ne les soutenait dans leurs souffrances. La mission de Tadoussac ou de Sadilege, ainsi que l'appelaient les Indiens, offrait plus de consolations.

En hiver, le lieu n'était qu'une triste solitude; mais l'été, lorsque les Montagnais quittaient leurs terrains de chasse pour retrouver les trafiquants français, des Jésuites venaient régulièrement de Québec pour les y instruire dans la foi. Parfois, ces hommes dévoués suivaient même leurs sauvages néophytes dans des solitudes où aujourd'hui même, presqu'aucun homme blanc ne pénètre. C'est ainsi qu'en 1646, De Quen remonta le Saguenay, et atteignit par une série de rivières, de torrents, de lacs et de rapides, une horde de Montagnais, nommée la nation du Porc-Épic, où il constata le résultat produit par la mission de Tadoussac, puisque les convertis avaient planté une croix sur les bords du lac sauvage qu'ils occupaient. Une bande amie, la nation du Poisson-Blanc, se tenait parmi les roches et les forêts au nord des Trois-Rivières ; le jésuite la trouva plus docile qu'aucune autre tribu ; il brûla leurs fétiches, leurs tambours magiques, et ils acceptèrent volontiers en échange de toutes leurs superstitions des rosaires, des crucifix et le chant des hymnes.

Dans un chapitre précédent, nous avons suivi le P. Paul Le Jeune dans sa campagne d'hiver, en compagnie d'une bande de Montagnais, à travers les forêts du Maine. Le P. Gabriel Druillètes résolut aussi une semblable expédition, mais avec cette différence essentielle, que les compagnons de Le Jeune étant païens le poursuivirent jour et nuit de quolibets et de sarcasmes, tandis que ceux de Druillètes qui étaient tous des convertis, le considéraient comme leur père et ami. Les prières, la messe, toutes les formes du culte s'observaient ; on éleva une chapelle en écorce d'arbre à chaque campement, et aucune fête de l'Église ne se passa sans célébration.

Le vendredi-saint ces pauvres gens déposèrent

leurs meilleurs vêtements de castor sur la neige, y placèrent un crucifix, et s'agenouillèrent en priant devant cet autel rustique ; quelle était cette prière ? Vimont nous atteste qu'elle était une pétition pour obtenir du ciel le pardon et la conversion de leurs ennemis les Iroquois. Pour qui connaît la tenace intensité de haine d'un Indien, on doit voir dans un pareil effort autre chose que la trace d'une vaine superstition, car on avait réussi par la foi, à faire adopter à ces natures sauvages une idée qui leur avait toujours été absolument étrangère. Nous trouvons là l'exemple du succès peut-être le plus remarquable retracé dans tout l'ensemble des *Relations* tant de fois citées ; l'évidence abonde qui prouve qu'en enseignant les dogmes et les préceptes de l'Église Romaine, les missionnaires initiaient aussi les sauvages à toutes les lois morales du christianisme.

Lorsque nous étudions les résultats de ces missions, nous nous rendons vite compte combien l'influence française et celle des Jésuites s'étendait bien au delà du cercle des convertis, car bon nombre de tribus restées idolâtres subirent un notable adoucissement de mœurs ; au siècle suivant, nous rencontrerons rarement ces actes de diaboliques atrocités qui ensanglantent les premières annales ; si le sauvage brûle encore ses ennemis, du moins il ne les mange pas, et il ne les tourmente plus avec la cruelle persistance même, en un mot, il reste bien un sauvage, mais n'est pas doublé d'un démon ; si le progrès n'est pas immense, il est indiscutable, et n'a lieu que là où les tribus entrent en contact avec la partie respectable de la race blanche ; c'est bien aux colons et aux prêtres français dispersés parmi les tribus de ce vaste bassin intérieur, qu'on doit principalement attribuer cet adoucissement qui rendit la guerre moins féroce à mesure que leur influence s'étendit. Cet apaisement relatif, et la soumission catholique de quelques centaines de sauvages, furent, hélas! au bout d'un siècle d'efforts, presque l'unique fruit de l'héroïque labeur des Jésuites; les missions tombèrent, parce que les Indiens cessèrent d'exister; de toutes ces grandes tribus qui avaient été l'espérance des Pères Jésuites, presqu'aucune ne survivait un siècle après, et les missionnaires qui avaient si intelligemment édifié, virent crouler leur œuvre, dans l'extinction progressive de l'élément indien; celle-ci ne fut pas uniquement le fruit de la civilisation, mais celui de leur propre férocité, et d'une incurable indolence les rendant incapables de vivre devant la marche envahissante de l'élément blanc. Il eût fallu l'énergie de natures plus résistantes ou la servilité facile d'une race plus abaissée pour les préserver de l'annihilation; leur nature, les circonstances données rendaient donc leur extinction inévitable. Quant à la forme de religion que les Jésuites leur enseignaient, les protestants auront beau vouloir la ridiculiser, l'expérience est là pour démontrer qu'elle était la seule accessible à leur nature inculte et barbare.

Nous revenons à Druillètes. La fumée des wigwams lui causa une ophtalmie dont il attribua la guérison à un miracle; revenu à Québec en parfaite santé, il voulut repartir aussitôt en mission. Sur la rivière Kennebec (dans l'État actuel du Maine), vivaient les Abenaquis, peuplade algonquine, destinée à rester une épine attachée aux flancs de la Nouvelle-Angleterre; quelques-uns d'entre eux avaient visité leurs frères convertis de Sillery; là on les amena à devenir chrétiens, ils rentrèrent chez eux, et y prêchèrent la Foi à leurs compatriotes, et avec un tel succès, que les Abénaquis envoyèrent à Québec demander un missionnaire. En outre du salut des âmes, il y avait des raisons sérieuses pour accéder à leur requête. Les Abénaquis avoisinaient les colonies de la Nouvelle-Angleterre, et même la colonie de Plymouth réclamait en raison de sa charte le pouvoir de juridiction sur eux ; en cas de rupture, ils seraient des alliés efficaces ou des ennemis dangereux pour la Nouvelle-France [1]. On accueillit donc favorablement leurs messagers, et Druillètes reçut l'ordre de se rendre vers sa nouvelle destination.

Il quitta Sillery avec quelques Indiens, le 29 août 1646, et suivant la route par laquelle cent vingt-neuf ans plus tard les soldats d'Arnold devaient marcher sur Québec ; il atteignit les eaux du Kennebec et descendit vers les villages Abenaquis. Là, il soigna les malades, baptisa les mourants et répandit un peu d'instruction religieuse dans la mesure que lui permettait son ignorance de leur langage. On lui avait sans doute donné l'ordre également de bien reconnaître le pays, car il descendit la rivière depuis Norridgewook jusqu'au premier poste de commerce anglais, où s'est élevée depuis la ville d'Augusta. De là, il continua son voyage jusqu'à la mer, et suivit la côte, en visitant sept ou huit postes anglais sur son chemin ; à sa grande surprise, il y fut parfaitement accueilli. Au Penobscot, il se rencontra avec plusieurs Frères Capucins, et leur supérieur, le Frère Ignace, qui le reçurent avec une aimable cordialité ; puis, revenant sur ses pas, il remonta de nouveau le Kennebec jusqu'au poste anglais d'Au-

---

1. Charlevoix. 1, 286, mentionne ce motif en faveur de la mission.

gusta. Un nombre considérable d'Indiens s'était assemblé à trois milles au-dessus de ce point, et ils se réunirent pour lui bâtir une chapelle à leur rustique façon. Il resta avec eux jusqu'au milieu de l'hiver, catéchisant et baptisant, et menant si rondement sa campagne contre les sorciers, qu'on détruisit les sacs à maléfices, et que la prière remplaça les charmes et les incantations. En janvier, toute la troupe partit pour ses grandes chasses; Druillètes les suivit, « avec grande fatigue, dit son chroniqueur, trop grande s'il s'agissait d'acheter les royaumes de ce monde, mais trop minime pour conquérir le royaume des cieux » [1]. Ils campèrent sur le lac Moosehead, où de nouvelles disputes s'élevèrent entre le Père et les charlatans sorciers, mais la victoire resta au missionnaire.

Après une chasse heureuse, la troupe retourna vers le comptoir anglais de trafic, et l'agent, John Winslow, y reçut de nouveau le Père avec une amitié démentant tout soupçon de jalousie ou d'antagonisme religieux. Au commencement de l'été, Druillètes se rendit à Québec ; et pendant les deux années suivantes, on ignore pour quel motif les Abénaquis ne virent pas le missionnaire. Il passa un hiver des plus pénibles parmi les Algonquins ; pendant la belle saison, il instruisit les sauvages de Tadoussac. Ce ne fut que dans l'automne de 1650 qu'il redescendit le Kennebec.

Cette fois, il venait comme envoyé chargé de la négociation du traité ; son voyage est digne d'intérêt, puisqu'à l'exception de l'ambassade de Jogues auprès des Mohawks, c'est la première fois que

---

1. Lalemant. *Relation.* 1647, 54. Voir aussi Maurault, *Histoire des Abenakis*, 116, 156.

les Jésuites canadiens apparaissent revêtus d'un caractère politique. Plus tard, ils remplirent fréquemment ce rôle de négociateurs, mais durant la première période de ferveur des missions, le Jésuite ne fut, à peu d'exceptions près, qu'un missionnaire ; lorsque son rôle s'étendit et qu'on attendit de son influence un accroissement d'alliances et de sujets pour la France, ce fut toujours dans la pensée pour lui de rassembler toutes ces populations sous l'aile de l'Église.

La colonie de Massachussets s'était adressée aux autorités françaises de Québec, pour établir un échange de commerce. Les Iroquois avaient alors réduit le Canada à une telle extrémité que le gouverneur de la Nouvelle-France voyait dans cette démarche poindre l'espoir de se ménager l'appui de la Nouvelle-Angleterre en accordant les privilèges demandés sous promesse d'aide militaire. Mais on pensa bien que les Puritains ne se soucieraient guère de provoquer l'inimitié de peuplades aussi dangereuses, qui ne les avaient jamais molestés ; on résolut donc de leur présenter l'alliance comme un honneur et un devoir. Les Abénaquis avaient souffert des incursions mohawkes, et les Français arguant pour l'occasion de ce qu'ils étaient placés sous la juridiction des colonies anglaises, prétendirent qu'ils étaient tenus de les protéger.

Druillètes partit donc, revêtu d'un double caractère, comme envoyé du gouvernement de Québec, et comme agent du petit troupeau abénaqui, auquel on avait persuadé de demander l'assistance anglaise. Le moment ne semblait pas heureusement choisi pour l'envoi d'un Jésuite à Boston, car non-seulement il avait été déclaré qu'un des premiers motifs de la colonisation anglaise était d'élever une défense contre le royaume de l'Antechrist, que les Jésuites s'efforcent de faire surgir en tout lieu », mais trois ans avant, la législature du Massachussetts avait ordonné que tout Jésuite mettant le pied sur le territoire, serait expulsé, et pendu, s'il y revenait [1].

Néanmoins, au 1er de septembre, Druillètes partit de Québec avec un des chefs chrétiens de Sillery, traversa les forêts, les montagnes, les torrents, et atteignit Norridgewock, le campement abénaqui le plus élevé sur le Kennebec. De là il descendit jusqu'au comptoir anglais d'Augusta, où son bon ami, le puritain Winslow lui donna l'hospitalité, et lui promit de favoriser l'objet de sa mission; il l'accompagna même jusqu'à Merrymeeting-Bay, d'où Druillètes s'embarqua sur un navire anglais pour Boston. Le passage fut difficile, le vent contraire, et l'on dut aborder au cap Anne, ou Kepane, comme il le nomme, d'où moitié en bateau, moitié à pied, il atteignit Boston. La ville aux Trois-Collines se présenta à lui dans son sévère aspect puritain, sous un ciel glacé de décembre, lorsque venant de la péninsule voisine de Charlestown, il traversa pour aborder.

Winslow était l'agent du négociant Edward Gibbons, notable personnage dont la vie passée avait offert bien des phases curieuses; bon vivant de Merry Mount, hardi marin, membre de l'Église, commerçant aventureux, associé des boucaniers, néanmoins magistrat de la République naissante et major-général [2].

---

1. *Considérations sur les Plantations de la Nouvelle-Angleterre.* Voir : Hutchinson, collection 27. Voir l'acte lui-même, dans Hazard, 550.

2. On trouvera une notice sur lui dans Palfrey, *Histoire de la Nouvelle-Angleterre*, II. 225, note.

Le Jésuite, muni de lettres de créance du gouverneur du Canada et de Winslow, trouva un accueil bien différent de celui réservé par la loi aux personnes portant son habit [1]. Gibbons le reçut cordialement, ne lui permit pas d'accepter d'autre logement que celui de sa maison pendant qu'il séjournerait à Boston, et lui remit même la clef d'une chambre séparée où il serait libre de prier à sa guise, sans crainte d'être dérangé; un écrivain catholique fort exact, M. Shea, croit qu'il apporta avec lui tous les moyens de célébrer la sainte messe. La maison du Puritain dut être regardée comme souillée par l'acte le plus antipathique à sa croyance, mais quoi qu'il en fût, le Massachussetts dans la personne de son premier magistrat, tint à honneur de faire l'accueil le plus gracieux à un hôte qu'elle devait détester à l'égal du diable ou d'un évêque anglican !

Le jour suivant, Gibbons conduisit son visiteur à Roxbury, pour y voir le gouverneur, le revêche Dudley, vieilli dans sa vertu sans attraits, son honnêteté acerbe et ses principes étroits; cinquante ans auparavant, il avait servi en France sous les ordres d'Henri IV, mais il avait si bien oublié la langue française qu'il dut demander un interprète. Il reçut Druillètes courtoisement, lui promit d'assembler les magistrats pour entendre ses propositions.

On se rencontra en conséquence, et Druillètes fut engagé à dîner avec eux; le vieux gouverneur présida le repas, et invita ensuite son hôte à aborder le sujet de son ambassade.

On l'écouta, il fut prié ensuite de se retirer; puis

---

[1] Une exception était toutefois faite dans l'acte, en faveur des Jésuites envoyés comme ambassadeurs de leur gouvernement, ils étaient déclarés exempts de la pendaison.

après s'être consultés entre eux, les magistrats l'invitèrent à souper, et là, on lui donna une réponse, que nous supposons n'avoir pas dû être définitive, mais dont la teneur n'est pas venue jusqu'à nous.

Les Indiens abénaquis étant sous la juridiction de Plymouth, Druillètes s'y rendit comme le représentant de leurs intérêts ; là aussi l'accueil fut excellent ; le gouverneur, Bradford, l'engagea à dîner, et eut même la courtoisie de le servir en poisson, en raison du vendredi. Druillètes eut l'espérance qu'on persuaderait à la colonie de donner l'appui demandé, puisque ses principaux habitants avaient des intérêts de commerce avec les Abénaquis [1]. Il revint par terre à Boston, s'arrêtant encore en chemin à Roxbury. Il y parvint de nuit, et suivant la coutume, il vint loger chez le ministre. Il y trouva plusieurs jeunes Indiens, pupilles de son hôte; car celui-ci n'était rien autre que le célèbre Éliot, qui, l'été précédent, avait établi sa mission à Ratick, et qui travaillait de toute l'ardeur de son zèle, à l'œuvre de la civilisation et de la conversion. Il s'établit une vive sympathie entre les deux missionnaires, et Éliot pria son hôte de passer l'hiver auprès de lui [2].

A Salem, que Druillètes visita également, en compagnie du ministre de Marblehead, il eut une entrevue avec le sévère, mais énergique Endicott, lequel parlait français, nous dit-il, et témoigna de son intérêt et de sa bonne volonté pour l'objet de

---

[1]. « Le mémoire sur la colonie de Plymouth » 5 juin 1651, contient pourtant cette mention : « La Cour des magistrats déclare n'être pas disposée à aider les Français dans leurs projets, ou à leur donner la liberté de traverser leur juridiction dans le dessein précité, » celui d'attaquer les Mohawks.

[2]. Voir Palfrey, *Nouvelle-Angleterre*, II, 336.

l'expédition. L'envoyé n'ayant plus d'argent, Endicott paya ses dépenses, et le pria à dîner avec les magistrats [1].

Druillètes fut évidemment frappé de la vigueur prospère de ces jeunes colonies, et du chiffre de leur population. Il nous apprend que Boston, alors Massachussetts, pouvait fournir à elle seule quatre mille hommes bons pour le combat, et que les quatre colonies réunies comptaient quarante mille âmes [2]; on peut discuter ces chiffres, mais à coup sûr le contraste qu'elles offraient avec le faible groupe de prêtres, de religieuses et de trafiquants réunis sur le Saint-Laurent, réduit à un état aussi précaire, ne put manquer de le frapper. Environ vingt-un mille personnes étaient venues de la vieille Angleterre, résolues à faire du Nouveau-Monde leur patrie, leur foyer; et bien que l'émigration elle-même se fût arrêtée, l'accroissement de la population avait suivi son cours inévitable.

La nécessité et un vif désir d'échapper aux persécutions avaient donné l'impulsion à la colonisation puritaine, tandis que de l'autre part, l'on ne tolérait dans la Nouvelle-France que de bons catholiques, portion de la population déjà la plus privilégiée en France; ceux-ci n'avaient donc pas de motifs pour échanger les douceurs du toit domestique et les faveurs de la fortune contre les misères du désert et la perspective du scalp des Iroquois.

---

1. Sur la visite de Druillettes dans la Nouvelle-Angleterre, voir son journal intitulé : *Narré du voyage faict pour la mission des Abenaquis, et des connoissances tirez de la Nouvelle-Angleterre et des dispositions des magistrats de cette République pour le secours contre les Iroquois.* Voir aussi Druillettes, Rapport sur le résultat de ses négociations, dans Ferland, *Notes sur les registres*, 95.

2. Druillettes, « Réflexions touchant ce qu'on peut espérer de la Nouvelle-Angleterre contre l'Iroquois, » ajoutées à son journal.

Les Huguenots eussent fourni eux un fort contingent à l'émigration, mais on la leur défendait sévèrement; il ne restait donc, à vrai dire, que le zèle de propagande et le commerce des pelleteries comme stimulants de vie pour le Canada ; ajoutons que la nature des vocations interdisait à la plupart de la population son accroissement, et que les commerçants ainsi que leur entourage, amenaient rarement leurs femmes dans le Nouveau-Monde. Le trafiquant en pelleteries est d'ailleurs l'un des plus mauvais colons, puisque les besoins d'une population plus importante diminuant le nombre des animaux chassés, son augmentation est contraire à ses intérêts. L'idéal religieux des colonies rivales devait contribuer aussi à rendre plus profond le contraste de leur progression matérielle ; nous en toucherons quelques mots ici.

Aux yeux de nos Puritains, si le ciel était le trône de Dieu, ils regardaient bien la terre comme son marchepied, et cherchaient à satisfaire les aspirations de ces deux patries ; le Puritain se considérait comme tenu à croître et à travailler ; il s'appuyait sur les saintes Écritures pour espérer qu'une récompense temporelle autant que céleste serait dévolue à ses efforts, et à sa fidèle observance de la loi. On ne saurait nier que cette interprétation ne fût sujette à bien des abus, et que la Nouvelle-Angleterre fut loin d'échapper à l'abus ; néanmoins, il en ressortait un élément vigoureux et un enseignement sain et encourageant.

Dans les colonies françaises, au contraire, ceux de qui dépendaient les destinées de la Nouvelle-France, et qui formaient le caractère de l'œuvre colonisatrice, avaient toujours sur les lèvres la vanité et le peu de valeur de la vie humaine ; pour eux, le temps n'était qu'une préparation à l'éternité, et la vertu suprême résidait dans le renoncement à soi-même et à tous les intérêts de la terre. On objectera que ces doctrines d'abnégation ont été accompagnées souvent de la plus absorbante passion des intérêts terrestres, et l'étude de l'histoire le dira plus nettement encore ; mais en admettant même l'entière bonne foi du renoncement et de ses conséquences, si tous les âges avaient agi d'après ce principe, le monde fût tombé dans l'anéantissement, et l'idée monastique appliquée ainsi aux luttes de la vie, équivaudrait à l'erreur de ceux qui, livrés tout entiers au zèle de la culture intellectuelle, négligeraient les soins de leur corps de telle sorte qu'ils arriveraient à le rendre incapable de soutenir aucun travail.

Druillètes revint chez les Abénaquis, et de là à Québec, plein d'espoir sur le prochain accomplissement de sa mission ; le gouverneur, M. d'Ailleboust, celui qui, avec sa femme, avait rejoint précédemment les colons de Montréal, et qui succédait à Montmagny, réunit le conseil, et de nouveau, l'on dépêcha Druillètes vers la Nouvelle-Angleterre, en lui adjoignant Jean-Paul Godefroy, l'un des principaux de Québec, et membre du Conseil gouvernemental. Ils vinrent à New-Haven, et parurent devant les commissaires des Quatre-Colonies, y tenant alors session, mais leur mission resta infructueuse.

Les commissaires refusèrent soit de déclarer la guerre, soit de permettre la levée des volontaires dans la Nouvelle-Angleterre contre les Iroquois ; le Puritain et depuis lors ses descendants ne voulaient pas se battre sans un motif valable. L'attrait du commerce libre en Canada, qu'on cherchait à faire valoir près de lui, ne le tentait point, et les envoyés durent prendre le chemin du retour après un refus courtois, mais définitif [1].

Il convient de nous arrêter ici un instant, et d'observer les changements considérables qui s'étaient accomplis dans les affaires de la colonie de Québec. La compagnie des Cent-Associés, dont la mise de fonds avait été considérable et les profits minimes, transféra aux habitants coloniaux son monopole du trafic des pelleteries, mais aussi les dettes qui l'accompagnaient. Les colons acceptaient aussi l'obligation de fournir au gouverneur des armes, des munitions, des soldats, de payer les émoluments des employés et du gouverneur, d'introduire les émigrants et de contribuer à soutenir les missions. En outre, la Compagnie devait recevoir un cadeau annuel de mille livres de peaux de castor, et conserver tous les droits seigneuriaux. Les habitants devaient former une corporation, dont chacun pourrait faire partie ; et nul ne pouvait trafiquer pour son propre compte, que sous condition de vendre ses denrées à un prix fixé au magasin de la nouvelle compagnie [2].

Ces changements eurent lieu en 1645 ; ils furent suivis en 1647, de la création d'un conseil, composé du Gouverneur général, du supérieur des Jésuites,

---

1. Voir sur la deuxième ambassade de Druillètes : « Lettre écrite aux commissionnaires de la Nouvelle-Angleterre » dans Charlevoix I. 287. « Extrait des registres de l'ancien conseil de Québec » id I; 288 ; « Copie d'une lettre des commissaires des Colonies Unies au gouverneur du Canada, dans Hazard II, 183. « Réponse aux propositions faites par les honorés agents français » id. II, 184 ; puis: Hutchinson, « *Collection of Papers*, 240, mémoires des commissaires des Colonies Unies, » et commission de Druilletes et de Godefroy, dans *New-York, Col. Doc.*

2. Articles accordés entre les directeurs et associés de la Cie de la Nouvelle France et les Députés des habitants du dit pays, 6 mars 1865, M. S.

et du Gouverneur de Montréal, investis de pouvoirs absolus, à la fois législatifs, judiciaires et exécutifs. Le Gouverneur général recevait vingt-cinq mille livres d'appointements, et le privilège d'amener annuellement soixante-dix tonnes de fret sur les vaisseaux de la Compagnie ; sur cette somme il devait payer les soldats, réparer les forts et les garnir d'armes et de munitions. Dix mille livres d'appointements et trente tonnes de fret étaient allouées sous les mêmes obligations au Gouverneur de Montréal. Dans de pareilles conditions, on ne peut s'étonner, que la colonie ait été aussi médiocrement défendue contre les Iroquois, et que le Roi dût envoyer des secours de troupes. A la demande de Maisonneuve, un autre changement eut lieu l'année suivante; on assigna une somme fixe aux travaux de défense de la colonie et l'on réduisit fortement les appointements des gouverneurs. L'on changea le Gouverneur général Montmagny, bien qu'il eût fait même au delà de ce que l'on pouvait raisonnablement attendre de lui, et Maisonneuve refusant l'emploi vacant, un autre colon de Montréal, M. d'Ailleboust, fut nommé ; le parti montréaliste l'emportait par ce choix, car déjà, se dessinaient les rivalités d'avenir entre Québec et la ville sa voisine.

Le conseil réorganisé se composa du Gouverneur, du supérieur des Jésuites, et de trois des notables [1]. Ces derniers devaient être choisis tous les trois ans, par le conseil, de concert avec les syndics de Québec, de Montréal et des Trois-Rivières; le syndic, lui, était un officier élu par les habitants de la ville à laquelle il appartenait, pour diriger les

1. Les gouverneurs de Montréal et des Trois-Rivières lorsqu'ils étaient présents siégeaient aussi au conseil.

affaires locales ; il représentait ainsi l'élément de liberté introduit dans cette organisation.

La colonie, depuis son entrée en possession du trafic des fourrures, était devenue une corporation marchande, avec le Gouverneur et le conseil à sa tête. Ceux-ci figuraient à la fois comme directeurs d'une association commerciale, et formant l'assemblée législative, la cour de justice et le pouvoir exécutif ; ils entraient même dans les affaires privées des familles et en décidaient.

La nomination, le paiement des agents du gouvernement, et le règlement des dépenses, dépendaient aussi du gouvernement, et en somme, la corporation municipale semble avoir eu bien peu de part à ses propres affaires.

Si nous passons de Québec à Montréal, nous voyons que bien que celle-ci eût donné un gouverneur à la colonie, ses destinées étaient peu prospères. Son fondateur, le ridicule Danversière, était malade et en faillite ; et les associés de Montréal, jadis si pleins de zèle et de richesses, se trouvaient réduits au nombre de neuf personnes. Sa vitalité n'existait plus guère que chez l'enthousiaste mademoiselle Mance, chez Maisonneuve, le soldat élevé et désintéressé, et Olier, le fondateur du séminaire de Saint-Sulpice.

Arrêtons-nous un instant à Québec durant l'hiver. Passant devant les magasins et les logis de la ville basse, nous gravirons le chemin en lacet, désigné actuellement sous le nom de Mountain Street ; la rivière glacée, les toitures, les sommets rocheux, et tout le vaste paysage qui nous environne, étincellent d'une blancheur éblouissante sous le clair soleil. Presqu'aucune maison particulière n'est bâtie au sommet ; mais un fort, une église, un hôpital, le cimetière, la maison des Jésuites et le couvent des Ursulines s'y élèvent. Bravant l'âpreté de l'air, prêtres, femmes et soldats ; tout ce qui n'est pas cloîtré, est en mouvement.

En dépit des sombres pensées qui accompagnent le rigoureux climat, une vitalité inaccoutumée anime ce rempart élevé de la France et de la Foi ; nous célébrons la nouvelle année, et on échange petits présents et salutations. Grâce à la plume active du Père supérieur, nous trouverons dans son journal privé, le menu des dons de la petite colonie : il écrit : [1]

« Les soldats allèrent avec leurs mousquets saluer M. le Gouverneur, et ainsi firent les habitants en corps. Quant à nous, il nous prévint, car il vint ici à sept heures nous souhaiter la bonne année, à chacun en particulier ; nous allâmes lui rendre sa visite après la messe ; mais une autre fois il ne faut pas nous laisser ainsi devancer. M. Giffard vint aussi nous saluer. Les sœurs de l'Hôpital nous adressèrent des lettres de compliment dès le matin ; et les Ursulines nous envoyèrent de beaux présents accompagnés d'un crucifix, de rosaires, de cierges et avec deux excellents pâtés pour le dîner. Je leur offris deux émaux, images de saint Ignace et de saint Fran-

---

1 Journal des supérieurs des Jésuites, Ms. Il ne reste malheureusement que des fragments de ces documents si intéressants, commencés par Lalemant en 1645. C'est à M. Jacques Viger que je dois communication de ce qui en reste et que j'ai pu copier ; l'extrait ci-dessus est du 1er janv. 1646. Giffard était seigneur de Beauport, membre du conseil ; Des Châtelets son allié par mariage, était un des premiers colons ; Couillard était gendre d'Hébert, le premier de tous les colons ; Mlle de Repentigny était la fille de Le Gardeur de Repentigny, le commandant de l'escadre ; nous connaissons déjà Mme de la Peltrie ; Bourdon était l'Ingénieur en chef de la Colonie ; Abraham Martin servait de pilote pour le Roi sur le St-Laurent, et c'est lui qui donna son nom aux historiques « Plaines d'Abraham » Les autres sont des serviteurs ou subalternes. (Voir Ferland, notes sur registres, 16.)

çois-Xavier. Nous donnâmes à M. Giffard le livre du Père Bonnet sur la vie de Notre-Seigneur ; à M. Des Châtelets un petit volume sur l'éternité ; à M. Bourdon, un compas et un télescope; aux autres, divers reliquaires, rosaires, médailles, images, etc. Je me rendis chez M. Giffard, chez M. Couillard et chez mademoiselle de Repentigny ; les Ursulines me firent prier de les venir voir avant la chute du jour. J'y allai, et y offris mes hommages à madame de la Peltrie, qui nous envoya quelques présents ; j'ai failli omettre cette attention, ce qui eût été une grande négligence. Nous donnâmes un crucifix à la femme qui lave les linges d'église, et une bouteille d'eau-de-vie à Abraham, quatre mouchoirs à sa femme, quelques livres de dévotion aux autres, et deux mouchoirs à Robert Hache qui nous en demanda deux en plus, ce à quoi nous accédâmes. »

CHAPITRE XXI.

UNE NATION CONDAMNÉE A PÉRIR.

(1645-1648.)

Illusions des Indiens. — Iroquois et Hurons. — Triomphes de ces derniers. — Le captif iroquois ; sa fermeté. — Exploits de partisans — Diplomatie. Les Andastes. — L'ambassade hurone. — Négociations. — L'ambassadeur iroquois. — Son suicide. — L'honneur chez les Iroquois.

L'entreprise de la civilisation s'était posée fermement sur le terrain sauvage qui nous occupe, et le long règne de la barbarie touchait à son terme ; néanmoins, ces malheureuses tribus, inconscientes du glas de mort qui menaçait leur existence, offraient l'étrange spectacle, à cette époque de crise suprême, d'un déchirement mutuel ; leur fureur était décuplée par une astuce intelligente ne servant qu'à hâter leur destruction.

Nous ne nous appesantirons pas sur les causes, peu connues d'ailleurs, de l'antagonisme survenu entre Hurons et Iroquois. A ce moment, la passion dominante des sauvages confédérés était l'annihilation du peuple rival et de leurs alliés les Algonquins, si l'entente établie entre les Hurons et ces hordes incohérentes peut s'appeler une alliance.

Bien unis, leur nombre eût dépassé de beaucoup celui des Iroquois, et même seuls les Hurons eussent pu écraser les forces des cinq nations leurs adversaires qui ne devaient pas alors dépasser trois mille guerriers. La réelle supériorité des Iroquois était toute morale.

Ils traversaient une de ces phases où l'orgueil, la confiance, la volonté d'imposer une domination, marquent chez un peuple sauvage, une ère de conquête. Malgré tous les vices de leur organisation, elle était de beaucoup supérieure à celle de leurs voisins ; toutes les misérables jalousies, les querelles, les complots tramés parmi les cinq membres de la Ligue, ne rompaient en rien leur union. Les liens qui les maintenaient, semblables aux attaches de caoutchouc, ne se détendaient que pour mieux se resserrer, tant étaient fortes les relations de clan rattachant toutes ces tribus les unes aux autres.

Les hommes blancs, dès leur première rencontre avec les Hurons, les trouvèrent en guerre ouverte contre les Iroquois, et depuis lors, la lutte se soutint avec fureur. Des guerriers se réunissaient pour infester les forêts des Hurons, pour tuer les squaws dans les champs, envahir vers minuit les villages et assommer les habitants endormis. Souvent aussi ces cruels envahisseurs devenus plus nombreux assiégeaient les villes et les brûlaient, ou engageaient des combats meurtriers dans les forêts et les défilés des montagnes. Les Iroquois n'étaient pas toujours victorieux, et s'attiraient parfois de sévères représailles. C'est ainsi qu'en 1638, un parti d'une centaine d'Iroquois fit la rencontre d'une bande d'environ trois cents Hurons et Algonquins : devant cette inégalité du nombre, la plupart voulurent se retirer, mais Onatkwaya, chef des Onéida, s'y refusa. « Voyez, » leur dit-il, « le ciel est clair, le soleil nous observe ; si les nuages voilaient notre fuite, nous pourrions tenter cette honteuse retraite, mais, exposés à ses regards, nous devons en courir le risque... » Ils soutinrent donc le combat, mais bientôt écrasés, quatre ou cinq d'entre eux purent seuls s'échapper, tous les autres durent se rendre ou se faire tuer. Cette année, la fortune favorisa les Hurons ; ils firent plus de cent prisonniers qu'on distribua dans les différentes villes afin d'y être brûlés. Ces atrocités avaient toujours lieu de nuit, et leur superstition voulait que la torture durât depuis le coucher du soleil jusqu'à l'aube. Le vaillant Ononkwaya figurait parmi les victimes, et en face de la mort il prit sa revanche contre ses féroces bourreaux ; car ils regardaient comme un augure de défaite pour les vainqueurs de ne pouvoir arracher un cri à leurs victimes et en cette occasion il montra un indomptable courage. L'exécution du chef des Onéida eut lieu dans la ville de Teanaustayé, appelée Saint-Joseph par les Pères Jésuites ; ceux-ci ne pouvant le sauver, réussirent au moins à le baptiser. Sur la plate-forme de l'échafaud, il se mit dans un état de fureur qui semblait le rendre insensible à la douleur ; le croyant presque mort, ses bourreaux le scalpèrent, lorsqu'à leur stupéfaction, il s'élança, saisit les torches, instruments de son martyre, et maintint en respect la foule furieuse, qui l'assaillait d'en bas à coups de pierre et lui lançait des charbons ardents ; il fit enfin un faux pas, et en tombant fut saisi et jeté dans le feu, mais se relevant encore, souillé de sang et de cendres, il se jeta sur eux armé de brandons. La multitude s'ouvrait devant lui, il courut vers la ville pour y mettre le feu ; une perche lancée en travers du chemin, l'ayant fait trébucher, ses bourreaux s'emparèrent de lui, lui tranchèrent les pieds et les mains et le rejetèrent dans le feu ; il put encore en ressortir en se traînant sur les coudes et les genoux, dardant sur eux de tels regards que ses ennemis reculèrent involontairement jusqu'à ce que, se rassemblant, ils lui donnèrent le coup de grâce et lui coupèrent la tête [1].

Lorsque la violence ne réussissait pas aux Iroquois, la traîtrise les servait souvent mieux. Pendant l'été de 1645, deux partis de guerre se rencontrèrent en forêt. Les Hurons se comportèrent si vaillamment, que la victoire leur était presque assurée, lorsque les Iroquois demandant un parlementaire, déploient des ceintures de wampum, et offrent de traiter. Les Hurons font l'insigne folie d'y consentir les chefs des deux camps s'asseoient en conseil, et pendant cette suspension d'armes, les Iroquois saisissant le moment favorable, tombent sur leurs dupes, les tuent et font prisonniers ceux qui survivent [2].

L'importante ville frontière de Saint-Joseph était bien défendue par des palissades, coupées de distance en distance par des tours en bois servant aux guetteurs. Par une soirée de cette même année 1645, un certain nombre d'Iroquois s'approchèrent en armes de la place, ce que voyant, les jeunes guerriers hurons, montant la garde le long de leurs palissades, hurlèrent leurs chants de guerre pendant toute la nuit, afin que l'ennemi, les sachant sur la défensive, ne tentât pas d'attaque. La nuit était sombre, et l'odieux chant retentissait de toute part; néanmoins à la faveur de l'obscurité, deux Iroquois s'approchèrent tout contre la barrière, et s'y tinrent tapis jusqu'à l'aube. Les chants avaient cessé et les guerriers cédaient au sommeil, alors, un des Iro-

---

1. Lalemant. *Relation des Hurons.* 1639, 68.
2. Ragueneau. *Relation des Hurons.* 1646, 55.

quois avec l'agilité d'un chat sauvage, atteint en silence le sommet d'une des tours de garde, assomme un Huron assoupi, jette l'autre par-dessus le parapet à son camarade, redescend avec la même souplesse et tous deux munis de leurs sanglants trophées, vont retrouver leurs compagnons dans la forêt. Les Hurons prirent leur revanche dans les mêmes conditions de ruse et d'audace contre la ville des Senecas.

Nonobstant ces triomphes de détail, les Hurons se sentaient sur le bord de l'abîme. Les pestes et la guerre les avaient décimés, ne laissant subsister que l'ombre de leur puissance évanouie.

Dans leur détresse, ils se mirent en quête de secours ; se souvenant alors de leurs anciens liens d'amitié avec les Andastes, ils envoyèrent demander leur aide dans la guerre, et leur intervention pour amener la paix. Ce peuple puissant résidait, comme nous l'avons déjà vu, sur la rivière Susquehanna[1]. Leurs demeures étaient donc fort éloignées de celles des Hurons, même en ligne directe, et les Iroquois les en séparant, un long circuit devenait nécessaire afin de les éviter. Un chef baptisé par les Jésuites du nom chrétien de Charles, et avec lui quatre Hurons païens, porteurs de dons en wampum de la part du conseil, partirent en ambassade le 13 avril 1647 ; ils atteignirent la ville principale des Andastes, dans les premiers jours de juin ; elle contenait, nous disent les narrateurs, pas moins de treize cents guerriers.

Le conseil assemblé, l'envoyé s'adressa à eux en ces termes :

---

[1]. Voir l'introduction. Nul peuple ne résista plus bravement aux Iroquois. Les restes misérables des Andastes, nommés Conestogas, furent massacrés par les Paxton Boys, en 1763. Voir « la *Conspiration de Pontiac* ».

« Nous arrivons du Pays des âmes, où tout est obscurité, trouble et désolation. Le sang couvre nos champs, nos maisons ne contiennent que des morts ; et nous-mêmes, nous ne gardons plus de vie que ce qu'il en faut pour prier nos amis de prendre pitié d'un pays bien près de se voir à sa fin. »

Les Andastes, qui étaient en querelle permanente avec les Mohawks, et qui avaient d'abord promis aux Hurons leur appui, firent une réponse favorable ; mais ils étaient plus disposés à se servir des talents diplomatiques que de recourir sur l'heure au tomahawk. Après une série de conseils, ils résolurent d'envoyer des ambassadeurs, non à leurs anciens ennemis, les Mohawks, mais chez les Onondagas, les Onéidas et les Cagugas, nations centrales selon la géographie de la Ligue iroquoise, tandis que les Mohawks et les Senecas se trouvaient aux extrémités Est et Sud. En persuadant aux trois nations centrales, et peut-être aux Sénécas, de conclure un traité avec les Hurons, ces derniers pourraient concentrer leurs forces contre les Mohawks attaqués dans le même temps par les Andastes, à moins qu'ils ne demandassent grâce et ne conclussent la paix ; ce projet avait pour base, la présomption que la redoutable Ligue iroquoise ne resterait pas unie d'opinions et d'action [1].

Charles et ses collègues repartirent alors pour rendre compte de leur mission, mais les Sénécas les guettaient, et ils durent faire le grand détour à travers les Alleghanies, la Pensylvanie occidentale, et peut-être même l'Ohio, afin de les éviter ; ils ne purent donc rejoindre les villes huronnes qu'en

---

1. Sur cette mission des Hurons aux Andastes, voyez Ragueneau, Relation, 1648, 58-60.

octobre, et pendant cet espace de temps, la paix semblait surgir d'un autre côté.

Au commencement du printemps, une bande d'Onondagas avait fait une incursion, mais rudement repoussés par les Hurons, plusieurs furent tués, les autres s'enfuirent ou furent faits prisonniers. Ceux-ci furent brûlés, à l'exception de l'un d'eux, qui se suicida pour échapper à la torture et du chef, nommé Annenrais, que l'on épargna. Quelques-uns des Hurons se montrèrent mécontents de cet acte de rare commisération, et annoncèrent qu'ils le tueraient; ce que voyant, les chefs, dont le système était de ne jamais se mettre en opposition ouverte avec le sentiment populaire, le firent échapper secrètement pendant la nuit, en lui remettant des présents, sous la convention tacite qu'il userait de toute son influence à Onondaga en faveur de la paix. Lorsqu'Annenrais eut traversé le lac Ontario, il rencontra presque tous les guerriers de sa tribu en marche pour venger sa mort présumée, car il était un chef de grande notoriété. Ils l'accueillirent comme quelqu'un échappé à la tombe, et se laissèrent persuader de rebrousser chemin : dès leur retour, le conseil s'assembla pour délibérer sur la situation.

Sur ces entrefaites, apparut l'ambassadeur des Andastes avec les ceintures de wampum. Les motifs secrets de cette nation et de celle des Onondagas étaient en parfaite concordance; la haine des Andastes contre les Mohawks et la jalousie des Onondagas contre ceux-ci comme confédérés se réunissaient depuis que, munis de fusils hollandais, les Mohawks alarmaient par leur arrogance toutes les nations amies et fédérées; la paix conclue avec les Hurons laisserait les Onondagas libres de tourner leurs forces contre les Mohawks. Les Onéidas et les Cayugas s'unissaient à eux dans la même pensée : trois nations sur quatre, de la Ligue, allaient donc pour satisfaire leur animosité, donner les mains à l'ennemi commun.

On résolut d'envoyer une ambassade aux Hurons ; quelque fût le fonds de leurs pensées secrètes, ils eurent la main malheureuse dans le choix de l'ambassadeur. Huron de naissance, fait prisonnier encore enfant, adopté et naturalisé il était devenu plus Iroquois que les Iroquois eux-mêmes, et peu d'entre ces féroces confédérés avaient versé plus de sang huron.

Lorsqu'au milieu de l'été, il atteignit la ville de Saint-Ignace, et qu'il remit ses titres de créance, l'opinion se divisa parmi les Hurons. La nation de l'Ours (celle de la confédération la moins exposée aux incursions iroquoises) émit l'avis de rejeter des propositions faites par un intermédiaire qui leur était aussi antipathique ; au contraire, ceux des Hurons qui avaient le plus souffert des maux de la guerre, désiraient la paix avec ardeur ; après une solennelle délibération, le parti de la paix à tout prix l'emporta. On décida d'envoyer comme chef de l'ambassade un chef chrétien nommé Jean-Baptiste Atironta ; au 1er octobre, lui et quatre autres Hurons partirent pour Onondaga, emportant des présents en profusion, et accompagnés de l'envoyé apostat des Iroquois. Les ambassadeurs ne devant compter que sur les ressources de la chasse pour leur subsistance, et en outre, construire leurs canots, il leur fallut vingt jours pour arriver à destination ; à la vue des messagers de paix, la jubilation éclata et les conseils durèrent pendant un mois.

Toutes les questions ayant été traitées à fond, les

Onondagas décidèrent enfin l'envoi d'une ambassade qui accompagnerait Jean-Baptiste à son retour, et avec elle, quinze prisonniers hurons, comme assurance de leur bon vouloir, mais ils gardaient comme otage l'un des collègues de Jean-Baptiste.

Ils choisirent cette fois pour envoyé un chef de leur nation, Scandawati, homme de renom, âgé de soixante ans, auquel ils adjoignirent deux collègues. Le vieil Onondaga n'accepta sa mission, que l'esprit troublé, bien plus par le souci de son honneur et de sa dignité, que par la crainte d'y perdre la vie ; il la risquait bien cependant, car si les Onéidas et les Cayugas agissaient de concert avec les Onondagas, les Senecas avaient, eux, refusé toute participation à l'ambassade et ne respiraient que combats.

Ne seraient-ils pas capables, se demandait-il, et les Mohawks plus encore, d'oublier les égards dus à un nom honoré dans les conseils de la Ligue, et d'assaillir les Hurons pendant qu'il remplirait auprès de cette nation, sa mission d'envoyé, compromettant à la fois ainsi son honneur et sa vie ? Cette pensée prit tellement possession de son esprit, qu'il dit à un de ses collègues : « Si je devais subir un pareil affront, j'en mourrais de honte. »

La chasse, la pêche, la fabrication des canots et le mauvais temps, entravèrent si bien la marche des augustes voyageurs, qu'ils n'arrivèrent dans les cités huronnes que le 23 octobre.

Scandawati présenta sept grandes ceintures de wampum, composées chacune de trois ou quatre mille grains, que les Jésuites appellent « les perles et diamants de la nation ». Il délivra les quinze captifs, en promettant la même grâce à plus de cent d'entre eux, lors de la conclusion de la paix. Les trois Onondagas demeuraient comme gages de la bonne foi de ceux qui les avaient envoyés, jusqu'au commencement de janvier, alors que les Hurons de leur côté expédiaient six ambassadeurs accompagnés de l'un des Onondagas, pour conclure le traité ; mais bientôt arrivèrent les mauvaises nouvelles ; les pressentiments du vieux chef ne l'avaient point trompé. Les Senécas et les Mohawks, méprisant des négociations auxquelles ils n'avaient point pris part, envahiraient de force la contrée. On pouvait croire que les Hurons voudraient se venger sur les envoyés onondagas, résidant comme otages au milieu d'eux ; mais ils n'en firent rien, le caractère d'ambassadeurs fut respecté.

Un matin, cependant, Scandawati disparut ; l'émoi fut grand, on crut qu'il avait passé à l'ennemi ; les bois furent battus pour le retrouver, et à la fin on découvrit son corps dans les taillis avoisinant la ville. Le vieillard était étendu mort sur un lit de branches de sapin qu'il s'était fait, la gorge presque tranchée ; il avait péri de ses mains, victime de son orgueil offensé. Cette curieuse histoire est relatée par témoin oculaire, le P. Ragueneau [1], qui s'écrie : « Voyez quelle importance les Indiens attachent au point d'honneur. »

Nous avons déjà vu que l'un des collègues du pauvre chef était parti pour Onondaga avec la députation de six Hurons. Ce groupe rencontra une centaine de Mohawks, qui les capturèrent, tuèrent les six Hurons, mais épargnant l'Onondaga, le forcèrent à se réunir à eux. Peu après, ils tombèrent sur trois cents Hurons qui traversaient la forêt, venant de la ville de Saint-Ignace, la plupart de ces voyageurs

---

1. Relation des Hurons, 1648, 56-58.

n'étant que des femmes, ils en eurent facilement raison, et firent quarante prisonniers. L'Onondaga donna la chasse également, et captura pour sa part une jeune fille huronne, mais chrétienne. Le lendemain, il insista pour qu'on le laissât retourner dans la ville huronne. « Tuez-moi, si vous le voulez, disait-il, mais je ne puis vous suivre plus loin, car je serais trop honteux de reparaître devant mes concitoyens qui m'avaient envoyé comme messager de paix chez les Hurons ; je dois mourir avec eux, plutôt que d'agir en ennemi. »

Touchés par ses remontrances, les Mohawks lui permirent non-seulement de s'en aller, mais même d'emmener sa capture féminine, et l'Onondaga la reconduisit en sûreté dans son pays.

Un rayon éclaire donc ces ténèbres de l'intelligence, puisque le principe de l'honneur brille encore dans ces cœurs incultes [1].

Nous n'entendons plus parler des négociations qui ont eu lieu entre les Onondagas et les Hurons. Celles-ci et leurs résultats seront enveloppés dans la tourmente des événements dont dont nous entreprendrons plus loin la relation.

1. Ragueneau. Relation, 1648-65.

CHAPITRE XXII.

LA MISSION HURONE.

(1645-1648)

Espérances des missionnaires. — Chrétiens et païens. — Position des prosélytes. — Vision d'une jeune fille hurone. — La crise. — Justice hurone. — Meurtre et réparation. — Espoir et craintes.

Quel pouvait être le sort des pauvres missions pendant ces temps de misère et de terreur, se demanderont nos lecteurs. Dieu y avait pourvu en leur accordant une prospérité inespérée. Ces temps désolés avaient rendu les Hurons plus traitables ; affolés de crainte, l'humilité leur était venue et le besoin de secours les rapprochait des prêtres de la mission. La mission spirituelle dépassa non seulement en nombre celle de toutes les années précédentes, mais elle fournit des cas indiscutables de sincérité et de ferveur. Dans quelques centres, le nombre des chrétiens surpassa celui des idolâtres, et partout leur groupe devenait puissant.

La mission de la Conception, ou d'Ossossané, fut la plus féconde en résultats. Là s'élevaient une église et un établissement des Jésuites ; il en était de même à Saint-Joseph, Saint-Ignace, Saint-Michel et à Saint-Jean-Baptiste, car les villes hurones recevaient des noms d'apôtres et de saints. Chaque église possédait sa clochette, suspendu souvent dans l'arbre le plus voisin [1]. Tous les matins, son tintement appelait à la messe ; sortant alors de leurs grossiers abris, les convertis se groupaient autour de l'enceinte sacrée, dont les parois nues et fraîchement équarries formaient un contraste avec l'éclat du clinquant, des draperies voyantes et du décor intérieur, combiné pour frapper ces imaginations sauvages. La soirée les réunissait de nouveau à la prière ; puis, le dimanche, les offices, le rosaire, le sacrifice de la messe, les sermons, confessions et communions occupaient tout le jour.

Ces convertis participaient rarement à la torture infligée aux prisonniers, souvent même ils s'élevèrent contre ces pratiques barbares ; on vit entre autres, un certain Etienne Totiri, pendant que ses concitoyens païens brûlaient un captif iroquois à Saint-Ignace, le leur reprocher hautement, et leur promettre une éternité de flammes et de punitions, s'ils n'abandonnaient cette hideuse coutume ; ne s'en tenant pas là, il adressa au patient des exhortations, dans l'intervalle des tortures ; le malheureux mourant demanda le baptême, qu'Etienne prit sur lui de lui administrer, bravant les huées de la foule, qui, le voyant revenir en courant d'une hutte voisine, porteur d'un vase plein d'eau, le poussait jusqu'à le renverser, en criant : « Laissez-le tranquille ! laissez, que les démons le brûlent après que nous aurons fini [2] ! »

---

1. Un fragment de ces sonnettes, trouvé sur le site d'une ville hurone, est conservé dans le musée des souvenirs hurons, à l'université Laval à Québec. Cette clochette était petite, mais d'un travail très-soigné. Avant 1644, les Jésuites se servaient en guise de cloches, de vieux chaudrons de cuivre. Lettre de Lalemant, 31 mars 1644.

2. Ragueneau. *Relation des Hurons*, 1646, 56. Les Hurons s'opposaient souvent au baptême de leurs prisonniers, en alléguant que l'enfer, et non le ciel, était le lieu où ils voulaient les voir jetés. Lalemant rapporte la même chose.

En présence de ces atroces scènes, récréation favorite d'une nuit d'été parmi les Hurons, les Jésuites n'atteignaient pourtant pas au degré de sensibilité de la civilisation moderne. Loin de nous de dire qu'ils ne blâmassent ni n'empêchassent, chaque fois qu'ils le pouvaient, ces monstruosités, mais le salut des âmes les occupant presque exclusivement, ils considéraient la guenille humaine comme l'instrument de tant de fautes, qu'ils la jugeaient digne de tous les tourments de l'expiation. Qu'étaient-ce donc que quelques heures de douleurs passagères, si l'on pouvait assurer à l'âme la félicité éternelle ? Si la victime mourait dans les ténèbres du paganisme, ces tortures n'étaient que le prélude des flammes éternelles ; si elle devenait chrétienne, ils y voyaient un acheminement vers le Paradis, et presque un moyen de salut, puisque bien acceptées, ces souffrances abrégeraient celles du Purgatoire.

Les bons Pères s'efforçaient donc de mépriser autant que possible les plaisirs et les peines terrestres ; mais ils restaient intraitables sur un point, celui du cannibalisme, et ils ne cessèrent de s'élever avec véhémence contre cette hideuse pratique [1].

1. Lalemant nous rapporte le curieux cas suivant d'une conversion opérée sur le bûcher :

« Un Iroquois devait être brûlé dans une ville un peu éloignée. Quelle consolation ne trouverait-on pas à partir, dans la plus forte chaleur de l'été pour délivrer cette malheureuse victime de l'enfer ouvert devant elle ? Le Père s'approche et instruit l'idolâtre au milieu même de ses tourments. La foi pénètre dans son cœur, il reconnaît, il adore, comme l'auteur de sa vie, celui dont il n'avait jamais entendu prononcer le nom jusqu'au jour de sa mort. Il reçoit la grâce du baptême, et ne pense plus qu'au ciel.... Ce nouveau, mais généreux chrétien, monte sur la plate-forme préparée pour son supplice, sous les yeux cruels de mille spectateurs, qui sont à la fois ses juges, ses ennemis et ses exécuteurs ; il lève les yeux vers le ciel et s'écrie : « Soleil, toi qui es témoin de mes tourments, entends ma voix ! je suis près de mourir, mais après ma mort, j'irai résider dans le ciel ? »

La foi faisait donc des progrès incontestables, mais il ne faudrait pas en conclure que son sentier fût semé de roses. L'opposition et la calomnie suivaient leur cours, vivantes et actives. « C'est la prière qui nous tue ; vos livres et vos rosaires, ont ensorcelé le pays ; avant votre venue, nous étions heureux et prospères ; vous êtes des sorciers, dont les charmes font périr les moissons, et nous amènent la maladie et l'ennemi.

Brébeuf n'est qu'un traître, ligué avec les Iroquois. » De pareils discours, tenus ouvertement et secrètement, devaient porter les fruits qu'ils semaient.

Tous les renoncements aux fêtes, danses, jeux, imposés au Huron converti, comme empreints de diabolisme, devenaient encore bien plus considérables lorsqu'il s'agissait de les faire accepter par l'un de leurs chefs ; car ceux-ci, comme l'écrit le P. Lalemant, sont plus particulièrement chargés d'inciter leur peuple à suivre les suggestions du démon, sous forme de danses, de cannibalisme et d'indécences sans nombre rentrant dans l'ordre des rites et des cures. Il n'est donc pas surprenant que les prosélytes fussent difficiles à faire, et que la conversion obtenue, il y eût de fréquents cas de relaps.

Les Jésuites se plaignaient qu'ils n'eussent pas de moyens de coercition contre leurs convertis, qui les forçassent à demeurer fermes dans la foi ; ils ajoutent, dans leurs lettres, que les Iroquois, en anéantissant le commerce des fourrures, ont rompu le lien principal entre les Hurons et les Français, et affaibli, par conséquent, l'influence de la mission [1].

Relation des Hurons, 1641, 67. Le soleil était le Dieu des Iroquois idolâtres. Le converti en appelait donc à son ancienne divinité pour se réjouir avec elle de l'heureux avenir qui venait de lui être promis.

1. Lettre du P. J. Lalemant, jointe à la Relation de 1645.

VISION D'UNE JEUNE HURONE.

Parmi les nombreuses calomnies propagées par le parti hostile à la nouvelle doctrine, il y en eut une qui trouva grande créance, même chez les nouveaux convertis, et qui produisit un grand effet. On raconta qu'une jeune Hurone, chrétienne, morte récemment, et enterrée dans le cimetière de Sainte-Marie, était revenue à la vie, et rendait un compte désolant du paradis des Français. On disait qu'à peine entrée dans le ciel, elle avait été attachée au bûcher et torturée avec une rare cruauté; on ajoutait que tous les Hurons convertis subissaient les mêmes traitements, et que c'étaient là les délassements favoris des habitants du céleste séjour et particulièrement ceux préférés par les Jésuites. Ils ne baptisaient donc les Indiens que dans l'unique but de les pouvoir martyriser au ciel; et c'était pour cette fin qu'ils étaient prêts à braver les misères, les dangers de leurs vies, comme un parti de guerre envahissant le pays ennemi pour enlever à tout risque des prisonniers destinés aux sacrifices. On disait encore qu'après sa pénible épreuve un ami inconnu avait indiqué à la jeune hurone un sentier la ramenant vers la terre, et qu'elle était revenue en toute hâte mettre sa nation en garde contre l'influence néfaste des missionnaires [1].

La crise d'excitation antichrétienne atteignit son paroxysme au printemps de 1648. — Un jeune Français, nommé Jacques Douart, un des Donnés au service de la mission, se rendant le soir à une courte distance de la maison des Jésuites, de Sainte-Marie, fut assommé par des Indiens inconnus, qu'on sut bientôt être deux frères, agissant à l'instigation des chefs restés idolâtres. Un grand émoi s'ensuivit;

---

1. Ragueneau, Relation. 1646-65.

pendant quelques jours l'on crut que les partis adverses en viendraient aux mains, et cela au moment où l'ennemi commun menaçait de les détruire tous deux. Mais de plus sages conseils prévalurent; devant la supériorité évidente des chrétiens, les païens baissèrent le ton, et il devint manifeste que le meilleur parti à prendre pour les Jésuites était de réclamer hautement satisfaction de l'outrage. Avec leur bon sens habituel, ceux-ci n'exigèrent pas que les meurtriers fussent punis ou livrés ; mais, se conformant à l'usage indien, ils demandèrent que la nation à laquelle appartenaient les assassins rachetât le crime par des présents.

Leur nombre, leur valeur, le mode de leur remise : tout était fixé par les anciennes coutumes[1] ; quelques-uns des convertis, agissant comme conseils, guidèrent donc les Pères dans chacune des démarches qu'il convenait de faire dans une circonstance de pareille importance. Comme cet incident offre un des plus curieux spécimens des formes de la justice hurone, nous relaterons ici cette procédure, en faisant observer que dans le cas qui nous occupe, c'était le public et non le criminel seul, qui devait payer le prix du crime.

Les chefs hurons s'assemblèrent donc en grand conseil, et y convoquèrent les Jésuites ; alors un vieil orateur, choisi par tous, se leva, et s'adressa à Ragueneau, comme au chef des Français, dans des termes que ce dernier dit avoir conservés aussi littéralement que possible :

« Mon frère, » commença l'orateur, « voyez assemblées autour de vous toutes les tribus de la Ligue ! » Ici, il les énuméra une à une. « Nous ne sommes

---

1. Voir Introduction.

qu'un faisceau, vous êtes l'âme et l'appui de cette
nation. La foudre est descendue du ciel, et a creusé
un gouffre dans la terre. Nous y tomberons, si vous
ne nous soutenez. Prenez pitié de nous ! Nous sommes
ici moins pour parler que pour pleurer votre perte et
la nôtre. Notre pays n'est plus qu'un squelette, dépouillé de ses chairs, de ses veines, de ses muscles ;
nos os ne tiennent plus qu'à un fil. Ce fil même est
brisé par le coup qui a frappé la tête de votre neveu
que nous pleurons tous [1]. C'est un démon vomi par
l'enfer, qui plaça la hache entre les mains du meurtrier. Est-ce toi, Soleil, dont les rayons descendent
sur nous, qui le porta à ce crime ? pourquoi n'as-tu
pas obscurci ta lumière, afin que son crime pût le
frapper d'horreur ? fus-tu son complice ? réponds.
Non, car il marchait dans la nuit, et ne voyait pas où
il frappait. Il croyait, ce vil meurtrier, viser à la tête
du jeune Français, mais le coup est tombé sur son
pays, le frappant d'une atteinte mortelle. La terre
s'est ouverte pour boire le sang de l'innocente victime, et nous serons engloutis avec ces traces du
crime, car tous, nous sommes coupables. Les Iroquois, eux, se réjouissent de cette mort et la célèbrent
comme un triomphe, car ils voient que nos armes
sont tournées contre nous-mêmes, et ils savent que
notre nation touche ainsi à sa fin..... Frère, prenez
pitié de cette nation, vous seul pouvez lui rendre la
vie ; c'est à vous de ramasser tous ces membres
épars, et à fermer cet abîme qui s'est ouvert pour
nous engloutir. Prenez pitié de votre pays ; je dis
vôtre, car vous en êtes le maître ; nous venons ici

---

[1]. En pareil cas la figure ordinaire du langage indien n'implique
pas un degré de parenté ; on disait « oncle » pour un supérieur ;
« frère » pour un égal, « neveu » pour un inférieur.

comme des criminels, subir votre sentence, si vous ne voulez pas user de miséricorde. Ayez compassion de ceux qui, se condamnant eux-mêmes, implorent votre merci. C'est vous qui avez fortifié la nation en y demeurant ; si vous nous délaissez, nous serons pareils à un fêtu de paille arraché de terre pour être le jouet des vents. Cette contrée est une île flottant sur les vagues, et que le premier ouragan doit submerger. Affermissez de nouveau nos fondations, et la postérité n'oubliera jamais de vous louer. Lorsque nous entendîmes parler pour la première fois de ce meurtre, nous ne pûmes rien que pleurer; nous sommes prêts maintenant à recevoir vos ordres et à obéir à votre demande. Parlez, et demandez, quelque satisfaction que vous exigiez, car nos vies et nos biens vous appartiennent; même s'il nous faut dépouiller nos enfants pour vous complaire, nous leur dirons que ce n'est pas de vous qu'ils doivent se plaindre, mais de celui dont le crime nous a rendus tous coupables. Notre juste fureur se porte contre lui, et pour vous nous ne ressentons que de la tendresse. Il a détruit nos existences ; à vous il appartient de nous les rendre en disant ce que vous voulez que nous fassions. »

Ragueneau, qui observe avec raison combien cette harangue prouve que l'éloquence est plus encore un don naturel que le résultat de l'art, y fit une réplique qu'il ne nous a pas conservée ; puis il remit à l'orateur un faisceau de petites baguettes, indiquant le nombre de présents qu'il demandait comme satisfaction du meurtre. Ces baguettes furent distribuées parmi les diverses tribus siégeant dans le conseil, afin que chacun pût contribuer pour sa part à l'indemnité. Le conseil se sépara, et les chefs rentrèrent chez eux, pour recueillir dans chacun de leurs villages un nombre de présents correspondant au nombre de baguettes dont il était porteur. On n'usait d'aucune contrainte, donnait qui voulait ; mais chacun, désireux de montrer son esprit patriotique, rendit la moisson abondante. Personne ne pensa à poursuivre les meurtriers ; leur punition devait consister dans la honte que leur infligeaient les sacrifices généraux dont ils étaient la cause.

Les présents étant réunis, un jour fut choisi pour leur remise, et la foule afflua de toutes parts pour assister à la cérémonie. L'assemblée se tint en plein air, dans un champ proche de la maison de la mission Sainte-Marie, et là, au milieu de l'espace ouvert, on tint un conseil solennel. On députa quatre d'entre eux, dont deux chrétiens et deux païens, pour porter leurs hommages au Père supérieur. Mais ce n'étaient là que des préliminaires : ils vinrent chargés de présents, l'un devait ouvrir la porte, un autre demander la permission d'entrer, et comme la maison de Sainte-Marie était vaste, qu'il y avait plusieurs portes intérieures à chacune desquelles la même formalité se répétait, on peut juger de la durée de cette cérémonie avant d'arriver à la dernière pièce où les attendait le P. Ragueneau. En y entrant, ils firent un discours dont chaque point était appuyé par un présent. Le premier était destiné à essuyer ses larmes, le second devait lui rendre la voix éteinte par la douleur, le troisième calmer le trouble de son esprit, et le quatrième apaiser la juste colère de son cœur. Ces dons consistaient en wampum et en larges coquilles desquelles ils le tirent ; neuf autres présents représentaient les quatre montants du cercueil de la victime, les quatre barres transversales les unissant, et le dernier figurait l'oreiller destiné à soutenir sa tête. Huit autres cadeaux suivirent en l'honneur des huit os principaux du défunt, et répondait aux huit clans des Hurons.

Ragueneau à son tour, suivant la coutume établie, leur fit un présent de trois mille grains de wampum, destiné à adoucir la terre, pour que les Hurons ne se fissent point de mal lorsqu'ils s'y jetteraient sous le poids des reproches sur l'énormité de leur crime dont ils étaient accablés. Ceci termina l'entrevue, et la députation se retira.

La grande cérémonie eut lieu le lendemain. Une sorte d'arène avait été disposée, on y suspendit les cinquante présents formant les véritables dommages et intérêts, tout le reste n'ayant été que des accessoires.

Les Jésuites avaient le droit de les examiner tous, de rejeter ceux qui ne leur agréeraient pas, et d'en demander d'autres en place. La multitude s'assit, silencieuse et attentive, pendant qu'un orateur remettait les cinquante présents accompagnés d'autant de harangues, que le Jésuite fatigué n'a pas cru devoir nous conserver.

Puis, vinrent les dons secondaires, chacun avec sa signification expliqué par l'orateur. Ainsi le mort ayant été pourvu la veille d'un tombeau il était nécessaire maintenant de l'habiller et de l'équiper pour son voyage dans l'autre monde, à cette fin trois offrandes représentaient un chapeau, une veste, une chemise, des bas, des souliers, une culotte, un fusil, de la poudre et des balles, figurés par des wampum, des peaux de castor. Les dons suivants devaient fermer les blessures de la victime; puis combler le gouffre de la terre entr'ouverte par l'horreur du crime; aplanir le terrain, afin qu'il ne se rouvrît plus; à ce moment, l'assemblée se leva et dansa, suivant la coutume. Le dernier présent figurait une grosse pierre placée sur l'ouverture pour plus de sécurité. Sept autres présents durent rendre la voix aux missionnaires, engager les gens à leur service à oublier le meurtre, apaiser le gouverneur lorsqu'il l'apprendrait, allumer les feux à Sainte-Marie, ouvrir la grille, mettre à l'eau le bateau dans lequel les visiteurs traversaient la rivière, et enfin rendre l'aviron au garçon chargé du soin de ce bac.

Les Pères avaient droit à deux présents de plus, pour rebâtir leur maison et leur chapelle, supposées détruites par la calamité, mais ils ne les réclamèrent pas. Les trois derniers dons avaient pour mission de confirmer tous les autres, et de supplier les Jésuites de conserver une affection impérissable aux Hurons.

Les prêtres de leur côté offrirent des cadeaux en signe de leur bon vouloir, et l'assemblée se dispersa enfin. La mission y avait remporté un véritable triomphe, dont son influence s'accroissait. L'avenir eût donc été plein d'espérances, sans un formidable orage qui s'élevait, portant la guerre et ses horreurs, du fond des repaires iroquois.

CHAPITRE XXIII.

SAINTE-MARIE

(1648-1649.)

Le centre des missions. — Le fort, — Le couvent. — L'hôpital, — L'église. — Les habitants de Sainte-Marie. — Economie domestique. Les missions. — Une assemblée de missionnaires. — Mort de l'un d'eux.

La rivière Wye entre dans la baie de Glocester, goulet de la baie de Matchedash, qui s'ouvre elle-même dans la vaste baie georgienne du lac huron.

Reportons-nous à plus de deux siècles en arrière, et remontons le petit cours d'eau pendant l'été de l'année 1648. Imaginez-vous être dans un canot d'écorce, conduit par un Indien huron. Sur les deux rives, s'élèvent sombres et muettes, les forêts primitives ; mais au bout d'une lieue à peine, l'aspect change, et des champs cultivés, plantés presqu'exclusivement de maïs, s'étendent au bord de l'eau jusqu'à la lisière éloignée des grands bois. Devant vous, s'ouvre le petit lac qui alimente le cours d'eau, et à gauche, à quelques pas de la rive, se dresse une rangée de palissades et de murs fortifiés, entourant quelques bâtiments. Votre canot entre dans un fossé longeant ces derniers, et vous débarquez à la mission, dite la Résidence ou Fort Sainte-Marie.

Vous vous trouvez dans le centre et à la base des missions hurones, et nous souhaiterions que la plume des Jésuites nous eût fourni plus de détails sur ce premier noyau de leurs établissements. On retrouve encore l'enceinte et les fossés de Sainte-Marie dans le sous-sol de la forêt, qui depuis longtemps a grandi sur les ruines, et toutes les déductions que nous en pouvons tirer, à l'aide d'un plan détaillé de ces vestiges levé pour nous sur le lieu même, s'accordent parfaitement avec ce que nous apprennent les *Relations* et la correspondance des missionnaires. L'ouvrage fortifié qui entourait les bâtiments, était un parallélogramme d'environ cent soixante-quinze pieds de long sur quatre-vingts à quatre-vingt-dix de large. Il s'élevait parallèlement à la rivière à la distance de cent pieds. De deux côtés, on voyait un mur continu en maçonnerie, servant sans doute de base à une palissade de bois, flanquée de bastions carrés, adaptés pour la mousqueterie, et occupés peut-être par les magasins et les logements. Les côtés regardant la rivière et le lac n'avaient pour défense qu'un fossé et une palissade à bastions surmontés chacun d'une grande croix. Les bâtiments intérieurs devaient être en bois ; ils comprenaient une église, une cuisine, un réfectoire, des lieux de retraite pour l'instruction religieuse et la méditation, puis, de quoi loger au moins soixante personnes [1]. Près de l'église, mais en dehors des fortifications, se trouvait le cimetière ; au delà du fossé qui donnait sur la rivière, on voyait un large espace, de forme triangulaire, entouré également d'un fossé, et de défenses en bois, se dis-

---

[1]. Ces retraites devaient être de deux sortes : « l'une pour les pèlerins, indiens ; et l'autre en un lieu plus séparé, où les infidèles, qui n'y sont admis que de jour au passage, puissent toujours y recevoir quelque bonne parole pour leur salut. » Lalemant, *Relation des Hurons*, 1644.

tingue encore. Nous avons lieu de croire que cette partie était destinée à la protection des visiteurs indiens qui affluaient à Sainte-Marie, et qu'on logeait dans une grande barraque en écorce, à la mode hurone [1]. Ici s'élevait peut-être aussi l'hôpital, placé au delà des murailles, afin que les femmes indiennes aussi bien que les hommes, pussent y être admises.

Les constructions à Sainte-Marie devaient être des plus rudes et primitives ; parois de bois non dégrossi, fenêtres sans vitres, vastes cheminées de pierre brute. Les Pères réservèrent leurs modestes richesses pour l'église, que Lalemant nous dit avoir été l'objet de l'admiration des pauvres sauvages, et qui, ajoute-t-il, eût paru bien misérable en France. On est pourtant encore stupéfait de voir un pareil labeur accompli dans de semblables conditions, bien que le nombre de bras dont la Mission disposât fût devenu considérable dans les dernières années. Un certain nombre de soldats avait été donné aux Pères pour les escorter et les défendre à leur arrivée. C'est ainsi qu'en 1644, Montmagny commanda vingt hommes d'un renfort arrivant de France, pour escorter Brébeuf, Garreau et Chabanel chez les Hurons, et demeurer près d'eux durant l'hiver [2]. Ces soldats logeaient chez les Jésuites et mangeaient à leur table.

Ce n'était pas seulement sur ces détachements de troupe que les Pères comptaient pour les défendre et pour cultiver le sol.

---

1. En 1642. « Nous leur avons dressé une cabane ou hospice en écorce : » *ibid.* 1642, 57. « Cet hospital est tellement séparé de nostre demeure, que non-seulement les hommes et enfans, mais les femmes y peuvent estre admises. » 1644, 74.

2. Vimont, *Relation*, 1644, 49. Il ajoute que beaucoup de ces soldats bien qu'ils eussent été autrefois « d'assés mauvais garçons » montrèrent un rare dévouement aux intérêts de la Mission.

Tout habitant du Canada désireux d'entreprendre ce service aussi rude que périlleux était autorisé à le faire, et la Mission l'entretenait, mais sans salaire. En retour, on lui permettait de trafiquer avec les Indiens, et de vendre les fourrures livrées par les magasins de la Compagnie à un prix fixé d'avance [1]. Nombre de gens profitèrent de ces facilités ; il est à remarquer que les Jésuites surent communiquer leur zèle enthousiaste à la plupart de ceux dont ils acceptaient les services et qui s'attachèrent passionnément à l'Ordre et à ses intérêts [2]. Les témoignages de désintéressement abondent ; ces hommes étaient, ce que l'on appelait des *Donnés* de la Mission, se consacrant de cœur et d'action à son service. Il est même probable qu'ils ne recueillaient les fruits du commerce qui leur était permis, qu'au profit des missions. Il ne serait guère possible, sans cette conjecture, de s'expliquer la confiance avec laquelle le Père supérieur parle de ses ressources pécuniaires, dans une lettre, adressée au général des Jésuites, à Rome, et disant : « Bien que notre nombre se soit fort accru, et que nous comptions encore sur de nouveaux membres laïques, et sur plus de prêtres de la Société, il est inutile d'augmenter l'aide pécuniaire qui nous est accordé [3]. »

---

[1]. Journal des supérieurs des Jésuites, M. S. En 1648, un petit canon fut envoyé à Sainte-Marie dans des canots hurons.
Voir aussi : Registres des arrêts du conseil, extraits de Paillon, II, 94.
[2]. Garnier les qualifie de : « Séculiers d'habit, mais religieux de cœur. » — Lettres. M. S.
[3]. Dès cette époque, on accusa les Jésuites de participer au bénéfice de la traite des fourrures ; cette imputation n'était pas sans fondement. Lejeune dans sa *Relation* de 1657 énumère les divers articles tels que wampum, fusils, poudre, plomb, hachettes, chaudrons et autres articles que les missionnaires étaient obligés de donner aux Indiens à l'occasion des conseils, etc., etc., et dit que ces objets sont achetés aux trafiquants et payés par des peaux de castor, qui servent de

Il serait juste d'ajouter que cette prospérité relative était due principalement à l'excellent emploi de leurs ressources et à leurs succès en agriculture qui eussent dû servir de base et de modèle à tout essai de colonisation, au lieu d'y faire prédominer l'élément militaire. Aussi, pendant que la famine décimait les Indiens, récoltaient-ils du maïs en telle quantité, que pendant l'été de 1649, le Père supérieur jugea que leur approvisionnement pourrait suffire pour trois années. « La chasse et la pêche, dit-il, deviennent plus productives ; » il ajoute qu'ils ont des porcs, de la volaille, et même du bétail.

Comment purent-ils amener cette portion de leur colonie jusqu'à Sainte-Marie? c'est là un prodige vraiment inconcevable ! Tant d'efforts intelligents dénotent de la part des Pères le dessein bien ar-

monnaie d'échange dans ce pays. Il ajoute « que si un Jésuite en reçoit ou en recueille quelques-unes pour aider aux frais immenses qu'il faut faire dans ces missions si éloignées, et pour gagner ces peuples à Jésus-Christ et les porter à la paix, il serait à souhaiter que ceux-là mêmes qui devraient faire ces dépenses pour la conversion du pays, ne fussent pas du moins les premiers à condamner le zèle des Pères, et à les rendre par leurs discours, plus noirs que leurs robes. » *Relation* 1657, 16. Dans cette même année, Chaumonot, s'adressant à un conseil des Iroquois pendant le temps d'une trêve, disait : « Conservez, si vous le désirez, vos peaux de castor pour les Hollandais; celles même, qui tomberaient en notre possession, seront employées à votre service. » *Ibid* 17.

En 1636, Le Jeune crut devoir écrire une lettre pour les défendre de cette accusation, et en 1643, une déclaration, jointe à la relation de l'année, certifiant que les Jésuites ne prenaient pas part au commerce des pelleteries, fut signée par douze membres du conseil de la Nouvelle-France. Cette déclaration attestait ainsi, que la Mission n'était ni associée ni rivale du monopole attribué à la compagnie. Ils y achetaient seulement leurs provisions en les payant avec des fourrures que leur livraient les Indiens ; il n'y a là en réalité qu'un système d'échange dans le but de mettre la Mission en état de se suffire ; bien insensé serait celui qui chercherait un mobile intéressé dans les âmes d'élite, comme celles de Garnier, de Jogues, et de leurs collaborateurs ; il ne s'ensuit pas de là que l'esprit général de l'ordre fut l'oubli absolu des intérêts humains.

rêté de fonder un établissement solide et durable.

Il n'en faudrait certes pas conclure que le régime culinaire fût somptueux ! la nourriture habituelle consistait en maïs pilé et bouilli, assaisonné en guise de sel (regardé comme un luxe rare), avec des morceaux de poisson fumé.

On comptait en 1649, dans la contrée huronne, dix-huit Jésuites, quatre frères lais, vingt-trois hommes servant sans paye, sept salariés, quatre garçonnets et huit soldats [1]. Sur ce nombre, quinze prêtres étaient employés dans diverses missions, pendant que le reste résidait d'une manière permanente à Sainte-Marie. Tout n'y respirait qu'ordre, discipline et subordination. Quelques-uns des hommes étaient chargés des travaux d'intérieur ; à d'autres, on assignait les soins de l'hôpital, pendant que le reste d'entre eux travaillait aux fortifications, cultivait les champs et se tenait prêt à combattre les Iroquois en cas de besoin. Le Père supérieur, assisté de deux prêtres, guidait et maintenait toute la communauté. Les autres Jésuites, libres de soucis temporels, étaient entièrement voués à la conduite des diverses missions. Deux ou trois fois par an, ils s'assemblaient tous, ou au moins tous ceux qui le pouvaient, à Sainte-Marie, pour s'entendre entre eux et déterminer leur future action ; ils venaient également à de certains intervalles s'y retremper par la prière et la méditation et puiser de nouvelles forces pour accomplir leur rude tâche.

Citadelle et magasin de la mission, Sainte-Marie était également le théâtre d'une touchante et large hospitalité. Le dimanche et les jours fériés, les con-

---

[1] Le nombre avait augmenté depuis avril 1648, où Ragueneau ne parle que de 42 français en tout y compris les prêtres.

vertis affluaient, venant des villages les plus lointains. Ils étaient entretenus le samedi, le dimanche et une partie du lundi, les rites de l'Église étant célébrés pour eux avec toute la pompe et la solennité possible. On les accueillait également bien dans d'autres occasions ; on leur donnait alors trois repas.

La famine des dernières années les amenait en troupe à Sainte-Marie ; on aura une idée de leur affluence lorsqu'on saura qu'en 1647, trois mille d'entre eux y furent logés et nourris, et que ce nombre fut doublé pendant l'année suivante. On nourrissait et on recevait aussi des Indiens idolâtres, mais on ne les gardait pas pour la couchée. La nourriture de l'âme était aussi assurée que celle du corps ; chrétien ou païen, bien peu quittaient Sainte-Marie sans avoir reçu un mot d'instruction ou d'exhortation.

C'est ainsi qu'avec les éléments qui nous ont été conservés, l'on peut reconstituer ce singulier établissement, à la fois militaire, monastique et patriarcal. Onze missions s'étaient formées depuis celle de Sainte-Marie. Celle de Sainte-Madeleine a été ajoutée aux Missions dévouées aux Hurons, et deux autres, celles de Saint-Jean et de Saint-Mathias, venaient d'être établies chez les Tobaccos [1]. Les trois dernières missions se consacraient aux tribus parlant la langue algonquine. Chaque hiver, des bandes de ces sauvages, chassées par la famine et la terreur des Iroquois, cherchaient un refuge

---

1. La Mission chez la nation Neutrale avait été temporairement abandonnée par suite de la disette de prêtres. Les Jésuites avaient résolu de concentrer tous leurs efforts sur la conversion complète des Hurons avant d'étendre plus loin leurs labeurs.

dans la contrée hurone, et l'on établit pour eux la mission Sainte-Élisabeth [1].

La mission algonquine du Saint-Esprit embrassait les Nipissings et d'autres tribus placées à l'est et au nord-est du lac Huron, puis venait enfin la mission Saint-Pierre, comprenant les tribus à l'issue du lac Supérieur et une vaste étendue de solitudes [2].

La vie dans ces missions était plus dure encore que chez les Hurons ; les hordes algonquines ne demeuraient jamais en place ; il fallait donc, été comme hiver, que le prêtre les suivît à travers les lacs, les rivières et les forêts ; il devait manier l'aviron pendant les longs jours de l'été, et frayer sa route à travers les bois, ployant sous le faix d'un canot d'écorce et des bagages, n'ayant la nuit que la terre froide comme couche, ou quelque roche aride fouettée par les flots agités du lac Huron, pendant que la famine, les tourmentes de neige, le froid, les glaçons perfides des lacs, la fumée, la malpropreté, les menaces et les persécutions pendant ces dures pérégrinations d'hiver étaient son partage. Aussi le paradis terrestre semblait-il s'ouvrir pour ces pauvres exilés lorsqu'il leur était donné, à de longs intervalles, de venir goûter quelque répit à leur labeur, au milieu de leurs frères, sous le toit hospitalier de la maison-mère.

Rejoignons les bons Pères pendant une de leurs réunions périodiques, vers le temps du carême de

---

[1]. Les Jésuites s'étaient mis en rapport avec plusieurs autres tribus, parmi les Algonquins situés à l'ouest et au sud du lac Huron.

[2]. La mission du Sault de Ste-Marie à la sortie du lac Supérieur, fut établie à une époque plus tardive. Des écrivains modernes l'ont confondue avec celle de Ste-Marie des Hurons. La *Relation* de 1649, nous apprend que les Jésuites avaient commencé une mission sur l'île du grand Manitoulin, qu'ils nommèrent aussi Isle Ste-Marie.

1649. Nous franchissons la porte orientale des fortifications, et nous pénétrons dans la salle où toute la maison, comprenant les prêtres, les laboureurs, les domestiques et les soldats, se trouve réunie à une grossière table portant des mets plus communs encore.

Le coup d'œil reportait l'assistant à l'époque moitié féodale, moitié patriarcale, où, sous les voûtes enfumées des halls seigneuriaux, s'asseyait un vaillant chevalier, entouré de sa famille et de ses suivants, tous placés à sa table dans l'ordre de leur rang. Ici Ragueneau, le Père supérieur, devait occuper la place d'honneur ; près de lui, au lieu des guerriers, s'asseoient des hommes au front pensif, vêtus de soutanes usées, au visage tanné par les intempéries, mais animé par la flamme de l'intelligence, et empreint de résolution enthousiaste. Voici Bressani, mutilé par le fer et le feu ; Chabanel, autrefois professeur de rhétorique en France, maintenant missionnaire, et lié par un vœu volontaire à une existence que repousse sa nature ; Chaumonot, dont l'aveugle dévotion se ressent de son origine rustique, car sa crédulité grossière et son fanatisme seraient voisins de l'absurdité, s'il n'était prêt à mourir pour sa foi ; l'on pouvait répéter pour lui le mot d'un grand écrivain : « Je crois volontiers les témoins qui se font égorger pour une cause. » La religion de Garnier, lui, imberbe comme une femme, d'une nature fine et délicate, revêtait la forme de ses affections et de ses sentiments ; son imagination, surexcitée par l'ardeur de sa foi, transformait en réalités l'idéalité de son culte. Entre tous ces hommes, se distinguait Brébeuf ; grand et robuste, la moustache et la barbe grisonnantes, il portait vaillamment ses cinquante-six ans. Si tout d'abord il semblait impassible, il fallait en chercher la cause dans le principe qui gouvernait et absorbait toute sa nature physique et même ses facultés intellectuelles. La passion religieuse qui chez beaucoup est sujette à accès et à défaillances, faisait partie de sa vie même, et marquait toute l'unité de sa destinée. Les mystères de la religion catholique, l'espoir du paradis, les tourments de l'enfer, offraient seuls des réalités pour lui, le reste ne lui était rien. Brébeuf avait pour collègue à la mission de Saint-Ignace, Gabriel Lalemant, neveu de Jérôme Lalemant, supérieur à Québec. Son enveloppe délicate et ses traits fins lui donnaient une apparence de jeunesse, bien qu'il eût atteint le milieu de la vie; de même que Garnier, la foi et la volonté soutenaient ce corps débile, en lui faisant accomplir tout ce qui autrement eût semblé impossible. — Il n'est rien parvenu jusqu'à nous touchant les autres membres de la Mission, et nous nous demanderions en vain quel fut l'enthousiasme juvénile, le rêve déçu, ou l'espérance brisée qui détermina le courant de leurs vies, et leur fit rechercher les souffrances et la mort aux confins de toute civilisation.

Aucun élément ne manquait pour la réalisation des fins auxquelles aspiraient ces âmes : un zèle ardent, ni une incomparable discipline, ni une sagacité pratique que les ambitieux mêmes de ce monde ont rarement surpassé dans la poursuite la plus habile des honneurs et des richesses ; s'ils furent destinés à échouer, ç'a été par des causes extérieures, contre lesquelles aucun pouvoir humain n'eût pu les sauvegarder.

Un vide ne se combla jamais au milieu d'eux. La place d'Antoine Daniel était vacante ; elle ne devait plus jamais être occupée par lui, au moins humainement parlant, car Chaumonot affirmait que lors d'un récent conseil tenu par les Pères, il avait distinctement vu leur collègue assis au milieu d'eux, et la physionomie radieuse comme jadis.

On admit ce récit, auquel il croyait si pieusement ; les amis de Daniel trouvaient une consolation à la pensée que s'ils avaient perdu un compagnon sur la terre, ils gagnaient un puissant intercesseur dans le ciel. La station de Daniel était celle de Saint-Joseph, mais hélas ! la mission et le missionnaire avaient cessé d'exister en même temps [1].

---

1. « Le P. Chaumonot nous a quelquefois raconté, à la gloire de cet illustre confesseur de J.-C. (Daniel) qu'il s'était fait voir à lui dans la gloire, à l'âge d'environ 30 ans, quoiqu'il en eût près de 50, et avec les autres circonstances qui se trouvent dans l'*Historia Canadensis* de Du Creux. Il ajoutait seulement qu'à la vue de ce bienheureux tant de choses lui vinrent à l'esprit pour lui demander, qu'il ne savait pas où commencer son entretien avec ce cher défunt. Enfin, lui dit-il : « Apprenez-moi, mon Père, ce que je dois faire pour être bien agréable à Dieu ». « Jamais, répondit le martyr, ne perdez le souvenir de vos péchés. » — *Suite de la vie de Chaumonot*, 11.

CHAPITRE XXIV

ANTOINE DANIEL.

(1648.)

Trafiquants hurons.[1] — Combat aux Trois-Rivières. — St-Joseph. — Attaque des Iroquois. — Mort de Daniel. — Destruction de la ville.

Pendant toute la durée de l'été de 1647, les Hurons n'osèrent jamais descendre jusqu'aux établissements français ; mais l'année suivante, ils reprirent courage, et résolurent d'affronter le péril, quel qu'il fût, car les chaudrons, les hachettes, les couteaux, tout manquait et était devenu des objets de première nécessité depuis qu'ils avaient des rapports avec les trafiquants. Deux cent cinquante de leurs meilleurs guerriers s'embarquèrent donc, sous la conduite de cinq chefs déterminés. Le voyage s'accomplit en paix, ils approchèrent du fort des Trois-Rivières, le 17 juillet, et là, abritant leurs canots dans les broussailles, ils se mirent en devoir de graisser leur chevelure, de peindre leurs figures, enfin d'embellir leurs personnes de façon à se présenter convenablement ornés pour la circonstance.

Pendant que nos sauvages étaient ainsi occupés, l'alarme sonna. Quelques-uns de leurs guerriers venaient de découvrir un groupe important d'Iroquois, à l'affût depuis plusieurs jours dans le bois, sans que la garnison française soupçonnât leur présence et attendant là, avec la patience caractéristique de leur race, l'occasion de faire un coup. — Les Hurons saisirent leurs armes, à demi nus, enluminés et graissés en revanche, et se précipitèrent vers l'ennemi, qui les reçut par une décharge. Les Hurons se jetèrent face contre terre, pour éviter les balles, puis, s'élançant avec leurs cris enragés, ils renvoyèrent une grêle de plomb et de flèches. Les Iroquois, inférieurs en nombre, s'enfuirent, à l'exception de quelques-uns qui soutinrent le combat à coups de couteaux ; les Hurons donnèrent la chasse ; et firent de nombreux prisonniers. Il y eut beaucoup de morts et la déroute fut complète. Le Jésuite Bressani, qui avait accompagné les Hurons dans leur voyage, assista au combat. Leurs échanges achevés, les Hurons retournèrent chez eux tout triomphants, et ornés des lauriers de la victoire sous forme de nombreux scalps ; l'événement allait leur prouver qu'ils eussent mieux fait de demeurer à la défense de leurs foyers.

La ville souvent citée de Teanaustayé, ou de Saint-Joseph, était située sur la frontière sud-est de la contrée hurone, au pied d'une chaîne de collines boisées, et à quinze milles environ de Sainte-Marie. Cette ville avait été la capitale de la nation, et conservait encore une population considérable d'après l'opinion des Indiens ; on y comptait environ deux mille habitants. Elle était bien fortifiée à la mode hurone, et on la considérait comme le boulevard du pays. Son peuple intraitable et turbulent y avait brûlé et dévoré maints prisonniers iroquois ; mais le Père Daniel, qui séjournait parmi eux depuis quatre ans, en avait converti un bon nombre et obtenait de surprenants résultats de ses prédications.

Le 4 juillet au matin, pendant que la forêt sommeillait encore sous les rayons du soleil levant, on pouvait gravir l'éminence sur laquelle était construite la ville, et traverser, sans être interpellé, l'ouverture de la palissade. A l'intérieur, vous eussiez vu les demeures d'écorce, construites en forme de voûtes rappelant celles des immenses bâches de nos charrettes, décorées de *totems* ou emblèmes armoriés, désignant leurs possesseurs, et fourmillant d'habitants. A quelques pas de là, un chien-loup aux flancs décharnés dormait au soleil, pendant qu'un groupe de jeunes filles bavardait à l'ombre d'un arbre, que les vieilles squaws broyaient le maïs dans de larges mortiers en bois, que la jeunesse oisive jouait aux dés avec des noyaux de cerises posés sur des plats en bois, et que des enfants nus se traînaient dans la poussière. On n'apercevait presque aucun guerrier ; les uns étaient en quête d'homme ou de gibier, les autres venaient de partir avec les trafiquants pour aller aux campements français. En suivant les sordides allées bordant les maisons, vous arriviez enfin à l'église, remplie d'Indiens jusque sur le parvis.

Daniel venait de dire la messe, et son troupeau restait encore agenouillé. Il n'était revenu que la veille au milieu d'eux, de retour de la retraite qu'il venait de faire à Sainte-Marie, et animé d'une nouvelle ferveur.

Soudainement, une clameur, surexcitée par la terreur, rompt le silence alangui de la malheureuse ville. « Les Iroquois, les Iroquois !... »

Une nuée de guerriers ennemis surgissait de la forêt, et se précipitait à travers les défrichements vers l'ouverture de la palissade. Daniel sortant de la chapelle, accourut vers le lieu du danger. Parmi cette foule surprise à l'improviste, quelques-uns seulement purent saisir leurs armes, d'autres s'agitaient sans but en proie à une panique folle. Le prêtre rallia les rares défenseurs, promettant le ciel à ceux qui mourraient pour leurs foyers et leur foi ; puis il courut rapidement de maison en maison, exhortant les infidèles à recevoir le baptême. Tous l'entouraient, demandant à être sauvés des flammes de l'enfer ; trempant alors son mouchoir dans l'eau, il les en aspergea, baptisant ainsi par aspersion comme aux temps antiques cette foule qui allait mourir. De là, il s'élança vers l'église, où la foule des femmes, des enfants et des vieillards se tenait rassemblée à l'abri du sanctuaire. Les uns imploraient le baptême, d'autres tendaient leurs enfants pour le recevoir, quelques-uns demandaient l'absolution, et beaucoup hurlaient, affolés de terreur et de désespoir. « Mes frères, » s'écriait le brave missionnaire, en touchant de l'eau baptismale ces pauvres victimes, « mes frères, aujourd'hui, nous entrerons au ciel ! »

Les féroces cris de guerre s'élevaient maintenant tout auprès d'eux ; la palissade était forcée, et l'ennemi pénétrait dans l'enceinte ; l'air retentissait de leurs rugissements démoniaques.

« Fuyez, » criait Daniel, « poussant son troupeau devant lui ; moi, je reste ici, nous nous retrouverons au ciel ! » Bon nombre d'entre eux s'échappèrent par la palissade opposée à celle qui livrait passage aux Iroquois, mais Daniel ne les suivit pas, dans la pensée d'avoir encore des âmes à sauver ! L'heure était venue à laquelle il se préparait depuis si longtemps. Il sortit de l'église pour aller au-devant des Iroquois.

Ceux-ci en le voyant apparaître sous ses vêtements sacerdotaux, l'air radieux et inspiré par la pensée du martyre, s'arrêtèrent saisis d'une sorte de stupeur mystérieuse ; mais reprenant bientôt leur sang-froid, ils l'accablèrent d'une nuée de flèches qui déchirèrent sa chair.

Un coup de feu retentit, la balle avait traversé le cœur, et il tomba en prononçant le saint nom de Jésus. Ses bourreaux se précipitèrent avec des hurlements de triomphe sur ce corps inanimé, le hachèrent en morceaux, et baignèrent leurs faces dans son sang pour y puiser, croyaient-ils, un nouveau courage. La ville était en feu ; lorsque l'incendie atteignit l'église, ils y jetèrent le missionnaire, dont le corps fut consumé avec les objets de son culte [1].

Teanaustayé n'était plus qu'un monceau de cendres, et les vainqueurs se mettaient en marche avec un triste cortège de plus de sept cents prisonniers, dont une partie fut massacrée en chemin ; beaucoup d'autres avaient été tués dans la ville et dans la forêt où leurs persécuteurs les pourchassèrent tuant les femmes cachées dans les taillis et trahies par les vagissements de leurs enfants.

Le triomphe des Iroquois ne s'arrêta pas là ; une ville voisine comprise dans le cercle de la mission de Daniel fut livrée également à la destruction ; jamais pareil coup n'avait frappé la nation hurone.

---

1. Ragueneau, *Relation des Hurons*, 1649, 3-5. Bressani, *Relation abrégée*, 247, Du Creux. *Historia Canadensis*. 594, Tanner, *Societas Jesu militans*, 531 ; Marie de l'Incarnation, Lettre aux Ursulines de Tours, Québec, 1649.

Daniel, né à Dieppe, était âgé lors de sa mort, de 48 ans ; il était devenu Jésuite à l'âge de 20 ans.

CHAPITRE XXV

RUINE DES HURONS.

(1649.)

St- Louis est brûlé. — Invasion de St-Ignace. — Brébeuf et Lalemant. — Combat à St-Louis. — Ste-Marie est menacée. — Nouveaux combats désespérés. — Une nuit de suspens. — Panique parmi les vainqueurs. — Incendie de St-Ignace.— Retraite des Iroquois.

Plus de huit mois s'étaient écoulés depuis la catastrophe de Saint-Joseph. L'hiver disparaissait devant les capricieux avant-coureurs du printemps. Les forêts restaient encore grisâtres et dépouillées, et le sol, détrempé par le dernier dégel, n'offrait aux regards que sa surface mélangée de flaques de neige, d'eau et des débris de la moisson précédente.

Le 16 mars, à neuf heures du matin, les prêtres apercevaient une forte fumée, s'élevant au-dessus de la forêt dans la direction du sud-ouest, à environ trois milles de distance. Ils s'entre-regardèrent avec effroi : « Les Iroquois ! » s'écrièrent-ils, « ils brûlent Saint-Louis ! » Des flammes se mêlaient à la fumée, et pendant que leurs yeux consternés, fixaient ce triste spectacle, deux Hurons chrétiens, hors d'haleine et fous de terreur, arrivaient de la ville en feu. Les pires craintes des Pères se réalisaient ; les Iroquois occupaient Saint-Louis ! et là se trouvaient leurs deux amis Brébeuf et Lalemant.

Vers la fin de l'automne, un millier d'Iroquois, principalement Mohawks et Senécas, avaient pris le sentier de guerre contre les Hurons ; parcourant la forêt tout l'hiver, chassant pour vivre, et guettant l'occasion de se jeter sur leur proie. La destruction des deux villes de la Mission avait écarté tout obstacle devant eux, et ils purent en mars pénétrer sans être découverts jusqu'au cœur du pays. La vigilance et le bon sens le plus élémentaire eussent conjuré ces catastrophes ; mais les Hurons semblaient voués à la destruction ; stupéfiés, arrivés au comble de l'apathie, craignant tout, et ne prenant néanmoins aucune mesure de défense. Ils eussent pu même marcher à l'ennemi et lui opposer le double de ses forces, mais les guerriers imbéciles demeuraient oisifs dans des forêts éloignées, sans que les Jésuites pussent par leurs conseils ou leurs exhortations faire envisager le danger à ces peuplades frappées d'aveuglement.

Dès l'aube du 16 mars, les envahisseurs approchaient de Saint-Ignace, qui composait avec Saint-Louis et trois autres villes, la mission portant son nom. Ils reconnurent la ville dans l'obscurité. Celle-ci était défendue de trois côtés par un profond ravin et des palissades de quinze pieds de haut, élevées sous la direction des Jésuites. Le quatrième côté n'était protégé que par des palissades laissées comme de coutume sous la protection de sentinelles.

On ne pouvait pourtant arguer d'une sécurité rendant la surveillance superflue, puisque la plupart de la population avait déjà quitté la ville la trouvant trop exposée aux incursions ennemies, il n'y restait que quatre cents habitants composés presque de femmes, de vieillards et d'enfants, que leurs défenseurs naturels avaient abandonnés pour aller chasser. Un peu avant le jour, un cri sauvage retentit ; il semblait émaner d'une légion de démons, éveillant brusquement les misérables victimes, sur lesquelles se précipitaient les Iroquois, massacrant tout à coups de couteaux et de hachettes, et réservant les survivants à un sort pire encore. Ils avaient pénétré par le seul côté ouvert ; l'on ne pouvait s'échapper d'aucune autre part, et trois Hurons seuls parvinrent à se sauver ; quelques minutes suffirent à l'œuvre de destruction, les Iroquois laissèrent une garde dans la ville, puis barbouillant selon leur odieuse coutume leurs faces du sang versé, ils s'élancèrent sous l'aube blanchissante vers la ville de Saint-Louis distante d'une lieue de la première étape du massacre.

Les trois fugitifs qui avaient réussi à s'échapper tous nus, couraient rapides comme l'éclair vers le point si cruellement menacé et, hurlant l'alarme, ils l'atteignirent au lever du soleil. Les habitants n'étaient qu'au nombre de sept cents, et, à l'exception de quatre-vingts guerriers, tous ceux qui en eurent la force se précipitèrent, au comble de la terreur, vers quelqu'autre lieu de refuge; forcément on dut abandonner les malades et les gens trop âgés pour fuir. Les combattants, ignorant le chiffre écrasant de leurs assaillants, résolurent de tenir jusqu'à la mort. Saint-Louis, comme Saint-Ignace, était entouré de palissades, mais était dépourvu de défenses naturelles.

Dans ce lieu se trouvaient les deux Jésuites, Brébeuf et Lalemant. Les néophytes de Brébeuf le conjurèrent de fuir avec eux, mais le brave Normand, descendant d'une race intrépide, repoussa cette proposition. Son poste devait être au cœur même du danger, afin de fortifier les combattants et d'ouvrir le ciel aux blessés.

Son collègue, frêle de corps et de constitution, frissonnait en dépit de lui-même, mais la ferveur de ses convictions maîtrisait les faiblesses de la nature, et lui aussi se refusa à chercher son salut dans la fuite. A peine les fugitifs s'étaient-ils éloignés que, pareils à une troupe de tigres affamés, les Iroquois montaient à l'assaut. Les cris répondaient aux hurlements, et chaque coup de feu en appelait un autre. Les Hurons, réduits au désespoir, se battirent comme des lions, et tuèrent une trentaine d'assaillants à coups de pierres, de flèches, et à l'aide du peu d'armes à feu dont ils disposaient. Deux fois les Iroquois reculèrent, et deux fois ils revinrent à la charge avec une férocité croissante. Ils finirent par briser les palissades au pied, et une lutte désespérée s'engagea autour des brèches ; les deux missionnaires se tenaient près des combattants, pansant les uns, baptisant ou absolvant les autres ; la lutte était trop inégale ! La horde ennemie pénétra bientôt et s'empara de tous les survivants dont étaient Brébeuf et Lalemant. La ville fut livrée aux flammes et les malheureux qui n'avaient pu fuir périrent sous ses ruines.

Cette barbarie accomplie, les vainqueurs dépouillèrent les missionnaires de leurs vêtements, et les emmenèrent à Saint-Ignace avec les autres prisonniers, les frappant cruellement à coups de bâtons et de maillets ; puis l'œuvre de destruction se mit en devoir de précéder celle de la torture.

Tous les villages voisins livrés à l'incendie et les habitants pourchassés par de nombreuses bandes, les Iroquois énivrés par le triomphe méditèrent une entreprise plus hardie, celle d'attaquer Sainte-Marie que les chefs envoyèrent reconnaître.

Pendant que se passaient ces scènes d'horreur, les fugitifs de Saint-Louis, grossis de tous ceux qui avaient pu se rejoindre, cherchaient à gagner le lac Huron et à le traverser en bravant le danger de la traîtreuse foule des glaces au printemps. Grelottants et affamés ils réussirent à gagner les villes des Tobaccos où leur arrivée répandit une panique universelle.

Ragueneau, Bressani et leurs compagnons, dans le suspens le plus cruel, attendaient les événements à Sainte-Marie. Aux craintes d'une prochaine attaque, se joignaient leurs angoisses si motivées sur le sort de Brébeuf et de Lalemant; vers le soir, la présence des espions iroquois dans les bois, confirma les pires angoisses. Les prêtres avaient avec eux quarante Français bien armés, mais leurs défenses de bois n'étaient pas à l'abri de l'incendie et les fugitifs leur avaient appris à la fois le nombre et la cruauté des envahisseurs.

On monta la garde toute la nuit en priant Dieu et saint Joseph, leur patron, dont la fête était proche.

L'arrivée de trois cents guerriers Hurons vint rendre un peu de confiance; c'étaient pour la plupart, des convertis de La Conception et de Sainte-Madeleine, assez bien armés et pleins d'ardeur pour le combat.

Ils espéraient encore d'autres secours, alors, se divisant en plusieurs bandes, ils se mirent en devoir de tomber sur les groupes ennemis et séparés qui s'aventureraient dans la forêt voisine. Leur attente ne fut pas trompée; bientôt on signala une avant-garde de cent Iroquois se dirigeant de Saint-Ignace sur Sainte-Marie. Une première rencontre tournant à l'avantage des Iroquois, mit la déroute parmi les Hurons; ils détalèrent vers Sainte-Marie; mais, au bruit du combat, d'autres Hurons accourant attaquèrent l'ennemi avec une telle furie que ceux-ci furent chassés jusqu'à Saint-Louis, suivis de près par les assaillants; la palissade y subsistait encore malgré ses brèches, les Iroquois s'y précipitèrent et les

Hurons, à leur suite; un assez grand nombre des premiers furent tués, capturés ou dispersés, et les Hurons triomphants, restèrent maître de la place.

Les Iroquois survivants arrivèrent à Saint-Ignace; là, le gros de la troupe, exaspéré au récit de la défaite, repartit pour Saint-Louis, avec la pensée d'y prendre une sanglante revanche. Ici se place une des plus furieuses batailles qui eurent lieu entre ces deux races ennemies. Les Hurons, retranchés au dedans des palissades, n'étaient guère qu'au nombre de cent cinquante, et n'avaient que bien peu d'armes à feu à opposer à celles de l'ennemi; mais, le désespoir les soutenant, ils firent bon usage des flèches, pierres, haches, couteaux dont ils disposaient, et se départant de la prudence habituelle du guerrier indien ils firent sortie sur sortie; le soir ne mit même pas fin au combat, et les espions répandus dans la sombre forêt de pins, entendirent la sauvage clameur de la lutte se prolongeant bien avant dans le silence de la nuit. Le chef des Iroquois fut grièvement blessé, et plus de cent de ses guerriers périrent; lorsque leur nombre dut inévitablement leur donner la victoire, ils ne trouvèrent plus que vingt Hurons à bout de forces et perdant leur sang; tous les autres gisaient morts autour des palissades brisées qu'ils avaient si vaillamment défendues; car c'est à l'aveuglement et non à la couardise qu'il convient d'imputer la ruine de la nation Hurone.

Les lampes brûlèrent toute la nuit à Sainte-Marie, devant le sanctuaire, et les défenseurs veillèrent, le mousquet en main. L'attaque attendue n'eut pas lieu. Aucun Iroquois ne parut; la victoire leur coûtait trop cher pour qu'ils fussent tentés de réengager la lutte. Le lendemain se passa sous l'impression d'une terrible appréhension, paralysant toutes les facultés. « Il semblait, écrit le Père supérieur, que la contrée attendit, frappée de terreur, quelque nouvelle catastrophe. »

Le jour suivant, fête de saint Joseph qui semblait les avoir si efficacement protégés, des Indiens apportèrent la nouvelle que les Iroquois, saisis d'une panique telle que les chefs furent impuissants à l'arrêter, se retiraient en masse, terrifiés à la pensée d'une nouvelle attaque des Hurons.

Ils avaient néanmoins trouvé le temps de commettre un de leurs innombrables actes de barbarie. Ces monstres, en se retirant élevèrent des bûchers dans les huttes de Saint-Ignace, y attachèrent parents, enfants, vieillards, jeunes mères, puis mirent la ville en feu, sourds aux cris de détresse de ces infortunées victimes [1].

Le reste des prisonniers fut chargé du butin et des bagages, puis on les poussa à travers bois, assommant tous ceux qui succombaient pendant la marche. Une vieille femme qui avait réussi à échapper aux flammes à Saint-Ignace, gagna la ville de Saint-Michel, peu distante du site désolé de Saint-Joseph. Là, elle trouva sept cents guerriers hurons, réunis à la hâte. Elle les mit sur les traces des Iroquois, ils s'élancèrent à la poursuite, mais sans un désir bien ardent de l'atteindre, armés comme ils ne l'étaient que d'arcs et de flèches, contre les mousquets hollandais de l'ennemi. Ils rencontrèrent, dans leur marche, les

---

[1]. Le site de St-Ignace porte encore les traces de cet incendie. Les cendres et les fragments carbonisés de bois et d'ossements humains, des poteries brisées, mêlés à des restes de métal, de verroterie et de pierre ont survécu au temps et servent de témoignage à cette cruelle destruction. L'emplacement a été examiné en détail par le Dr Taché.

corps mutilés des prisonniers tués sur la route, puis d'autres victimes attachées aux arbres et brûlées par les bûchers amoncelés près deux. Les Iroquois se retiraient avec une telle rapidité, qu'après deux jours de poursuite, les Hurons abandonnèrent la partie.

CHAPITRE XXVI

LES MARTYRS.

(1649.)

Les ruines de St-Ignace. — Les reliques. — Brébeuf au bûcher. — Son admirable énergie. — Lalemant. — Les renégats hurons. — Mort de Brébeuf. — Son caractère. — Mort de Lalemant.

Dans la matinée du 20 mars, les Jésuites de Sainte-Marie reçurent la pleine confirmation de la retraite de leurs envahisseurs; l'un d'eux, accompagné de sept Français bien armés, partit pour se rendre sur le lieu du carnage. Ils passèrent à Saint-Louis dont le sol était semé de corps sanglants, puis ils atteignirent Saint-Ignace.

Saisis d'horreur, à la vue des corps à demi consumés mêlés aux cendres de la malheureuse ville, ils trouvèrent, spectacle plus cruel encore pour leur cœur, ceux qu'ils cherchaient, hélas ! les restes mutilés et brûlés, chères reliques pour eux, de Brébeuf et de Lalemant !

Les Français connaissaient déjà le sort des deux martyrs par le récit des prisonniers hurons, dont quelques-uns avaient pu s'échapper à la faveur de la confusion de la retraite des vainqueurs. La position et l'état des corps confirmaient le triste récit qui leur avait été fait, et que nous reproduisons ici.

Dans l'après-midi du 16, jour où les deux missionnaires furent pris, l'on mena Brébeuf au bûcher. Il était bien plus occupé du sort des captifs convertis que du sien, et il les exhortait à haute voix à souffrir patiemment, leur promettant le ciel comme récompense.

Les Iroquois exaspérés l'écorchèrent de la tête aux pieds pour le contraindre au silence, mais lui d'un ton d'autorité, les menaça des flammes éternelles en punition de leur cruauté envers le serviteur de Dieu; comme il continuait à parler, malgré le supplice, ces monstres coupèrent sa lèvre inférieure et plongèrent un fer rouge dans son gosier.

Il se tint encore debout, les défiant, sans trahir de souffrance ; ils cherchèrent alors quelqu'autre moyen diabolique de le réduire. On amena Lalemant afin que Brébeuf put le voir torturer ; son corps avait été couvert de lanières d'écorce, enduites de poix. Lorsque l'infortuné vit son supérieur dans ce cruel état il ne put vaincre sa douleur, et lui adressa d'une voix brisée les paroles de saint Paul : « Nous sommes devenus le spectacle du monde, des anges et des hommes. » Puis il se jeta aux pieds de Brébeuf ; les Iroquois, se saisissant alors de lui, le lièrent au bûcher et mirent le feu aux écorces qui l'enveloppaient. La flamme s'élevant, Lalemant jeta ses bras vers le ciel avec un cri de déchirante supplication.

Revenant à Brébeuf, ils lui entourèrent le cou d'une rangée de hachettes rougies au feu, mais l'indomptable missionnaire restait encore ferme comme un roc. Un Huron, qui avait été un des convertis de la mission, devenu Iroquois d'adoption, et renégat par conséquent, suggéra, avec l'infernale méchanceté d'un relaps, de jeter de l'eau bouillante sur leur tête, en retour de toute l'eau froide qu'ils avaient versé sur celles des autres. L'effet suivit de près la proposition, et le chaudron versa ses flots bouillants sur les têtes des martyrs.

« Nous vous baptisons, criait la foule, afin que vous soyez heureux dans le ciel, puisqu'on ne peut se sauver que par le baptême. » Brébeuf résistant toujours, leur rage sanguinaire alla jusqu'à couper des morceaux de sa chair et à les dévorer devant lui. Les renégats hurons criaient : « Vous nous disiez que plus l'on souffrait sur la terre, plus le bonheur du ciel vous était assuré ; nous désirons que vous soyez heureux, nous vous tourmentons donc en proportion, et vous devriez nous en remercier. »

Après mille autres tortures plus révoltantes les unes que les autres, ils le scalpèrent, puis avant sa mort lui fendirent la poitrine, et vinrent tous laper son sang, comme des chiens à la curée, afin d'y puiser le courage propre à ce vaillant ennemi, un chef arracha enfin le cœur et le dévora.

Ainsi périt Jean de Brébeuf, le fondateur, le héros, et le plus noble martyr de la mission hurone. Il descendait d'une antique race normande, la même, dit-on, que celle des comtes d'Arundel en Angleterre ; mais jamais aucun des anciens barons ses ancêtres ne subit une fin plus épouvantable, avec un courage plus indomptable. Jusqu'à son dernier soupir, il commanda à la chair de résister, et « sa mort fut l'étonnement de ses meurtriers » [1]. Une piété enthousiaste s'était greffée chez lui sur une nature vraiment héroïque, et il était doué d'avantages extérieurs aussi exceptionnels que de dons rares de l'esprit. Ses proportions athlétiques, sa force, son pouvoir de résistance, tout ce que les jeûnes et les pénitences n'avaient pu altérer, lui avaient toujours

---

1. Charlevoix, I. 294. Alegambe se sert d'une expression semblable.

valu l'admiration des Indiens, non moins que son courage, qui ignorait même la crainte, et tempéré néanmoins de toute extravagance par un jugement bien trempé, où le bon sens le plus pénétrant s'alliait à l'exaltation d'un zèle brûlant.

Quant à Lalemant, corporellement faible depuis l'enfance, frêle à l'excès, sa constitution ne lui permettait pas une aussi prodigieuse constance physique que celle déployée par son collègue.

Lorsque Brébeuf mourut, on reconduisit Lalemant vers la hutte d'où on l'avait tiré, et là on le tortura pendant toute la nuit, jusqu'à ce que vers le matin, un Iroquois, las de ce passe-temps, le tua d'un coup de hache [1]. On raconte qu'à de certains moments, il semblait hors de lui-même ; puis reprenant ses sens, les mains élevées, il offrait ses souffrances à Dieu. Son robuste ami avait péri au bout de quatre heures de martyre, tandis qu'il survécut lui pendant dix-sept heures ; peut-être les efforts surhumains faits par Brébeuf pour comprimer toute démonstration extérieure de souffrance, avaient-ils, de concert avec les tortures indiennes, épuisé plus rapidement l'élément vital chez lui que dans la nature moins énergique de Lalemant.

Les corps des deux victimes furent portés à Sainte-Marie, et ensevelis dans le cimetière, mais on conserva le crâne de Brébeuf comme une relique; sa famille envoya de France un buste en argent du

---

1. « Nous ne trouvâmes aucune partie de son corps, écrit Ragueneau, qui de la tête aux pieds, ne fût brûlée, même les yeux dans lesquels ces monstres avaient placé des charbons ardents. »
Lalemant était Parisien, et sa famille appartenait à la classe des gens de robe. Il était âgé de 39 ans. Ceux qui le connaissaient remarquaient sa faiblesse physique. Marie de l'Incarnation dit : « C'étai l'homme le plus faible et le plus délicat qu'on eût pu voir. » Bressani et Ragueneau corroborent cette appréciation.

martyr, dont la base renferma ce crâne, et à ce jour ce buste et ses reliques sont pieusement conservés par les religieuses de l'Hôtel-Dieu de Québec [1].

1. J'ai devant moi des photographies du buste. On conserve encore diverses reliques des deux missionnaires, et l'on peut les voir dans plusieurs établissements canadiens. L'extrait suivant d'une lettre adressée par Marie de l'Incarnation, en octobre 1649, de Québec, est curieux à lire : « Madame de la Peltrie, notre fondatrice, nous envoie des reliques de nos chers martyrs, mais elle le fait en secret, les RR. PP. ne voulant pas nous en donner, de crainte que nous en envoyions en France ; mais comme elle ne s'est obligée par aucun vœu, et que ce sont les personnes mêmes qui ont été relever les corps, qui lui ont donné ces reliques en secret, je l'ai priée de vous en donner ; elle le fait très-volontiers, par l'estime qu'elle a pour vous. » Elle ajoute : « Notre-Seigneur ayant révélé à Brébeuf, trois jours avant, le moment de sa mort, il alla, plein de joie, trouver les autres Pères, et ceux-ci, le voyant tellement exalté, eurent l'inspiration providentielle de le faire saigner, et de faire sécher, et conserver ce sang, sous l'empire du pressentiment qu'il venait d'éveiller en eux, et afin qu'il n'en advint pas de lui comme du P. Daniel, qui, huit mois avant, avait été réduit en cendres à ce point qu'aucune parcelle de son corps ne put être retrouvée.

« Son supérieur avait ordonné à Brébeuf de consigner par écrit les visions, révélations et grâces dont il avait été favorisé, au moins celles, dit Ragueneau, dont il pouvait se souvenir, car la multitude en était telle qu'il n'eût pu les relater toutes. » Il ajoute : « Je n'y trouve rien de plus fréquent dans son mémoire, que l'expression de son désir de mourir pour Jésus-Christ. « *Sentio me vehementer impelli ad moriendum pro Christo.* » ..... Enfin, désireux de devenir holocauste et victime consacrée à la mort, et d'anticiper sur le martyre qui l'attendait, il voulut s'unir par un vœu au Christ, vœu qu'il rédigea en des termes dont Ragueneau nous donne le texte dans le latin original. Ce vœu l'engageait : « à ne jamais refuser la grâce du martyre si à quelque jour, dans sa grâce infinie, Dieu me l'offrait à moi son indigne serviteur.... et lorsque j'aurai le coup de la mort, je m'engage à l'accepter de sa main avec toute la force de mon cœur. » Quelques-unes de ses nombreuses visions ont déjà été racontées ici. Tanner, *Societas militans*, en donne d'autres, on peut les comparer à celles citées par Alegambe, *Mortes Illustres*. 644.

Dans la notice de Ragueneau sur Brébeuf, les qualités sanctifiantes, telles que celles de l'obéissance, de l'humilité, etc., sont seules mises en relief, comme dans toutes les relations concernant les missionnaires défunts ; mais, partout où Brébeuf apparaît lui-même dans le cours de ces nombreux documents, on en reçoit toujours une impression de force. On nous a conté que jouant sur son nom, il disait qu'il n'était qu'un bœuf propre à traîner les lourds fardeaux ; cette sorte d'humilité peut n'être pas considérée comme absolument sincère, mais même en trouvant quelque exagération dans l'expression, il faut se rappeler que l'obéissance était aussi complète que celle d'un soldat bien discipliné, et infiniment mieux comprise. C'est à cette vertu éminente chez les Jésuites canadiens, que la postérité doit d'avoir conservé le témoignage des miracles, visions et autres faveurs célestes dont ils étaient l'objet, et qu'ils consignaient par écrit sur l'ordre de leur supérieur, sans lequel leur humilité les eussent tenus cachés.

La vérité qui ressort de ces vies sublimes est qu'en laissant de côté quelque fatras inhérent à l'époque même, ces missionnaires recélaient les cœurs de saints et de héros.

CHAPITRE XXVII

LE SANCTUAIRE.

(1649-1650)

Dispersion des Hurons. — Abandon de Ste-Marie. — L'Ile St-Joseph. — Déplacement de la mission. — Le nouveau fort. — Misère des Hurons. — La famine. — Les épidémies. — Occupations des Jésuites.

La destruction des Hurons était consommée. Le glas funèbre tintait l'agonie de cette nation. Sans chefs, sans organisation, désunis, paralysés par la crainte et par la misère, ils se soumirent sans lutter davantage à leur destin, et leur seule pensée désormais fut celle de la fuite. Deux mois après les désastres de Saint-Ignace et de Saint-Louis, quinze villes huronnes étaient abandonnées, et la plupart brûlées, afin qu'elles ne pussent abriter les Iroquois. La récolte de l'année avait été mauvaise ; les fugitifs manquaient d'aliments ; éperdus, ils abandonnaient des champs qui leur en eussent seuls fournis. Groupés par bandes plus ou moins nombreuses, elles erraient, les unes vers le nord ou l'est à travers les solitudes à peine dégelées ; quelques autres se cachèrent dans les îles du lac Huron, cherchèrent un asile chez la nation des Tobaccos, ou joignirent les Neutrals sur le lac Érié; en réalité, les Hurons avaient cessé d'exister [1].

---

[1]. Chaumonot, qui se trouvait à Ossossané au temps de l'invasion

Jusqu'alors, Sainte-Marie avait été couverte par de grandes villes, placées entre elle et les Iroquois ; mais celles-ci, une fois détruites par l'ennemi ou par les habitants eux-mêmes, les Jésuites demeuraient seuls à soutenir le poids de toute nouvelle attaque. Il n'y avait heureusement pour eux plus rien à redouter à-cet égard. Sainte-Marie avait été bâtie pour servir de base aux missions ; mais le troupeau ayant déserté ses pasteurs, l'existence de la cité devenait sans objet ; si donc les prêtres y fussent demeurés pour y être massacrés, c'eût été faire acte de pure folie. La nécessité leur apparut dans toute son amertume ; leur labeur était anéanti, et Sainte-Marie devait être abandonnée. Les pauvres Pères confessent l'angoisse que cette résolution leur causa, mais, poursuit le Père supérieur « depuis l'avènement du Christ, la foi n'a jamais grandi que parmi les épreuves et les croix ; c'est ainsi que nous devons envisager cette désolation, aussi nous sentons-nous pleins d'allégresse au milieu des persécutions et des maux qui nous assaillent, et de ceux, plus grands encore, qui nous menacent ; car nos cœurs savent que jamais ils n'ont été plus aimés de Dieu qu'en ce temps de tribulation... »

Plusieurs d'entre les missionnaires partirent pour suivre et consoler les bandes dispersées des malheureux Hurons fugitifs ; l'un s'embarqua sur un canot, côtoya vers le nord les tristes rives du lac Huron, fouillant laborieusement le labyrinthe de rochers et d'îlots, sur lequel son troupeau errant avait cherché refuge ; un autre se rendit dans la forêt, accompa-

---

roquoise, a laissé une peinture saisissante de la panique et de la désolation qui suivirent l'annonce de l'approche des Iroquois, et de la fuite des habitants vers la contrée des Tobaccos. — *Vie*, 62.

gnant une bande de catéchumènes affamés, et partageant toutes leurs misères à travers les buissons et les montagnes ; ceux des prêtres qui restaient tinrent conseil entre eux à Sainte-Marie. Où allait-on se rendre ? et quel serait le nouveau siège de la Mission ? Ils fixèrent leur choix sur l'île du grand Manitoulin, qu'ils appellent, eux, l'île Sainte-Marie, et que les Hurons nomment Ekaentoton. Située au nord du lac Huron elle donnait par sa position un accès facile aux nombreuses tribus algonquines, riveraines de ces mers intérieures ; elle réunissait de plus l'avantage de rapprocher les Pères et leur troupeau des établissements français, par la route de l'Ottawa, dès que les Iroquois cesseraient d'infester cette rivière ; la pêche y était abondante, et quelques-uns des missionnaires qui connaissaient bien cette île, en croyaient le sol propre à la culture. Le transfert de la mission y était donc arrêté, lorsque douze chefs hurons se présentèrent, demandant une entrevue au Père supérieur et à ses compagnons. Cette conférence dura trois heures ; les délégués annonçaient que la plupart des Hurons dispersés allaient se réunir et former un établissement sur l'île voisine du lac, désignée par les Jésuites comme l'île Saint-Joseph ; que l'aide des Pères leur était indispensable, puisque sans eux ils ne pouvaient rien, mais que, soutenus par l'énergie française, ils se maintiendraient et sauraient repousser les attaques des Iroquois. Ragueneau dit qu'ils formulèrent leur demande en termes éloquents à force d'être pathétiques; ils voulurent confirmer leurs paroles par le don de dix colliers de wampum, représentant, disaient-ils, les voix de leurs femmes et de leurs enfants. Ces envoyés gagnèrent leur procès : les Jésuites abandonnaient leur premier projet et promettaient de rejoindre les Hurons sur l'île Saint-Joseph.

Les Pères avaient construit une sorte de petit navire sur lequel on embarqua ceux de leurs biens qui purent y tenir ; le reste trouva place sur un grand radeau, du genre de ceux qui portaient chaque année les envois de bois sur les flots du Saint-Laurent. Là se trouvait la provision de blé, produit de la culture de leurs champs, et amassée aussi pendant les années d'abondance ; puis, venaient les vêtements, les tableaux et les objets du culte, les armes, les munitions, les objets d'échange, le bétail, la volaille, dont une partie dut être tuée en arrivant à destination. En mars suivant, Ragueneau écrit qu'il leur restait dix poules, deux porcs et deux bêtes à cornes pour la reproduction. Sainte-Marie fut dépouillée de tout ce qui put se transporter ; puis, afin que les Iroquois n'y trouvassent pas d'abri, l'on y mit le feu, et les pauvres exilés virent consumer en une heure le résultat de dix années de labeur.

Le sacrifice fut consommé dans la soirée du 14 juin, pendant que la bande fugitive descendait la Wye, montait à bord, et poussait au large, en naviguant à force de rames toute la nuit. — Le lac était calme et le temps resta favorable, mais la masse chargée manœuvrait si lentement, qu'ils n'atteignirent leur destination qu'après plusieurs jours, bien qu'à peine éloignés de vingt milles.

À l'entrée de la baie de Matchedash, se développent les trois îles connues actuellement sous le nom de Foi, Espérance et Charité. La plus grande d'entre elles est celle de la Charité, connue sous le nom d'Ahoendoè par les Hurons, et de Saint-Joseph par les Jésuites ; les forêts primitives couvraient alors ses six à huit milles d'étendue.

Les prêtres y débarquèrent avec leur suite, dont

environ quarante soldats et laboureurs, et trouvèrent trois cents familles huronnes bivouaquées dans les bois ; là s'étaient placés les wigwams et les abris d'écorce; ici, les chaudrons fumaient sur les feux, fixés sur des trépieds de baguettes entrelacées, pendant que des groupes d'êtres affamés, aux visages hagards, la chevelure emmêlée, se tenaient accroupis dans toutes les attitudes du découragement et de la détresse ; ils n'étaient pourtant pas restés oisifs, car déjà l'on avait procédé à un défrichement sommaire et à l'ensemencement d'un peu de blé. L'arrivée des Jésuites leur rendit le courage, car, affaiblis comme ils l'étaient par la famine, ils se mirent néanmoins à abattre dans la forêt, à élever des palissades et des maisons, pendant que les Pères choisissaient un emplacement favorable, commençaient à déblayer le terrain, et marquaient les limites d'un fort de défense. Leurs hommes, dont la plupart travaillaient sans rétribution, y apportaient une admirable activité, et élevèrent avant les rigueurs de l'hiver un fort carré, bastionné et de solide maçonnerie, avec un fossé profond et des murailles de douze pieds de haut. A l'intérieur de l'enceinte se trouvaient : la chapelle, les maisons d'habitation, et un puits, ensemble qui, avec les ruines des murailles, se retrouve encore sur la rive sud-est de l'île, à cent pieds environ du bord de l'eau [1].

---

[1] D'intéressants vestiges ont été trouvés dans les ruines de ce fort qui mesurait 123 pieds entre les angles des deux bastions sud, et 70 pieds pour la muraille reliant ces deux défenses entre elles. Nous citerons parmi ces reliques, un moulin en acier destiné à faire les hosties sacrées ; il fut trouvé dans un admirable état de conservation, en 1848, et acheté sur place par un amateur pour un musée anglais. De même qu'à l'établissement de Ste-Marie sur la Wye, les découvertes ont été en parfaite conformité avec les lettres et les narrations des missionnaires.

Des redoutes détachées et construites à portée convenable, pouvaient aider à la défense du village huron adjacent.

Bien que l'île s'appelât Saint-Joseph, le fort reçut en souvenir de leur glorieuse patronne le nom de Sainte-Marie.

Grâce à la vigilance des Français, l'on échappa à toute attaque pendant l'été ; mais des groupes d'Iroquois maraudaient le long des rives, tuant les gens isolés et entretenant la terreur chez les Hurons. Aux approches de l'hiver, un grand nombre de fugitifs qui soutenaient à la dérobée leur misérable existence dans les îles et les forêts du nord, rejoignirent leurs compagnons d'infortune, et se trouvèrent réunis ainsi au nombre de six à huit mille, sous la protection du fort français. Ils s'empilèrent dans une centaine de maisons d'écorce, contenant chacune de huit à dix familles [1]. Veuves sans enfants, les orphelins sans parents, tous portaient l'empreinte de la famine et des Iroquois, qui avaient achevé l'œuvre

---

1. « Je voudrais pouvoir représenter à toutes les personnes affectionnées à nos Hurons, l'état pitoyable auquel ils sont réduits... Comment se pourrait-il que ces imitateurs de J.-C. ne fussent émus de pitié à sa vue des centaines et centaines de veuves, dont, non-seulement les enfants, mais quasi les parents ont été outrageusement ou tués, ou emmenés captifs, et puis inhumainement brûlés, cuits, déchirés et dévorés des ennemis. » Lettre de Chaumonot à Lalemant, Supérieur à Québec, Isle de St-Joseph, 1er juin 1649. — « Une mère s'est vue. n'ayant que ses deux mamelles, mais sans lait, qui était toutefois l'unique chose qu'elle eût pu présenter à trois ou quatre enfants qui y étaient attachés. Elle les voyait mourir entre ses bras les uns après les autres, et n'avait pas même la force de les pousser dans le tombeau. Elle mourait sous cette charge, et en mourant elle disait : Oui, mon Dieu vous êtes le maître de nos vies ; nous mourrons puisque vous le voulez ; voilà qui est bien que nous mourrions chrétiens; j'étais damnée et mes enfants avec moi, si nous ne fussions morts misérables ; ils ont reçu le saint Baptême, et je crois fermement, que mourant tous de compagnie, nous ressusciterons tous ensemble. » Ragueneau *Relation des Hurons*, 1650, 5.

de destruction entreprise contre leurs villes par la peste, dans les années précédentes.

Parmi cette multitude, bien peu conservaient assez de forces pour travailler, presqu'aucun n'avait amassé de provisions pour l'hiver, et le plus grand nombre, squelettes vivants encore, se traînant de maison en maison périssait de besoin. Les Jésuites mirent tout en œuvre pour subvenir à l'excès de ces misères ; ils envoyèrent leurs hommes acheter du poisson fumé chez les Algonquins du Nord, et firent ramasser tous les glands tombés à terre ; on réunit six cents mesures de cette triste pitance, qu'on mêla à des cendres bouillies ou à un peu de froment broyé afin d'en faire passer l'amère saveur.

Mais l'hiver, en s'avançant, redoublait cette désolation ; les misérables huttes se dépeuplaient, et lorsque les Français avaient enterré ces débris humains, les Indiens les ressortaient de dessous la neige, et s'en repaissaient, sans être arrêtés par l'horreur que leur inspirait habituellement l'idée du cannibalisme appliquée aux leurs et réservée pour leurs ennemis seuls. Une épidémie surgit pour achever l'œuvre de destruction ; avant le printemps, près de la moitié de ces malheureux avaient disparu [1].

---

1. « C'est alors que nous fusmes navrés de voir des squelettes mourants, qui soustenoient une vie misérable, en mangeant jusqu'aux ordures et rebuts de la nature. Le gland estoit à la pluspart ce que seroient en France, les mets les plus exquis. Les charognes déterrées, les restes des chiens et des renards, ne faisoient plus horreur, et se mangeoient quoiqu'en cachette ; car, quoy que les Hurons, avant que que la foi leur eut donné plus de lumière qu'ils n'en avoient dans l'infidélité, ne crussent pas commettre aucun péché de manger leurs ennemis, aussi peu qu'il y en a de les tuer, toutefois je puis dire avec vérité, qu'ils n'ont pas moins d'horreur de manger de leurs compatriotes, qu'on peut avoir en France, de manger de la chair humaine. Mais la nécessité n'a plus de loi, et des dents faméliques ne discernent plus ce qu'elles mangent. Les mères se sont repues de leurs enfants,

Comme surcroît à tant de maux, les glaces et les neiges de plusieurs pieds de haut n'arrêtaient pas les incursions des Iroquois; aussi, depuis le coucher du soleil jusqu'à son lever, à travers les tempêtes de neige ou sous les rayons glacés de la lune, les malheureuses sentinelles françaises durent-elles faire leurs rondes tout autour des remparts.

Les missionnaires se levaient avant l'aube, accomplissant leurs dévotions jusqu'au lever du soleil; alors tintait la cloche de la chapelle, et les Indiens accouraient en foule, car leurs malheurs et les bontés dont ils étaient l'objet, avaient touché ces cœurs ignorants et presque tous étaient devenus chrétiens. Ils entendaient la messe, suivie de la prière et d'une courte exhortation; les assistants s'écoulaient alors pour faire place à d'autres, et la petite chapelle se remplissait ainsi à dix ou douze reprises différentes jusqu'à ce que chacun eût passé à son tour. Pendant ce temps, les autres Pères entendaient les confessions, et accordaient à chacun leurs conseils et leurs encouragements particuliers.

Vers neuf heures, tous les Indiens retournaient au village, suivis des prêtres qui allaient porter des secours par toutes les demeures; leurs soutanes n'avaient pu être renouvelées, et ils durent se vêtir de peaux de bêtes. Selon les nécessités de chaque famille, ils délivraient de petits morceaux de cuir portant une empreinte particulière, et donnant droit sur sa présentation au fort, à une certaine quantité de maïs ou de glands, ou à un fragment de poisson sec. Deux heures avant le coucher du soleil, la cloche

---

des frères, de leurs frères, et les enfants ne reconnoissoient plus en un cadavre mort, celui, lequel lorsqu'il vivoit, ils appeloient leur Père... Ragueneau, *Relation des Hurons*, 1650, 4.

sonnait de nouveau, et l'on reprenait les exercices religieux.

C'est ainsi que la pauvre colonie traversa cet effroyable hiver, jusqu'au printemps qui allait leur apporter de nouvelles causes d'angoisses [1].

---

1. Au sujet de la retraite des Hurons à St-Joseph les documents principaux sont : les *Relations* de 1649 et de 1650, abondantes de détails, mais écrites dans un esprit admirable de simplicité et de modestie, la *Relation abrégée* de Bressani ; les rapports du P. Supérieur au général des Jésuites à Rome ; le manuscrit de 1652, intitulé : Mémoires touchant la mort et les vertus des Pères etc. etc., les lettres inédites de Garnier, écrites sur les lieux, ainsi qu'une lettre de Chaumonot, conservée dans les *Relations*.

CHAPITRE XXVIII

GARNIER. — CHABANEL.

(1649.)

Les missions de Tobacco. —Attaque sur St-Jean. — Mort du P. Garnier. — Voyage du P. Chabanel. Sa mort. — Garreau et Grelon.

Vers la fin de l'automne précédent, les Iroquois s'étaient préparés à la guerre ; aussi, à la fin de novembre, deux prisonniers fugitifs apportèrent-ils la nouvelle, à l'île Saint-Joseph, qu'une bande de trois cents guerriers rôdait dans les forêts huronnes, hésitant encore s'ils dirigeraient l'attaque sur l'île même, ou s'ils envahiraient le pays des Tobaccos par les vallées des montagnes Bleues. Le Père Supérieur expédia en toute hâte aux missionnaires un courrier afin de les prévenir du danger.

Deux missions se partageaient à cette époque la nation des Tobaccos, celles de Saint-Jean et de Saint-Mathieu, dont les noms Indiens étaient Etarita et Ekarenniondi ; la dernière de ces deux missions était confiée aux pères Garreau et Grelon, et la dernière à Garnier et à Chabanel.

Saint-Jean, chef-lieu de la mission de ce nom, comprenait de cinq à six cents familles, mais la population s'augmentait des bandes huronnes qui venaient s'y réfugier.

Lorsque le messager de Ragueneau les eut prévenus du danger qui les menaçait, il les trouva pleins d'ardeur, confiants dans leur nombre, et attendant l'ennemi sous l'empire d'un de ces accès de bravoure intermittente, particuliers au tempérament de ces sauvages. Tout fut bientôt en mouvement, et Saint-Jean ne respira plus que tatouage, plumets, désordre, chants et danses.

On garnissait les carquois, on aiguisait les couteaux et les tomahawks, mais lorsqu'au bout de deux jours l'ennemi n'apparut pas, la patience fut bien vite lassée. Présumant que les Iroquois avaient peur, ils décidèrent de marcher en avant et de prendre l'offensive. Le barbare défilé remplit la forêt dépouillée de verdure, de ses hurlements retentissants sur le terrain glacé ; la marche rapide du lendemain ne leur fit point découvrir l'ennemi, qui, après un long circuit, approchait de la ville par un autre côté ; le malheur voulut que les Iroquois capturassent un Indien Tobacco avec sa femme, rôdant dans la forêt, non loin de Saint-Jean. Ces prisonniers, dans la pensée de s'attirer la bienveillance de leurs ennemis, racontèrent l'état démantelé de la ville, où il ne restait que des vieillards, les femmes et les enfants.

Ravis de cette aubaine, les Iroquois se dirigèrent rapidement et sans bruit vers la cité abandonnée.

Le 7 décembre, Chabanel venait de quitter la ville pour obéir à un ordre de Ragueneau, et Garnier y était resté seul ; ce dernier faisait sa tournée charitable, visitant les pauvres et les malades, lorsqu'il entendit l'horrible cri de guerre s'élevant des lisières du défrichement, semant en un clin d'œil, la terreur dans la ville. Les mères saisissaient leurs nourissons, les enfants et les jeunes filles couraient de ci de là, sans but, affolés, aveuglés.

Le Père Garnier s'élança vers la chapelle, où

quelques convertis cherchaient asile. Il leur donna sa bénédiction, les exhortant à demeurer fermes dans la Foi, et à fuir pendant qu'il leur restait quelques instant de répit ; lui, courut vers les maisons, baptisant et absolvant tous ceux qu'il rencontrait.

Un Iroquois le frappa de trois balles, lui arracha sa soutane de dessus le corps et s'élança à la suite de ses compagnons le laissant à terre ; le Père eut la force de se remettre à genoux ; à peu de distance de lui, il avait aperçu un Huron, mortellement blessé, mais donnant encore quelque signe de vie.

La vision du ciel s'ouvrait déjà pour le prêtre expirant ; elle lui inspira l'énergie de se traîner jusqu'auprès de l'Indien moribond afin de lui donner l'absolution, mais la force lui manquant, il retomba à terre ; se relevant de nouveau, il cherchait à ramper vers son but, lorsque des Iroquois s'élancèrent sur lui, le terrassèrent et lui fendirent la tête à coups de haches. Dépouillé aussitôt, le pauvre corps resta gisant à terre [1]. Toute la ville était la proie des flammes, les envahisseurs craignant un retour offensif de la part des guerriers absents, hâtaient leur œuvre de destruction, jetaient des torches allumées en tous sens et lançaient les malheureux enfants tout vivants dans le feu.

La plupart des fugitifs furent tués ou captifs, et

---

1. Les détails de la mort de Garnier reposent sur le témoignage oculaire d'une femme huronne, du nom de Marthe, qui le vit frappé, et assista à ses efforts pour se rapprocher de l'Indien mourant ; elle tombait au même instant sous les coups de l'ennemi, mais étourdie seulement, elle réussit à s'échapper vivante. Elle mourut trois mois après, à St-Joseph, des suites de ses blessures, après avoir confirmé tout son récit au P. Ragueneau, qui était auprès d'elle. Ragueneau la cite également dans ses *Relations des Hurons*, 1650, 9. —V. « Mémoires touchant la mort et les vertus des Pères Garnier, etc.. Ms. »

de Saint-Jean il ne resta qu'un amas de ruines fumantes, parsemées de cadavres massacrés et calcinés.

D'autres fugitifs atteignirent Saint-Mathieu, porteurs des funestes nouvelles ; la ville à bon droit terrifiée, se mit sur la défensive, attendant l'attaque ; mais au matin, les espions vinrent apprendre le départ des Iroquois, la première pensée de Garreau et de Grelon fut d'aller visiter le théâtre du massacre ; ils cherchèrent longtemps avant de retrouver le corps de Garnier, il leur apparut enfin, au lieu même où il était tombé, mais tellement brûlé et défiguré qu'ils ne le reconnurent qu'après un long examen. Les deux amis ensevelirent le pauvre corps que les meurtriers avaient dépouillé de tout vêtement, dans une partie des leurs ; les convertis Indiens qui les accompagnaient creusèrent une tombe, sur l'emplacement de la chapelle, et l'y portèrent. Ainsi périt Garnier à peine âgé de quarante-quatre ans, l'enfant favori de parents riches et nobles, élevé dans l'aisance des villes, et exilé volontaire et satisfait, mourant, de la mort la plus cruelle, au milieu des horreurs des solitudes indiennes ; sa vie et sa mort sont le plus bel éloge à elles seules de ce doux apôtre du christianisme ; Brébeuf peut être regardé comme le lion des missions huronnes, et Garnier comme l'agneau, que la foi éleva au même héroïsme que le lion [1].

1. Le dévouement de Garnier à la mission était absolu, les nouvelles même d'Europe qui ne parvenaient pourtant au Canada qu'à des intervalles d'un à trois ans, ne l'intéressaient pas, tandis que, nous raconte son confrère Bressani, il pouvait faire trente ou quarante milles sous un soleil brûlant, pour baptiser un Indien mourant, dans des parages infestés par l'ennemi. Dans de pareilles occasions, il passa souvent des nuits, tout seul et sans abri dans la forêt au milieu de l'hiver ; il en arrivait à souhaiter de tomber entre les mains des Iroquois afin de leur porter la prédication, fut-ce à travers les tourments du feu ; on lit dans une de ses lettres inédites, le passage suivant : « Loué soit N.-S. qui me punit de mes péchés, en me privant

Lorsqu'au lendemain du massacre, les guerriers de Saint-Jean revenant de leur inutile et téméraire entreprise, ne trouvèrent plus que les cendres de leurs demeures ruinées, et les restes mutilés de leurs familles, ils s'assirent sur les ruines de ce qui avait été une ville, semblables à des statues de bronze, silencieux, immobiles, les têtes courbées et les yeux fixés sur le sol ; ils demeurèrent ainsi durant tout le jour ; telle était la forme de deuil de ces hommes, qui laissaient aux femmes les pleurs et les lamentations.

Nous avons vu que Ragueneau avait rappelé Chabanel, le collègue de Garnier, jugeant inutile d'exposer la vie de deux prêtres à la fois, dans un danger aussi imminent. Chabanel s'était arrêté à Saint-Mathieu, et le matin même de l'attaque l'avait quitté avec sept ou huit Hurons chrétiens. Le voyage fut rude et difficile ; il fallut traverser la forêt pendant dix-huit milles et camper sur la neige ; les Indiens cédèrent au sommeil, mais Chabanel, sous l'impression du danger toujours menaçant, se tint éveillé. Vers minuit, il entendit un bruit étrange dans le lointain, un tumulte de voix, mêlé à des chants et à des cris ; il reconnut que c'étaient les Iroquois s'en retournant, avec leurs prisonniers, ceux-ci entonnant

---

de la couronne du martyre. » Après la mort de Brébeuf et de Lalemant, il écrivait à son frère : « Hélas ! mon cher frère, si ma conscience ne me convainquoit et ne me confondoit de mon infidélité au service de notre bon Maître, je pourrois espérer quelque faveur approchante de celles qu'il a faites aux bienheureux martyrs avec qui j'avois le bien de converser souvent, étant dans les mêmes occasions et dangers qu'ils étoient, mais sa justice me fait craindre à rester toujours indigne d'une belle couronne. »

Il se contentait de la nourriture la plus misérable pendant les années de famine, ne vivant pour ainsi dire que de racines et de glands, bien qu'il eut été, nous dit Ragueneau, le fils bien-aimé d'une maison opulente, sur lequel s'étoient concentrées toutes les affections de son père, et qui avoit certes été nourri autrement que du pain des pourceaux. » *Relation* 1650, 12.

les chants de guerre en signe de bravade. Chabanel se hâta de réveiller ses compagnons, qui s'enfuirent à toutes jambes ; il essaya de les suivre, mais il ne put soutenir leur pas si rapide ; ceux-ci rentrèrent à Saint-Mathieu, racontant ce qui s'était passé ; ils dirent toutefois que Chabanel les avait quittés, en prenant une direction opposée, afin d'atteindre l'île de Saint-Joseph.

Les missionnaires restèrent quelque temps dans l'ignorance de son sort ; enfin, un Huron converti d'abord, puis apostat, raconta l'avoir rencontré dans la forêt, et qu'il l'avait aidé dans son canot, à traverser la rivière. Les uns supposèrent qu'il s'était égaré, les autres qu'il avait péri de froid et de faim ; les autres crurent plutôt à une mort violente ; les soupçons de ceux-ci furent confirmés, lorsque le renégat se décida à avouer qu'il avait tué Chabanel, et jeté son corps dans la rivière, après l'avoir dépouillé de ses vêtements, et de la sacoche renfermant ses livres et ses papiers ; il ajouta qu'il l'avait tué en haine du christianisme, à l'établissement duquel chez les Hurons, il attribuait toute leur ruine. [1].

Chabanel s'était préparé à une fin plus cruelle encore, car, avant de quitter Sainte-Marie sur la Wye, pour se rendre à son poste chez les Tobaccos, il avait écrit à son frère de le considérer comme une victime destinée aux bûchers des Iroquois ; il ajoutait que bien que de nature timide et craintive, il se sentait si indifférent au danger, qu'une puissance surnaturelle pouvait seule l'avoir transformé à ce point [2].

---

1. Mémoires touchant la mort et les vertus des Pères. Ms. — Abrégé de la vie du P. Noël Chabanel. Ms.
2. Nous transcrivons ici, le texte d'un vœu fait par Chabanel, à

Garreau et Grelon, furent, dans leur mission de Saint-Mathieu, exposés à d'autres dangers qu'à ceux apportés par les Iroquois. Le bruit se répandit, non-seulement qu'ils étaient des sorciers, mais qu'ils s'entendaient secrètement avec l'ennemi ; on convoqua un Conseil, qui se tint nuitamment, et où leur mort fut résolue. Dès le matin, une foule furieuse se rassembla devant une hutte où les Pères allaient entrer, criant, hurlant selon le mode indien, lorsqu'ils forcent un prisonnier à courir devant eux. Ne manifestant aucune crainte, les deux prêtres traversèrent la foule furieuse et pénétrèrent sans être molestés dans la maison. On brandit les hachettes, mais aucun n'osa frapper en premier.

Les convertis n'en pouvaient croire leurs yeux, et les missionnaires attribuèrent à l'intervention divine, la protection à laquelle ils devaient si évidemment leur salut ; ils n'échappaient du reste au péril que leur faisaient courir chaque jour les Iroquois, que pour retomber sous les coups aveugles de ceux qui eussent dû rester leurs amis [1].

l'époque où les dégoûts de son existence parmi les Hurons, l'exposèrent à la tentation naturelle de demander son rappel de la mission. Nous le transcrivons de l'original conservé en latin : — « Mon Seigneur Jésus, qui, dans l'admirable disposition de votre Providence paternelle, avez décrété que moi, bien qu'indigne, je devienne coopérateur des saints Apôtres, dans la vigne des Hurons, moi, Noël Chabanel, poussé par le désir d'obéir à votre sainte volonté, en travaillant à la conversion des sauvages de cette contrée à la vraie foi, je fais vœu, en présence du Très-Saint-Sacrement de votre précieux corps et de votre sang, qui est le tabernacle de Dieu parmi les hommes, de demeurer éternellement attaché à la mission des Hurons, soumettant toujours toute chose à l'interprétation et aux ordres des supérieurs de la Compagnie de Jésus. En foi de quoi, je vous supplie de me recevoir comme le serviteur perpétuel de cette mission, et de me rendre digne de ce ministère sublime. Amen. Le 20 du mois de juin 1647. »

1. Ragueneau. *Relation des Hurons*, 1650, 20. Garreau, l'un de ces deux missionnaires, fut ensuite tué d'un coup de feu, par les Iroquois, près de Montréal, en 1656. » De Quen, *Relation* 1656, 41.

CHAPITRE XXIX

ABANDON DE LA MISSION HURONE.

(1650-1652.)

La famine et le tomahawk. — Un nouvel asile. — Voyage des réfugiés vers Québec. — Rencontre avec Bressani. — Une trahison. — Voyage et mort de Buteux.

Aux approches du printemps, la multitude affamée, dépérissant à Saint-Joseph, devenait absolument insouciante et indifférente au péril. Le long du rivage, là où le soleil dardait ses faibles rayons, la pêche avait commencé, la neige en fondant, découvrait les glands restés dans les bois ; les dangers environnaient cette malheureuse population, car partout des bandes d'Iroquois étaient en quête de leur proie. Les Hurons se trouvaient donc placés entre ce péril, et celui, plus pressant peut-être encore, de périr par l'inanition ; ils optèrent pour le premier parti et dès les premiers jours de mars se préparèrent à quitter leur île, afin de gagner la terre ferme, et d'y recueillir ce qu'ils pourraient comme subsistance. La glace tenait encore, mais amollie par la saison, elle se brisa sous les pieds de ceux qui traversaient ; plusieurs d'entre eux furent noyés, pendant que ceux qui échappaient à ce danger, exténués et percés de froid jusqu'aux os, expiraient sur les bords glacés avant d'avoir pu atteindre un abri. Une partie des émigrants parvint plus heureusement au rivage, établit un campement, et commença sa campagne de pêche en se divisant en petits groupes. Mais les Iroquois ne devaient pas leur faire grâce ; un grand nombre de leurs guerriers arrivaient à travers les neiges et les glaces, venant des villes de la contrée de New-York, où se tenaient les plus féroces de ces peuplades. Ils surprirent les pêcheurs hurons, les entourèrent, et taillèrent ces infortunés en pièces, sans résistance possible ; ils poursuivirent tour à tour les groupes disséminés de leurs victimes, les pourchassant avec une telle persistance calculée, que de tous ceux qui avaient fait la traversée, les Jésuites n'en connurent qu'un seul, ayant échappé à la mort [1].

« Ma plume, écrit Ragueneau, » « n'a pas de traits assez noirs, pour peindre la fureur des Iroquois ; on dit que la faim fait sortir le loup hors du bois. C'est ainsi que nos pauvres Hurons affamés, furent chassés d'une ville, devenue un lieu d'horreur. Nous étions alors à la fin du Carême ; hélas ! si ces pauvres chrétiens avaient eu au moins des glands

1. « Le jour de l'Annonciation, 25me de mars, une armée d'Iroquois ayant parcouru près de 200 lieues de pays, à travers les glaces et les neiges, traversant les montagnes et des forêts pleines d'horreur, surprirent au commencement de la nuit le camp de nos chrétiens, et en firent une cruelle boucherie. Il semblait que le ciel conduisit toutes leurs démarches, et qu'ils eussent un ange pour guide ; car ils divisèrent leurs troupes avec tant de bonheur, qu'ils trouvèrent en moins de deux jours, toutes les bandes de nos chrétiens qui étaient disséminées çà et là, éloignées les unes des autres de six, sept et huit lieues, cent personnes en un lieu, en un autre cinquante ; et même, il y avait quelques familles solitaires, qui s'étaient écartées en des lieux moins connus et hors de tout chemin. Chose étrange ! de tout ce monde dispersé, un seul homme s'échappa, qui vint nous en apporter les nouvelles ! » Ragueneau. *Relation*, 1650, 23.

et de l'eau assez pour aider leur abstinence ! Le jour de Pâques, nous les entendîmes tous en confession ; ils nous quittèrent le lendemain au matin, nous laissant toutes leurs petites possessions, et déclarant publiquement qu'ils nous instituaient leurs héritiers, ne sachant que trop qu'ils allaient à la mort.

« Ce pressentiment se réalisa bien rapidement, car au bout de bien peu de jours, nous apprîmes le cruel désastre que nous avions prévu ; ces pauvres gens tombèrent dans les embuscades de nos ennemis les Iroquois. — Une partie d'entre eux fut tuée sur place, ils emmenèrent l'autre en captivité ; les femmes et les enfants furent brûlés ; bien peu réchappèrent au massacre, répandant la terreur et le désespoir dans leur fuite. Une semaine plus tard, une nouvelle bande succomba sous les mêmes coups ; n'importe où ils allaient, le même sort les attendait : l'extermination par la famine ou celle accomplie par un ennemi plus cruel que la cruauté elle-même ; pour couronner leurs misères, ils surent que deux grandes armées nouvelles s'avançaient afin d'achever leur destruction.... Le désespoir était dans tous les cœurs. »

Les Jésuites à Saint-Joseph, ne savaient que résoudre ; la perte de leur infortuné troupeau semblait inévitable, lorsque deux des principaux chefs hurons vinrent au fort, demandant une entrevue à Ragueneau et à ses compagnons. Ils venaient leur dire que les Indiens tenant conseil la nuit précédente, avaient décidé d'abandonner l'île ; ils se réfugieraient, qui dans des forêts distantes et inaccessibles, qui sur une île lointaine, qu'on croit avoir été l'île du Grand-Manitoulin ; d'autres chercheraient à gagner le pays des Andastes, et le surplus trouverait un refuge dans l'adoption et l'incorporation chez les Iroquois eux-mêmes [1].

« Prenez courage, mon frère, dit l'un des chefs, en s'adressant à Ragueneau, vous pouvez encore nous sauver, si vous consentez à prendre une résolution hardie. Choisissez vous-même un point où vous puissiez nous rassembler tous, et prévenir ainsi la dispersion de notre nation. Tournez vos yeux vers Québec, et transportez-y tout ce qui reste de cette contrée ruinée. N'attendons pas que la guerre et la famine aient détruit les derniers d'entre nous, nous sommes entre vos mains. La mort vous a enlevé plus de dix mille des nôtres, et si vous tardez davantage, pas un seul ne restera debout ; c'est alors, que vous déplorerez de n'avoir pas sauvé ceux que vous eussiez pu arracher au danger, et qui vous en montraient les moyens. Si vous agissez comme nous vous le demandons, nous formerons une église, placée sous la protection du fort de Québec. Notre foi ne risquera pas de s'éteindre ; car l'exemple des Français et des Algonquins nous encouragera dans le devoir, et leur charité secourra nos misères ; au moins, nos enfants trouveront un morceau de pain pour apaiser leur faim, eux qui depuis si longtemps n'ont pour toute nourriture que des racines amères et des glands les empêchant à peine de mourir [2]. »
Les Jésuites se sentirent profondément émus ; ils se consultèrent à plusieurs reprises, et prièrent à tour

---

1. Suivant la coutume que nous avons signalée dans notre premier volume : *Les Pionniers français*.
2. Ragueneau, *Relation des Hurons*, 1650, 25. Il ressort du journal manuscrit des supérieurs des Jésuites à Québec, que le projet d'amener les Hurons survivants à Québec, fut discuté et approuvé par Lalemant et ses coopérateurs, dans un conseil tenu par eux à Québec en avril.

de rôle pendant quarante heures, afin d'obtenir les lumières du Saint-Esprit.

Ils résolurent enfin de se rendre aux désirs des chefs hurons, et de sauver les débris de ces pauvres gens, en les conduisant vers un asile où ils trouveraient au moins des chances de sécurité. La décision arrêtée, ils hâtèrent les préparatifs de départ, dans la crainte que les Iroquois ne dépistassent leur projet, et n'y missent obstacle par une de leurs terribles agressions. Les canots une fois parés, ils commencèrent, le 10 de juin, leur odyssée au nombre de trois cents environ, accompagnés des Pères et des suivants français ; la mission hurone était donc abandonnée.

« Ce ne fut pas sans verser bien des larmes », écrit le Père supérieur, « que nous quittâmes le pays de nos cœurs et de nos espoirs, celui où nos frères avaient vaillamment répandu leur sang pour la Foi [1]... » La longue file des canots suivait mélancoliquement ces rives où moins de deux années avaient suffi pour anéantir une des nations les plus considérables de ce continent, et réduire le pays à l'état d'un désert désolé.

En quittant ces derniers vestiges de leur patrie, les pauvres exilés tournèrent vers le Nord, le long des côtes à l'est de la baie de Géorgie, semées d'îles innombrables ; partout, ils retrouvaient les traces des Iroquois ; en arrivant au lac Nipissing, ils le virent déserté ; rien ne survivait des Algonquins qui avaient occupé ces bords, les cendres de leurs wigwams calcinés parlaient seules des habitants disparus. Un peu plus loin, un fortin bâti en bois avait arrêté pendant l'hiver les Iroquois, auteurs de cette déso-

---

1. Voir Bressani, *Relation abrégée*, p. 288.

lation, un autre fort semblable avait été établi à deux lieues de là; la rivière de l'Ottawa n'était plus qu'une vaste solitude, et les Algonquins de l'île des Allumettes, et des rives environnantes, avaient tous été ou chassés ou tués. « Lorsque je remontai la grande Rivière, il y a treize ans seulement, écrit Ragueneau, je la trouvai bordée de tribus algonquines, qui ne connaissaient aucun Dieu, et qui dans leur ignorance, se croyaient eux-mêmes des dieux sur la terre, car ils y possédaient tout ce qu'ils pouvaient désirer, abondance de pêche et de chasse, un commerce florissant avec les nations voisines ; tout en inspirant l'effroi à leurs ennemis. Depuis qu'ils ont embrassé la Foi et suivi la Croix de Jésus-Christ, les épreuves les ont assaillis, ils ont été en proie aux misères, aux souffrances et aux morts cruelles ; en un mot, ce peuple est balayé de la surface de la terre. Nous ne pouvons trouver de consolation que dans la pensée, que comme ils meurent au moins chrétiens, ils auront part à l'héritage des enfants de Dieu, qui châtie souvent ceux qu'il veut appeler à lui [1]. »

Une sérieuse alarme attendait nos émigrants. Les éclaireurs revinrent, annonçant qu'ils avaient découvert dans la forêt des empreintes de pas d'homme, toutes fraîches encore. Le bonheur voulut que ces signes inquiétants se trouvassent être des traces amies.

L'automne précédent, Bressani avait gagné avec vingt Hurons, les établissements français; il en revenait avec eux, et le double en nombre de Français bien armés, pour la défense de la mission. Ses propres espions avaient été également alarmés en remarquant

---

[1]. Les Algonquins de l'Ottawa, bien que décimés et dispersés, n'étaient pas anéantis, comme Ragueneau le supposait.

ces pas humains, et pendant un certain temps, les deux détachements s'étaient tenus sur leurs gardes, se croyant en présence de l'ennemi ; lorsque la méprise prit fin, on s'embrassa de bon cœur. Bressani et ses Français arrivaient trop tard ; tout était dit, pour la mission hurone et les Hurons, et il devenait inutile de poursuivre leur route. Ils se joignirent donc au petit troupeau de Ragueneau, et l'on reprit le chemin vers les établissements français.

Nos voyageurs avaient eu, peu de jours avant, un échantillon de l'audace de leurs ennemis. Dix guerriers iroquois avaient passé l'hiver dans un petit fort construit en troncs d'arbres sur les bords de l'Ottawa, chassant pour subsister, et guettant le passage de quelque canot d'Algonquins, de Hurons, ou de Français.

Les hommes de Bressani les dépassaient de cinq à six fois en nombre ; mais, les Iroquois n'en résolurent pas moins de leur montrer un tour de leur façon.

Pendant qu'au milieu d'une sombre nuit, Français et Hurons dormaient près de leurs feux confiants dans les sentinelles, celles-ci s'assoupirent, et n'entendirent pas approcher nos dix Iroquois, qui, rusés comme des lynx, se glissaient semblables à des ombres jusqu'au milieu du camp, où à la lueur des feux expirants ils distinguaient aisément les corps étendus des victimes désignées.

Parvenus à leur but, le cri de guerre éclata soudainement, frappant les oreilles de ceux que les haches atteignaient en même temps. Sept des dormeurs furent tués, avant que les autres pussent saisir leurs armes. Bressani, l'un des premiers éveillés, reçut trois flèches dans la tête. On entoura les Iroquois, et il s'ensuivit un combat désespéré ;

six furent tués et deux faits prisonniers, pendant que les deux survivants, fendant la foule, gagnaient la forêt.

La colonie atteignit bientôt Montréal, mais les Hurons refusèrent de rester dans ce lieu, trop exposé aux incursions ennemies.

Ils descendirent donc le Saint-Laurent, et arrivèrent enfin à Québec le 28 de juillet.

Les Ursulines, les sœurs de l'hôpital, et les habitants épuisèrent leurs ressources pour procurer l'abri et la nourriture nécessaires aux malheureux exilés ; leur bonne volonté dépassait de beaucoup leur pouvoir, car les aliments étaient rares à Québec ; aussi le fardeau de l'entretien retomba-t-il presque en entier sur les Jésuites [1].

Mais, si la famine était une dure calamité, la crainte perpétuelle des Iroquois la dépassait bien encore! Pendant que les peuplades occidentales de cette nation perpétraient la ruine des Hurons, les Mohawks entretenaient, eux, d'incessantes attaques contre les Algonquins et les Français. Un certain nombre d'Indiens chrétiens, principalement ceux de Sillery, résolurent de riposter, et se mirent en marche pour la contrée Mohawk, usant de précautions, et envoyant en avant des éclaireurs dans les forêts. L'un d'eux tomba isolément entre les mains d'un groupe d'Iroquois armés ; se voyant perdu, il forma aussitôt le dessein de vendre ses frères afin de se sauver lui-même.

Courant donc à l'ennemi, il cria qu'il les cherchait depuis longtemps ; sa nation était anéantie, disait-il, et il lui fallait faire de celle des Iroquois, sa patrie d'adoption, un si grand nombre de ses concitoyens

---

1. Voy. Juchereau, *Histoire de l'Hôtel-Dieu de Québec.* 79, 80.

y avaient déjà été bien traités, qu'il venait donc à eux, et demandait à devenir Iroquois. Ceux-ci le questionnèrent pour savoir s'il était seul ; il leur répondit que non, et que pour réussir dans son projet, il s'était joint à des Algonquins qu'on trouverait à peu de distance dans les bois. Les Iroquois transportés de joie demandèrent qu'il les conduisît, et ce Judas obéit ; les pauvres Algonquins furent donc surpris brusquement, et subirent une cruelle défaite. Les Iroquois traitèrent d'ailleurs bien le Huron, qu'ils admirent dans leur nation.

Peu après, ce traître se rendit au Canada, dans le but de perpétrer quelque nouvelle perfidie, et rejoignit les Français. Un interrogatoire le serra de près, il avoua son crime ; on le condamna à mort, et l'un de ses compatriotes indigné se chargea, en lui fendant la tête d'un coup de hache, d'exécuter la sentence [1].

Pendant le courant de cet été, les Français apprirent qu'une bande d'Iroquois avait été vue, rôdant dans le voisinage, et soixante hommes partirent aux Trois-Rivières, à leur poursuite. « Loin de fuir, les Iroquois, au nombre de vingt-cinq, acceptant le combat, descendirent des canots ; ils se postèrent, plongés dans le marécage jusqu'à la ceinture, et masqués par les immenses roseaux qui bordaient la rivière ; on combattit avec une telle énergie qu'ils maintinrent les Français à distance ; à la fin, se voyant pressés, ils rentrèrent dans leurs canots, faisant force de rames. Les Français leur donnèrent la chasse, et se trouvèrent bientôt divisés ; profitant de ce désavantage, les Iroquois firent volte-face, combattant l'avant-garde et se retirant devant les nouveaux arrivants. Cette

---

1. Ragueneau, *Relation*, 1650, 30.

manœuvre leur réussit si bien, qu'ils opérèrent leur retraite, après avoir tué quelques-uns des meilleurs soldats français. Toute l'affaire était conduite par un fameux métis, connu sous le nom du Bâtard Flamand, et que Ragueneau appelle une abomination de péché, un monstre, produit d'un père hollandais hérétique et d'une mère païenne. »

Dans les forêts, situées bien au nord des Trois-Rivières, résidait la tribu des Atticamègues, ou nation des Poissons Blancs. Cette nation devait, grâce à sa situation reculée, et à la difficulté de traverser les contrées intermédiaires, se croire à l'abri du danger ; une bande d'Iroquois, franchissant sur ses raquettes à neige, la distance des vingt jours de marche, qui les séparait de la partie nord du Saint-Laurent, n'en vint pas moins tomber sur l'un de leurs camps en hiver, et tailla en pièces ses occupants.

La tribu résista néanmoins e̶̶̶̶̶̶̶̶̶̶̶̶̶̶̶̶ un certain temps ; étant tous bons catholiques, ils engagèrent ardemment leur missionnaire le P. Buteux, à venir les visiter ; la santé de ce dernier qui résidait depuis longtemps aux Trois-Rivières, était profondément altérée, et son existence connaissait toutes les formes de la souffrance physique.

Il se rendit pourtant, sans marchander son dévouement, à leur requête, et accomplit vers la fin de l'hiver, sur des raquettes à neige, un bien curieux voyage, pour les rejoindre dans leurs solitudes glacées [1].

L'année suivante il entreprit le même voyage, auquel s'étaient adjoints plusieurs Français et un grand

---

1. Journal du P. Jacques Buteux du voyage qu'il a fait pour la mission des Atticamègues. Voir *Relation*, 1651, 15.

nombre d'Atticamègues ; mais le gibier était si rare, que la faim les força à se diviser, un Huron converti, et un Français du nom de Fontarabie restant seuls avec le missionnaire.

Les neiges qui avaient fondu dans l'intervalle, grossissaient les torrents; nos trois voyageurs durent, dans un frêle canot d'écorce, remonter une rivière impétueuse, tellement semée de cataractes et de rapides, que plusieurs fois par jour, il fallait porter l'embarcation et les bagages, à travers les roches, les précipices et les profondeurs des bois.

Le 10 de mai, ils avaient déjà porté deux fois dans la journée le canot, lorsqu'une troisième chute d'eau les força à renouveler leur dur labeur. Ils s'avançaient péniblement parmi les arbres humides et noircis; les racines, les mousses, les feuilles, et les troncs pourris formant d'inextricables enchevêtrements, pendant que la cataracte bruissait derrière eux.

L'Indien, le canot sur sa tête, les précédait, pendant que Buteux et l'autre Français le suivaient, portant les fardeaux, lorsqu'une troupe d'Iroquois, accroupie derrière les arbres, et postée là pour les surprendre, se jette soudainement sur eux.

Le Huron fut saisi avant d'avoir pu songer à fuir; Buteux et son compagnon tentèrent de s'échapper, mais des coups de feu les abattirent immédiatement, et le pauvre Père tombait avec deux balles dans la poitrine; les Iroquois dépouillèrent, mutilèrent aussitôt les blessés, et jetèrent les corps dans le torrent voisin [1].

---

1. Ragueneau, *Relation*, 1652, 2, 3,

CHAPITRE XXX

LES DERNIERS HURONS.

(1650 1666.)

Sort des vaincus. — Les réfugiés de St-Jean-Baptiste et de St-Michel. — La nation des Tobaccos et ses pérégrinations. — Les Wyandots modernes. — Les Hurons à Québec. — Notre-Dame de Lorette.

Nous avons déjà dit que si les malheureux Hurons étaient décimés par les Iroquois, la famine et les maladies en tuaient un bien plus grand nombre encore. Les détresses de la horde affamée sur l'île de Saint-Joseph avaient été partagées par les bandes moins nombreuses, qui hivernaient dans les retraites les plus reculées de ces déserts.

Le petit nombre d'entre eux qui survécut à cet horrible hiver, était si cruellement affaibli, qu'ils ne purent endurer les misères de la vie errante, inconnue pour eux jusque-là.

Les Hurons vivaient en général de l'agriculture, mais leurs champs étaient ravagés, et l'ennemi les poursuivait si cruellement, qu'ils ne pouvaient presque jamais reprendre la culture du sol. Le gibier devenait rare, et sans l'aide des ressources de l'agriculture, la contrée ne pouvait suffire aux besoins de la population ; tout au plus fournissait-elle une précaire existence aux peuplades disséminées et errantes du bas

Saint-Laurent ; aussi la mortalité achevait-elle rapidement l'œuvre de la destruction.

Il y a un certain intérêt triste à suivre la fortune de ces fragments épars d'une nation jadis prospère, grande et puissante à ses yeux et à ceux de ses voisins.

Nul ne survivait dans l'ancien domaine. Les uns avaient cherché un refuge chez les Neutrals et les Eries, et partagèrent les désastres qui accablèrent bientôt ces tribus ; d'autres réussirent à gagner la contrée des Andastes, pendant que les habitants des deux villes de Saint-Michel et de Saint-Jean-Baptiste avaient recours à un expédient qui semble aussi étrange que désespéré, mais qui s'accorde bien avec les coutumes de ces peuples. Ils imaginèrent de s'aboucher avec la nation Sénéca des Iroquois, et lui proposèrent de changer leur nationalité et de devenir Sénécas, si on leur promettait la vie sauve.

Les vainqueurs agréèrent la proposition, et les habitants de ces deux villes, auxquels se réunirent quelques autres Hurons, émigrèrent en corps. Les Sénécas ne les disséminèrent pas dans plusieurs villages, mais ils permirent à leurs nouveaux frères de former une ville séparée, où plusieurs prisonniers de la nation Neutral vinrent les retrouver. Ils s'identifièrent en tout aux Iroquois, sauf à l'égard de la religion, se maintenant si fermement dans la Foi, que, dix-huit ans plus tard, un missionnaire Jésuite trouva encore un grand nombre de bons catholiques chez eux [1].

La partie des Hurons connue sous le nom de

---

1. Comparez : *Relation*, 1651, 4 ; 1660, 14, 28 ; et 1670, 69. On donna à la ville des Hurons, le nom de Gandougaraé. Le Père Frémin y vint en 1668 ; il rend compte de sa visite, dans la *Relation* de 1670.

nation des Tobaccos, protégée par leur position isolée dans les montagnes, s'était maintenue plus longtemps que le reste ; mais à la fin, elle aussi dut chercher son salut dans la fuite.

Ils se dirigèrent vers le Nord, et s'établirent sur l'île de Michilimackinac, où se groupèrent également les Ottawas, que la terreur des Iroquois avait, ainsi que d'autres Algonquins, chassés des rives occidentales du lac Huron, et des bords de la rivière Ottawa.

A Michilimackinac, les Iroquois les attaquèrent de rechef, et après un séjour de quelques années, ils émigrèrent de nouveau, et prirent possession des îles situées à l'embouchure de la baie Verte du lac Michigan.

Là encore, l'implacable ennemi ne les laissa pas tranquilles, alors ils revinrent se fortifier sur la terre ferme, ensuite ils s'éloignèrent vers le Sud et l'Ouest.

Ce mouvement les mit en contact avec les Illinois, peuple algonquin, très nombreux à cette époque, mais destiné fatalement, comme presque toutes les tribus qui nous occupent, à une décroissance rapide, amenée par leurs guerres intestines. Poursuivant leurs migrations vers l'ouest, nos Hurons et les Ottawas atteignirent le Mississipi, où ils rencontrèrent les Sioux. La querelle s'engagea bientôt avec ces féroces enfants de la prairie, qui les chassèrent de leur contrée. Ils durent se retirer vers l'extrémité sud-ouest du lac Supérieur, et ils se fixèrent à la pointe Saint-Esprit, ou Shagwamigon-Point, près des îles des Douze-Apôtres.

Comme les Sioux continuaient à les y harceler, ils quittèrent ce lieu vers l'année 1671, et retournèrent à Michilimackinac, où ils se fixèrent, non pas sur l'île même, mais sur la pointe voisine de Saint-

Ignace, au nord de la Péninsule de Michigan. Un grand nombre d'entre eux, se transporta de là à Détroit et à Sandusky, où ils vécurent sous le nom de Wyandots, conservant jusqu'à nos jours, une influence notable sur les Algonquins environnants. Ils prirent activement parti pour les Français pendant la lutte qui leur enleva le Canada, et ils demeurèrent les ennemis les plus acharnés des Anglais dans la guerre Indienne, sous la direction de Pontiac [1]. Le gouvernement des États-Unis les transporta enfin comme forces de réserve sur la frontière de l'Ouest, où on trouve encore les débris de leur nation. C'est ainsi qu'il apparaît clairement que les Wyandots, dont le nom joue un rôle si important dans nos guerres de frontières, sont les descendants des anciens Hurons, et particulièrement de ceux connus sous le nom de Nation Tobacco [2].

Lorsque Ragueneau et son monde quittèrent l'île Saint-Joseph pour Québec, le plus grand nombre des Hurons préféra y rester. Ils prirent possession du fort en pierre qu'avaient abandonné les Français, et où, avec quelque peu de vigilance, ils pouvaient se défendre. L'automne suivant, un petit nombre d'Iroquois eut l'audace de traverser, et de s'établir sur l'île, en y construisant un fortin en troncs d'arbres. Les Hurons les attaquèrent, mais ils rencontrèrent une telle résistance, que les intrus les

---

1. Voir l'*Histoire de la conspiration de Pontiac.*
2. On peut suivre les migrations de cette partie des Hurons, dans les remarques et les passages détachés des *Relations* de 1654, 1660, 1667, 1670, 1671, et 1672. Nicolas Perrot, dans son chapitre des « *Desfaite et fuite des Hurons chassés de leur pays* » et dans le chapitre suivant, où il fait un récit long et diffus de leurs aventures et déplacements. Voir aussi, La Poterie, *Histoire de l'Amérique septentrionale*, II, 51, 56.

tinrent à distance, et se retirèrent finalement avec une perte insignifiante.

Peu après, une bande plus importante d'Iroquois Onondaga, s'approchant en tapinois, éleva une défense sur la côte, bien en face de l'île, mais habilement dissimulée par la forêt. Ils demeurèrent là à guetter tout groupe de Hurons qui se risquerait sur les côtes ; sur ces entrefaites, un guerrier huron, du nom d'Étienne Annaotaha, dont on donne la vie comme ayant été une suite d'aventures et de luttes, toujours favorisées par la fortune, débarqua avec quelques compagnons, et tomba dans l'embuscade préparée par les Iroquois. Il se préparait à la défense, lorsqu'ils lui crièrent qu'ils étaient venus non en ennemis mais comme amis, et qu'ils s'étaient munis de présents ainsi que de ceintures en wampum, destinées à persuader aux Hurons d'oublier le passé, de retourner avec eux dans leur contrée, d'y devenir leurs frères adoptés, et de vivre comme une seule et même nation. Étienne suspecta quelque traîtrise, mais, dissimulant sa méfiance, il s'avança au devant des Iroquois avec l'air de la plus parfaite confiance. Eux, à leur tour, le reçurent à bras ouverts, et le pressèrent de nouveau de se rendre à leur invitation ; il répliqua prudemment, que parmi les Hurons se trouvaient des têtes plus sages et plus expérimentées, dont le peuple recevait les conseils, et que c'était à eux que les Iroquois devaient soumettre la proposition. Il les engagea à le détenir comme ôtage, et à expédier ses compagnons avec quelques-uns de leurs chefs, pour entrer en pourparlers. Son apparente franchise les trompa si bien qu'ils le pressèrent de se rendre lui-même au village huron, pendant que ses amis resteraient en ôtage. Il partit donc avec trois des chefs iroquois.

En arrivant au campement, il jeta le cri qui présageait de bonnes nouvelles, et il proclama à haute voix, que les cœurs ennemis étaient changés, que les Iroquois voulaient devenir leurs frères et concitoyens, et qu'ils substitueraient ainsi à une vie de misère, une existence d'abondance et de paix dans un pays fertile. Toute la malheureuse population, transportée de joie, l'entourait lui et les trois envoyés, qu'elle conduisit à la maison principale, les régalant du mieux de leurs maigres ressources. Étienne trouva l'occasion de s'entretenir avec les principaux chefs, et leur communiqua secrètement ses soupçons, sur la véracité des intentions ennemies, leur proposant d'opposer traîtrise à tromperie. Il détailla ensuite son plan, lequel plut fort à ses auditeurs, qui lui demandèrent de se charger de son exécution.

Étienne donna alors l'ordre aux crieurs publics de proclamer dans le village que chaque habitant eût à se préparer pour émigrer vers le pays de leurs nouveaux amis. Les squaws commencèrent à tout mettre en train, et chacun s'agita, se pressa ; les Hurons eux-mêmes étant aussi bien trompés que les envoyés iroquois.

Pendant plusieurs jours, les messages et les visites se succédèrent entre les deux camps, et la confiance des Iroquois devint telle, que trente-sept de leurs meilleurs guerriers arrivèrent en corps au village huron. Le moment pour Étienne était venu ; lui et ceux des chefs dans le secret, donnèrent le mot aux guerriers hurons ; au premier signal, ceux-ci lancèrent le chant de guerre, se jetèrent sur leurs visiteurs et les taillèrent en pièces. L'un d'eux, qui ne mourut pas sur le coup, confirma avant d'expirer la justesse des soupçons d'Étienne, en avouant qu'on avait comploté un massacre et la capture en masse de tous les Hurons. Il est à noter, à l'honneur d'Étienne, que peu d'instants avant le massacre, trois des Iroquois avaient reçu de lui l'avertissement secret qui leur permit d'échapper ; ce service était rendu en retour du fait suivant : L'année précédente, il avait été fait prisonnier avec Lalemant et Brébeuf dans la ville de Saint-Louis, et n'avait dû la vie qu'à ces trois guerriers auxquels il payait sa dette de reconnaissance. Ils portèrent la funèbre nouvelle à leurs compagnons de la côte, qui, terrifiés à l'annonce de cette catastrophe, prirent rapidement la fuite vers leur contrée [1].

Cet épisode de vengeance fut une douce consolation ; les souffrances des Hurons y trouvaient un allégement, mais il fallait se hâter de se retirer de l'île avant que les Iroquois vinssent prendre une revanche éclatante.

Vers le printemps, pendant que le lac était encore gelé, une partie d'entre eux s'échappa sur la glace, tandis que d'autres suivirent bientôt après en canots ; un petit nombre, auquel les forces et les moyens de transport manquèrent, fut massacré par l'ennemi.

Les fugitifs dirigèrent leur course vers l'île du Grand-Manitoulin, où ils demeurèrent peu de temps ; puis, au nombre de quatre cents environ, ils descendirent l'Ottawa et rejoignirent ceux de leurs compagnons qui, l'année précédente, avaient gagné Québec.

Ces bandes diverses, auxquelles vinrent encore s'adjoindre quelques fugitifs, formèrent un établis-

---

1. Lemercier, dans la *Relation* de 1654, a conservé le discours d'un chef huron, relatif à cet épisode, et qui donne certains détails omis par Ragueneau, il porte à trente-quatre le nombre des victimes.

sement sur le terrain appartenant aux Jésuites, à l'extrémité sud-ouest de l'île d'Orléans, située à pic sous Québec. Là, les Jésuites élevèrent un fort avec une chapelle, et une modeste maison pour les missionnaires, pendant que les huttes d'écorces des Hurons se groupaient autour des remparts protecteurs [1]. On leur distribua des outils et des semences, en les encourageant à cultiver le sol.

Ils sortirent petit à petit de leur abattement, et l'établissement commençait à prendre figure, lorsqu'en 1656, les misérables Iroquois faisant une descente sur l'île, enlevèrent un nombre considérable des colons, sous le canon même de Québec, pendant que les Français désespérés n'osaient faire feu, dans la crainte trop justifiée que les envahisseurs ne se vengeassent sur les Jésuites résidant en ce moment dans leur contrée.

Quatre ans après, cette calamité fut suivie d'une autre, où les plus vaillants des Hurons, y compris leur brave et habile chef, Étienne Annaotaha, furent tués en combattant aux côtés des Français à la sanglante bataille du Long Sault [2].

La pauvre petite colonie décimée, puis augmentée par l'accession de quelques bandes errantes, et comptant environ sept cents âmes, fut logée après l'attaque de 1656, dans Québec même, tout à côté du fort [3].

---

1. Le fort s'élevait sur le domaine connu maintenant sous le nom de « *La terre du Fort* » près du débarcadère du bac à vapeur. En 1856, M. N.-H. Bowen, demeurant près de ce lieu, retrouva, en faisant des tranchées, une muraille solide en pierre, de cinq pieds d'épaisseur, qui était, sans doute celle de la construction qui nous occupe, et qui, dans l'origine, était surmontée de palissades, voir : Bowen, *Esquisse historique sur l'Ile d'Orléans*, 25.

2. *Relation*, anonyme, 1660, 14.

3. Dans un plan de Québec de 1660, « le fort des Hurons », est placé au côté nord de ce qui est actuellement la Place d'Armes.

Elle y resta environ dix ans ; les dangers extérieurs ayant alors diminué, on les transporta au lieu nommé Notre-Dame de Sainte-Foy, maintenant encore Sainte-Foy à trois ou quatre milles à l'ouest de Québec.

Six ans plus tard, lorsque le sol commença à s'appauvrir et que les forêts avoisinantes s'épuisèrent, ils changèrent de nouveau d'établissement, et sous la protection des Jésuites, se fixèrent en un lieu appartenant à ceux-ci, à Old Lorette, à neuf milles de Québec.

Leur missionnaire était alors Chaumonot ; on se rappellera peut-être que ce bon prêtre avait une dévotion particulière à Notre-Dame de Lorette, qui dans son enfance, l'avait guéri, croyait-il, d'une grave maladie. Il avait donc toujours nourri l'espoir d'ériger une chapelle en son honneur au Canada, sur le modèle de la Santa Casa de Lorette, objet d'un pèlerinage séculaire en Italie.

Chaumonot s'ouvrit de son projet à ses confrères, qui l'approuvèrent, et l'on commença aussitôt la construction, pour laquelle la rentrée des fonds tint du miracle. La bâtisse fut faite en briques, comme l'originale, dont elle était un fac-simile exact ; puis, placée dans un quadrilatère, dont les quatre côtés étaient formés par les demeures des Hurons rangées en ordre parfait et par lignes droites. Beaucoup de pèlerins y vinrent de Québec et des établissements éloignés ; Notre-Dame y exauça, nous dit Chaumonot, mainte prière, et y accomplit tant de miracles, qu'il faudrait un livre entier pour les décrire [1].

---

[1]. Le déplacement de Notre-Dame de Foy eut lieu à la fin de 1673, et la chapelle fut achevée l'année suivante. V. *Vie de Chaumonot ;* Dablon, *Relation*, 1672, 73, p. 21, et id. *Relation* 1673, 79, p. 259.

Mais ici même, la destinée des Hurons, n'était pas d'y demeurer à jamais ; avant la fin du siècle, ils se déplacèrent de nouveau, et le lieu de leur séjour à quatre milles de là, se nomme maintenant, Nouvelle-Lorette, ou Lorette des Indiens ; c'était alors un endroit absolument sauvage, couvert des forêts primitives, traversé par un ravin tortueux et profond, dans lequel courait le Saint-Charles, couvrant de ses flots d'écume blanche, les pierres noirâtres, tandis que le soleil brillait par éclaircies sous les branches enchevêtrées des pins, se reposait sur les mousses humides des rochers, ou se jouait dans les ondes impétueuses.

Sur le plateau près du torrent, on bâtit une chapelle, dédiée à Notre-Dame, et une nouvelle ville huronne sortit de terre ; c'est là, que de nos jours encore, le touriste peut trouver les débris d'un peuple éteint, devenus d'inoffensifs vanniers, d'industrieux brodeurs de mocassins, perdant rapidement les traces de leur origine huronne, en se mêlant à chaque génération avec l'élément français qui les entoure et en y voyant disparaître leur nationalité [1].

---

1. On trouvera un compte rendu intéressant d'une visite à la Lorette indienne en 1721, dans le *Journal historique* de Charlevoix. Halm, dans ses voyages dans l'Amérique du Nord, décrit également son organisation en 1749.

CHAPITRE XXXI

LES DESTRUCTEURS

(1650-1670.)

Ambition des Iroquois. — Ses victimes. — Sort des Neutrals, et des Eriés. — La guerre contre les Andastes. — Suprématie des Iroquois.

Les colonies européennes, et particulièrement celles de l'Angleterre, peuvent rendre grâces à Dieu que l'intelligence réelle des Iroquois n'ait pourtant été que celle d'une race de sauvages ; on ne saurait nier leur rare sagacité, qui s'est déployée de bien des manières; mais elle ne s'élevait pas jusqu'à la pénétration de leur situation particulière et des destinées de leur race. S'ils avaient su modérer leur féroce ambition et mieux diriger leurs aspirations dominatrices, ils auraient pu réunir dans une ligue sérieuse les quatre grandes peuplades d'origine commune, les opposer aux approches de la civilisation, et jeter une barrière infranchissable au développement des jeunes colonies de l'est.

Mais leur intelligence et leur organisation sociale n'étaient que de dangereux instruments au service d'une frénésie de destruction aveugle, les portant à anéantir ceux-mêmes dont ils eussent pu faire les alliés d'une cause commune.

Des quatre nations de même origine, deux au moins, celle des Hurons et celle des Neutrals, étaient probablement supérieures en nombre à celle des Iroquois.

L'une d'elles eût donc pu avec quelque union et de l'esprit de conduite leur tenir tête, et les deux peuples réunis eussent sapé à sa base la puissance destructive des Iroquois. — Mais, ces nombreuses aggrégations de villages et de familles, ne connaissaient qu'un gouvernement local, et celui-là même était soumis à ces paniques soudaines, conséquence d'attaques faites sur un seul point, qui ne pouvait compter sur le secours efficace du reste de la nation ; une fois défaits ils n'arrivaient pas à se rallier, faute d'un point central autour duquel ils pussent se réunir.

D'autre part, les Iroquois, bien supérieurs en intelligence, possédaient une organisation familière à plusieurs générations, et leurs chefs étaient également experts en l'art de la paix et de la guerre. Ils discutaient toutes les questions, délibéraient avec calme, et savaient tourner à leur profit les imperfections même de leur gouvernement qui eussent semblé n'être que des semences de faiblesse et de discorde.

Ainsi, toute nation, ou ville importante de leur confédération, pouvait à ses risques et périls, entreprendre la guerre, ou conclure une paix séparée avec une nation étrangère ; tout membre de la ligue, tel que les Cayugas, par exemple, était libre de former une alliance, ou un pacte d'amitié avec l'ennemi, et pendant que leurs victimes déçues s'endormaient dans une trompeuse sécurité, les guerriers des autres nations, se joignant à ceux des Cayugas, les écrasaient dans une soudaine attaque. Mais ce ne fut réellement, ni leur ruse, ni leur organisation militaire, souvent si défectueuse, qui valut leur suprématie à ces tribus sanguinaires.

Ils emportaient tout devant eux, parce qu'ils étaient animés comme un seul homme, par un même orgueil indomptable et une rage insatiable de conquête.

Il est à remarquer que, comme la plupart des Indiens, ils engageaient la guerre sur les bases les plus démocratiques, c'est-à-dire que chacun d'eux était libre de combattre ou non, à son gré ; ils durent donc le succès de leurs vigoureux efforts à la frénésie homicide qui les possédait tous.

La nation Neutrale n'avait pris aucune part à la lutte exterminatrice contre les Hurons, et leurs villes restaient des sanctuaires, où chacune des parties belligérantes, pouvait trouver asile. D'autre part, ils soutenaient pourtant une guerre violente contre leurs voisins de l'ouest, et ils avaient, peu d'années avant, détruit avec d'affreuses cruautés, l'importante ville fortifiée de la Nation du Feu [1]. Leur tour était venu, et les victimes trouvaient des vengeurs ;

---

1. « A l'été dernier, écrit Lalemant en 1643, deux mille guerriers de la nation Neutral attaquèrent la ville de la nation du Feu, bien fortifiée par des palissades, et défendue par neuf cents guerriers. Ils la prirent après un siège de dix jours, en tuèrent beaucoup sur place, et firent huit cents prisonniers, tant hommes que femmes et enfants. Après avoir brûlé soixante-dix des meilleurs guerriers, ils arrachèrent les yeux aux vieillards, leur coupèrent les lèvres, et les abandonnèrent ainsi à leur misérable existence. Jugez des pestes qui viennent ensuite achever la dépopulation de ces malheureuses contrées ! *Relation*, 644, 98.

Les Assistaeronnons, Mascoutins, ou nation du Feu (plus correctement peut-être nation de la Prairie) était un peuple algonquin, très nombreux, de l'ouest, parlant le même idiome que la nation des Sacs et des Renards. Sur la carte de Samson, ils sont placés dans la partie sud du Michigan, et selon la *Relation* de 1658, possédaient trente villes. Ils étaient sédentaires et agriculteurs. Ils fuirent devant leurs ennemis jusqu'aux environs de Fox River dans le Wisconsin, où ils demeurèrent longtemps; ils sont fréquemment mentionnés dans les relations et dans les documents contemporains. En tant que tribu, ils sont maintenant éteints.

car les Hurons ne furent pas plus tôt détruits et dispersés, que les Iroquois, sans prendre haleine, tournèrent leur furie contre les Neutrals.

Vers la fin de l'automne de 1650, ils prirent d'assaut une de leurs villes principales, qu'on dit avoir contenu plus de seize cents hommes, en outre des femmes et des enfants ; au printemps suivant, ils emportaient une autre ville. Le massacre fut inouï, et les vainqueurs emmenèrent des troupeaux de prisonniers destinés au bûcher ou à l'adoption. Ce fut là le coup de grâce des Neutrals ; ils abandonnèrent leurs champs, leurs villages, en proie à une folle terreur, et se dispersèrent parmi les forêts, qui ne pouvaient fournir la subsistance à une pareille multitude, périrent donc par milliers, et dès ce moment, la nation cessa d'exister [1].

Pendant les deux ou trois années suivantes, les Iroquois se contentèrent de harasser les Français et les Algonquins ; mais en 1653, on conclut des traités de paix, chacune des cinq nations faisant le sien séparément ; les colons et leurs alliés cuivrés eurent là un réel intervalle de paix. Il ne devait pas durer ; au mois de mai 1654, un orateur Onondaga, visitant pacifiquement Montréal, disait dans son discours au gouverneur :

---

[1]. Ragueneau. *Relation*, 1651, 4. [Dans le journal encore inédit, tenu par le supérieur des Jésuites de Québec, il y est dit à la date d'avril 1651, qu'il venait d'arriver de Montréal, la nouvelle, que, dans l'automne précédent, quinze cents Iroquois avaient attaqué une ville des Neutrals ; que ceux-ci les avaient ensuite réattaqués, et tué deux cents de leurs guerriers ; et qu'alors douze cents Iroquois avaient envahi le pays pour les venger. Lafitau, *Mœurs des Sauvages*, II, 176 nous donne, sous l'autorité du P. Julien Garnier, une origine singulière mais improbable des causes de la guerre. — Un vieux chef, du nom de Kenjockety, qui disait descendre d'un des prisonniers adoptés par les Neutrals, vivait encore dernièrement parmi les Sénécas de l'ouest de New-York.

« Nos jeunes hommes ne combattront plus les Français, mais ils sont trop belliqueux pour rester chez eux, et cet été, nous envahirons le territoire des Ériés. La terre tremble de ce côté, mais ici, tout demeurera calme. »

Au commencement de l'automne, le P. Le Moyne, qui avait profité de la paix, pour aller prêcher une mission chez les Onondagas, revint portant la nouvelle que les Iroquois, bouillants d'ardeur, allaient avec dix-huit cents guerriers se mettre en marche contre les Ériés [1].

L'origine de cette guerre semble avoir été celle-ci : Les Ériés, qui, si l'on veut bien s'en souvenir, résidaient au sud du lac portant leur nom, avaient conclu un traité de paix avec les Sénécas, et une députation de leurs principaux chefs était partie pour aller le confirmer.

Pendant qu'ils se trouvaient dans la ville principale des Sénécas, il arriva qu'un homme de cette nation fut tué dans une querelle personnelle avec un Érié ; ses compatriotes en fureur, se soulevèrent là-dessus, et massacrèrent les trente députés ériés. Il s'ensuivit naturellement une prompte guerre de représailles, à laquelle prirent part de concert avec les Sénécas, toutes les autres nations iroquoises. Les Ériés firent prisonnier un célèbre chef onondaga, ils allaient le brûler, lorsqu'il réussit à les convaincre de l'opportunité d'une conciliation ; ils se décidèrent alors à le donner à la sœur d'un des députés assassinés, pour remplir la place de ce frère mort. La sœur, selon la règle indienne, avait le droit de le recevoir comme un frère accepté et aimé, ou de le

---

1. Lemercier, *Relation*, 1654, 9.

livrer au bûcher ; elle était absente à ce moment, mais personne ne doutait néanmoins qu'elle ne prît le parti le plus humain. On revêtit donc le prisonnier d'habits de fête, et la foule se mit à festoyer en l'honneur de son adoption. Au milieu de ces réjouissances, la sœur revint. A la stupéfaction de tous les chefs ériés, elle rejeta avec indignation leur offre d'un nouveau frère, déclara vouloir exercer ses droits de vengeance, et exigea que le prisonnier fût brûlé. Les principaux de la nation s'épuisèrent en vaines représentations, lui démontrant les dangers dans lesquels sa volonté obstinée entraînait son peuple ; tout fut en vain et cette furie resta inexorable. L'infortuné fut donc dépouillé de son attirail de fête, attaché au bûcher, et mis à mort.

Jusqu'à son dernier soupir, il avertit ses bourreaux qu'ils brûlaient en lui toute la nation des Éries, puisque ses concitoyens exerceraient une vengeance impitoyable sur eux. Ses paroles étaient prophétiques ; car sa lamentable histoire ne fut pas plus tôt connue des Iroquois, que la confédération toute entière, retentit de chants de guerre, et les guerriers ouvrirent la campagne sous la conduite de deux chefs renommés.

Néanmoins, leur nombre d'après les dires iroquois, n'excédait pas douze cents hommes [1].

---

[1]. Telle fut leur déclaration à Chaumonot et à Dablon, faite à Onondaga, en novembre de cette même année. Ils ajoutèrent que le nombre des Eriés était entre trois et quatre mille. (Journal des PP. Chaumonot et Dablon, *Relation* de 1656, 18.) Dans la narration de De Quen, (id. 30, 32) basée sur les rapports des Iroquois, les forces de ces derniers sont évaluées aussi à douze cents hommes, mais celles des Eriés sont réduites à deux ou trois mille guerriers. Le tout peut être considéré comme exagéré. Bien que les Eriés n'eussent pas d'armes à feu, ils se servaient avec une rare rapidité et dextérité de leurs flèches empoisonnées.

Ils s'embarquèrent sur les canots; à leur approche, les Éries se retirèrent dans leurs forêts de l'ouest, où ils se réunirent en un seul corps; s'y fortifiant par des palissades et des barricades d'arbres abattus, ils y attendirent l'ennemi de pied ferme.

Les Iroquois, poursuivant leur marche, arrivèrent au pied des défenses des Éries; alors, deux de leurs chefs, vêtus comme des Français, s'avancèrent, les sommant de se rendre. L'un d'eux avait été baptisé par Le Moyne; il cria aux Éries que s'ils ne se livraient pas incontinent, ils allaient tous mourir, le maître de la vie étant du côté des Iroquois.

Des hurlements dérisoires saluèrent cette déclaration. « Qui donc est le maître de vos vies? » criaient-ils; nos bras et nos hachettes sont les seuls maîtres des nôtres. »

Les Iroquois s'élancèrent à l'assaut, mais une telle nuée de flèches empoisonnées les accueillit, qu'ils durent reculer, encombrés de morts et de blessés.

Après une pause, ils revinrent avec une nouvelle ardeur; cette fois, ils portaient sur leurs têtes les canots d'écorce en guise d'énormes boucliers les protégeant contre les flèches; puis, après les avoir plantés tout droits devant eux, ils se servirent des barres intérieures comme d'échelles et escaladèrent les barricades avec une impétuosité qui détermina la panique parmi les Éries; le sauve qui peut s'en suivit, mais la boucherie fut effroyable, et cette journée décida du sort de leur nation. Les vainqueurs payaient cher leur conquête; car les pertes étaient telles, qu'ils durent séjourner pendant deux mois, pour soigner leurs blessés et enterrer les morts [1].

---

1. De Quen. *Relation*, 1656, 31. Les Iroquois, avant d'attaquer, avaient, paraît-il, promis d'adorer le Dieu des Français, s'il leur

Un seul ennemi de leur race, les Andastes, restaient debout; cette nation paraît avoir été inférieure en nombre aux Hurons, aux Neutrals, et aux Éries; mais ils coûtèrent plus d'efforts à leurs destructeurs que tous les autres peuples réunis.

Ce sont les Mohawks qui paraissent avoir supporté le premier choc de la guerre andaste; entre les années 1650 et 1660, leurs tenaces adversaires les malmenèrent si rudement qu'ils furent précipités des sommets de leur arrogance dans l'abîme de l'abjection [1].

Les quatre autres nations iroquoises se liguèrent alors pour soutenir la querelle, mais ne furent guère mieux traitées que les Mohawks. Au printemps de 1662, huit cents guerriers se mirent en marche pour la contrée andaste, afin de frapper un coup décisif; mais arrivés devant la ville principale ennemie, ils s'aperçurent bien vite de l'assistance qui leur avait été donnée par leurs voisins, les colons suédois. Une double palissade, flanquée de deux bastions, surmontés de plusieurs petits canons, dit-on, défendait la ville; il était bien clair qu'elle ne serait pas emportée d'assaut, comme on se l'était promis.

La traîtrise, familière aux parties, restait aux envahisseurs; vingt-cinq de leurs guerriers péné-

---

donnait la victoire. Cette promesse, et le succès qui suivit furent du plus grand avantage pour la mission. Diverses traditions ont cours parmi les restes actuels des Iroquois, relativement à la destruction des Éries, mais les traditions indiennes sont trop variables, pour avoir une grande valeur historique. Un Iroquois fort intelligent de la nation des Cayugas m'a cité par exemple un frappant exemple de la férocité iroquoise. Il paraît qu'après la bataille, plus de mille feux furent allumés dans la forêt, avec un Erie attaché et brûlant à chacun; il ajoutait, à propos de cet exploit rival de ceux de Néron, que les Éries avaient été les agresseurs.

1. Les Mohawks subirent aussi à cette époque, de graves revers, du fait des Mohicans, leurs voisins Algonquins.

trèrent donc dans la cité, sous le couvert de proposition de paix. Mais ici encore, une déception les attendait ; les Andastes se saisirent des envoyés, établirent des échafauds visibles de l'extérieur, et les mirent à mort sous les yeux de leurs compagnons qui levèrent le siège piteusement.

Les Sénécas, la plus nombreuse de ces cinq nations, se vit attaquée à son tour, et cela dans un temps, où les ravages de la petite vérole les avait déjà abattus. Les Français, au moins, recueillirent quelque bénéfice de ces malheurs, car les sauvages tout découragés, leur firent des ouvertures de paix, les priant de venir s'établir dans la contrée, de leur enseigner l'art de fortifier les villes, de leur fournir des armes et des munitions, et de leur amener enfin des « *Robes noires* » pour leur montrer le chemin du ciel [1].

La guerre andaste dégénéra en une série d'incursions et d'escarmouches, qui affaiblissaient graduellement la partie la plus réduite, nonobstant quelques faits d'armes assez glorieux. C'est ainsi qu'en 1672, vingt Sénécas et quarante Cayugas entrèrent en campagne contre les Andastes ; ils se trouvaient à une distance considérable les uns des autres, les Cayugas étant en avant, lorsque les Sénécas furent surpris par soixante jeunes Andastes, de la catégorie de ceux nommés : « Couteaux brûlés » ou « Metal mou » parce qu'ils n'avaient enlevé encore aucun scalp, n'étant en réalité que des garçons de quinze à seize ans. Ils tuèrent un des Sénécas, en saisirent un autre, mirent le reste en fuite, après quoi, enivrés de leur succès, ils attaquèrent furieusement les Cayugas, et les mirent en déroute, tuant huit d'entre eux, et en blessant le double, qui parvinrent

---

1. Lalemant. *Relation*, 1664.

jusque chez eux, nous dit le Jésuite séjournant alors dans leurs villes, à demi morts des coups de couteaux et de hachettes qu'ils avaient reçu [1]. « Dieu préserve les Andastes ! s'écrie le P. Dablon, et fasse prospérer leurs armes, afin que les Iroquois soient abaissés, et que nous et nos missions vivions en paix ! » « Nul autre qu'eux, ajoute-t-il ailleurs, ne pourra courber l'arrogance des Iroquois ! »

Le courage était malheureusement la seule force des Andastes car ils étaient dès lors réduits à trois cents hommes, et les Sénécas achevèrent de les écraser dans l'année 1675 [2]. Ils ne furent pourtant pas complétement détruits, car un débris de ce vaillant peuple subsista, sous le nom de Conestogas, pendant près d'un siècle jusqu'en 1763, où ils furent entièrement massacrés par les bandits de race blanche connus sous le nom de « Paxton Boys. »

Le triomphe sanglant des Iroquois était complet ; ils avaient fait la solitude autour d'eux ; toutes les nations environnantes de leur propre lignage étaient conquises et brisées, et il n'était permis aux tribus algonquines avoisinantes de subsister que moyennant un tribut annuel. La puissante confédération restait seule debout servant de tampon entre les colonies naissantes de la France et de l'Angleterre.

Mais dans quel état se trouvaient à leur tour ces superbes conquérants ? A quel prix étaient acquis leurs triomphes ?

Dès l'année 1660, un témoin bien informé, écrivait que toutes leurs forces réunies, étaient réduites à deux mille deux cents guerriers, et que parmi

---

1. Dablon, *Relation*, 1672, 24.
2. *État présent des Relations*. Missions inédites, II, 44. *Relation*, 1676, 2. C'est une de celles imprimées par M. Lenox.

ceux-ci, on n'en pouvait guère compter que douze cents de nationalité iroquoise. Le reste n'était qu'un composé de prisonniers adoptés : Hurons, Neutrals, Éries, ou Indiens de diverses tribus algonquines [1]. Leur esprit de domination n'était pas éteint, ces guerriers incorrigibles poussaient leurs incursions meurtrières jusqu'à la baie d'Hudson, au delà du Lac Supérieur, du Mississipi et du Tennessée; ils régnaient en véritables tyrans sur toutes ces régions, et ils furent pendant plus d'un demi siècle encore, la terreur et la plaie qui désolait les colons de la Nouvelle-France.

[1]. Relation anonyme, 1660, 6, 7. Le Jeune écrivait : « Leurs victoires ont tellement dépeuplé les villes, qu'on y trouve plus d'étrangers que d'indigènes. A Onondaga se sont établis des Indiens de sept nations différentes, et parmi les Senécas on en compte de plus de onze. Ces adoptés ne prenaient pas part aux conseils, mais étaient tenus de marcher à la guerre, bien que généralement exemptés de combattre contre leurs anciens compatriotes. La condition des prisonnières ne différait guère de celle des esclaves, et ceux auxquels ces femmes étaient dévolues, ne se faisaient souvent aucun scrupule de les tuer au plus léger mécontentement.

CHAPITRE XXXII.

LA FIN.

Insuccès des Jésuites. — Conséquences qu'eut impliqué leur réussite. — Avenir des missions.

La destruction des Hurons, entraînait avec elle la ruine du meilleur espoir des missions canadiennes.

Ce peuple, ainsi que les tribus stables et populeuses qui les environnaient, avaient servi au rude canevas sur lequel les Jésuites eussent pu tisser la trame de l'empire chrétien dans ces solitudes ; mais, une à une, ces peuplades amies, avec les Algonquins voisins, disparaissaient balayées dans la tourmente conquérante. La terre de promission n'allait plus être qu'une vaste désolation.

Le labeur ne manquait pas, il est vrai ; régions inconnues à explorer, idolâtres sans nombre à arracher à la perdition ; mais ceux-ci, constituaient dorénavant des hordes éloignées et dispersées, dont la conversion ne pouvait s'appuyer sur des bases solides, et ne promettait que des résultats bien précaires.

En un mot, et dans une mesure humaine, l'âme des travaux des missionnaires avait disparu. Quelques-uns d'entre eux reprirent le chemin de la mère-patrie, prêts, écrivait le Père supérieur, « à retourner au combat, dès le premier appel de la trompette, » pendant que de ceux qui demeuraient, au nombre d'une vingtaine, la majeure partie tombait, victime des Iroquois, des fatigues et de la faim. Bien peu d'années devaient s'écouler avant que le Canada eût cessé d'être le centre des missions ; les intérêts politiques et commerciaux prédominèrent et les efforts de la propagande religieuse des Jésuites allaient se confondre dans ses annales civiles et militaires.

Ici finit donc le premier acte du drame ensanglanté qui se jouait dans les solitudes de la Nouvelle-France ; laissons retomber le voile, et méditons-en un instant les phases diverses que nous avons parcourues avant de lui dire un dernier adieu.

Ces pages nous ont démontré jusqu'à l'évidence, les causes de l'insuccès des Missions. Les tomahawks et les bûchers des Iroquois ensevelissaient leurs légitimes espérances sous des ruines ; s'ils avaient réussi, non pas à civiliser complétement ces hordes féroces, mais à les soumettre, à les convertir sous le joug religieux, ces sauvages dont la volonté leur eût alors appartenu, eussent été répartis par groupes séparés dans les vallées des grands Lacs et du Mississipi, gouvernés par les Jésuites, et servant les intérêts de la catholicité et de la France. Leurs habitudes rurales eussent été encouragées, et leurs instincts sanguinaires modifiés ; la dépopulation rapide de ces peuples se serait arrêtée, et leur accroissement aurait été, au moyen du trafic de pelleteries, une source de prospérité pour la Nouvelle-France ; il n'est pas douteux que grandissant ainsi à l'abri des attaques ennemies, soutenue par le développement commercial, cette contrée d'adoption aurait pris une vigoureuse expansion, et fût devenue un utile auxiliaire pour la mère-patrie. Fidèle au génie aventureux et progressiste de la nation française, cette partie du globe eut été rapidement occupée par des commerçants, des colons, des garnisons : elle aurait converti ses forêts vierges en grands fiefs ruraux ; toute cette œuvre se serait accomplie pendant que les colonies anglaises naissaient, faibles et disséminées sur les bords de l'Atlantique ; au moment où le grand conflit allait éclater entre les deux nations, l'Angleterre et ses libertés eussent rencontré au lieu d'un adversaire épuisé, et arrêté dès son berceau par les luttes et les misères, un champion vigoureux de principes d'autorité, légués par Rome et Richelieu.

Nous devons donc, nous autres Américains, au nom de la Liberté, nous applaudir, de l'échec que les fureurs ennemies des Iroquois ont fait subir aux plans de ses adversaires. Ils ruinèrent, il est vrai, le commerce, source de vie de la Nouvelle France, ils arrêtèrent le battement de ses artères, instruments inconscients de la destinée des deux nations, ils firent de ses premières années, une longue suite de terreur et de désolation, mais pour nous, bien que le résultat de la lutte entre la Liberté et l'absolutisme n'eût jamais été douteux le triomphe de l'une eût été plus chèrement acheté, et la chute du second plus contestable. Des peuples nourris dans les idées et les coutumes d'une monarchie féodale, contenus dans une hiérarchie hostile aux libertés de la pensée, eussent apporté un obstacle durable qui devaient arrêter les majestueuses expériences dont l'Amérique allait être le théâtre.

Les Jésuites virent s'écrouler leurs espérances, mais leur foi n'en fut pas ébranlée ; la volonté divine a semblé souvent obscure et sévère à leurs yeux, mais pour qui se place au point de vue des libertés humaines et politiques, les desseins de la Providence sont pleins de clartés.

CONCLUSION.

Que ceux dont les doctrines ont prévalu, rendent aux vaincus, tout l'honneur qui leur est dû; car leurs vertus admirables brillent comme l'or pur, alors qu'on le voit étinceler au milieu même des graviers d'un torrent.

FIN.

TABLE DES MATIÈRES.

CHAPITRE Ier

LE PÈRE LE JEUNE. (1632-1634)

Pages.

Son voyage. — Québec en 1634. — La maison de la Mission et son organisation intérieure. — Projets des Jésuites.......... 1

CHAPITRE II.

ÉTUDES DU P. LE JEUNE. (1632-1633).

Ses premiers élèves. — Son professeur indigène. — L'hiver à la maison de la Mission. — L'école de Le Jeune. — Retour de Champlain... 9

CHAPITRE III.

LE JEUNE ET LES INDIENS CHASSEURS. (1633-1634).

Le Jeune rejoint les naturels. — Leur premier campement. — L'Apostolat. — Vie des forêts en hiver- — Le Sorcier, — Magie, incantations. — Noël — Famine. — Espoir de conversion conçu par Le Jeune, Périls auxquels il échappe, — Son retour... 16

CHAPITRE IV.

LA MISSION HURONE (1633-1634).

Pages.

Projet de conversion. — But et moyens à employer. — Diplomatie indienne. — Les Hurons à Québec. — La chapelle des Jésuites. — Le Borgne. — Déception des Jésuites. — Leur persévérance. — Voyage vers les Hurons. — Jean de Brébeuf — Commencement de la Mission........................ 32

CHAPITRE V.

BRÉBEUF ET SES COMPAGNONS. (1634-1635).

La maison de la Mission. — Sa décoration et ses habitants. — Le Jésuite instituteur, ingénieur. — Les baptêmes. — Vie dans un village huron. — La fête des rêves. — Les prêtres accusés de sorcellerie. — La sécheresse et la Croix-rouge..... 44

CHAPITRE VI.

LA FÊTE DES MORTS. (1636-1637).

Les sépultures hurones. — Préparatifs de la cérémonie. — Transport des restes. — Le deuil. — La marche funéraire. — Le grand sépulcre. — Jeux funéraires. — Cadeaux. — Harangues. — Frénésies de la foule. — Scène finale. — Autres rites. — Le captif iroquois. — Sacrifice humain................... 53

CHAPITRE VII.

JÉSUITES ET HURONS. (1636-1637).

Enthousiasme excités en France par la mission. — Les maladies frappent les Pères. — La peste chez les Hurons. — Dévouement des Jésuites dans cette occurence. — Efforts de conversion. — Prêtres et sorciers. — Prescription des magiciens. — Baptêmes inavoués. — Zèle infatigable des Pères......... 62

CHAPITRE VIII.

LES JÉSUITES CANADIENS. (1637).

Pages.

Portraits des Jésuites canadiens. — Jean de Brébeuf. — Charles Garnier. — Joseph-Marie Chaumonot. Noël Chabanel. — Isaac Jogues. — Nature de leur enthousiasme. — Visions. — Miracles — Vie surnaturelle.................. 75

CHAPITRE IX.

PERSÉCUTION. (1637-1640).

Ossossané. — La nouvelle chapelle. — Triomphe de la foi. — Des signes précurseurs de la tempête. — Calomnie, puis déchaînement contre les Jésuites. — Leur courage et leur persistance. — Conseil de nuit. — Dangers courus par les religieux. — Lettre de Brébeuf. — Tribulations et consolations........ 84

CHAPITRE X.

LE PRÊTRE ET LE PAÏEN. (1638-1640).

Voyage de du Peron. — Vie journalière des Jésuites. — Excursion des missionnaires. — Conversions à Ossossané. — Conditions dans lesquelles se faisait le baptême. — Apostasie. — Les convertis et leur entourage. — Les cannibales à Saint-Joseph. 99

CHAPITRE XI.

LA NATION DE TOBACCO. — LES NEUTRALS. (1639-1640).

Changement dans les plans des Jésuites. — Sainte-Marie. — Mission près de la station de Tobacco. — Voyages divers. — Réception que rencontrent les missionnaires. — Péril encouru par Garnier et Jogues. — Missions des Neutrals. — Intrigues huronnes. — Fureur des Indiens. — Intervention de Saint-Michel. — Retour à Sainte-Marie. — Intrépidité et exaltation des Jésuites 109

CHAPITRE XII.

LES FIDÈLES ET LES RELIGIEUSES. (1636-1652).

Pages.

Le séminaire huron. — Madame de la Peltrie. — Ses pieux projets. — Son mariage. — Ses visites aux Ursulines de Tours. — Marie de Saint-Bernard. — Marie de L'Incarnation, — Son exaltation. — Son union mystique. — Ses luttes intérieures. — Sa vision. — Elle est nommée supérieure des Ursulines —. L'Hôtel-Dieu. — Le voyage au Canada. — Sillery. — Souffrances et travaux des religieuses........................ 118

CHAPITRE XIII.

VILLEMARIE DE MONTRÉAL. (1636-1641).

Dauversière et la voix du ciel. — L'abbé Olier. — Leurs projets. — La Société de Notre-Dame de Montréal. — Maisonneuve. — Les pieuses dames. — Mademoiselle Mance. — Marguerite Bourgeois. — Les Montréalistes à Québec. — Jalousies et querelles. — Roman et dévotion. — Fondation de Montréal...... 136

CHAPITRE XIV.

VILLEMARIE DE MONTRÉAL. (1642-1644).

Enfance de Montréal. — L'inondation. — Vœu de Maisonneuve. — Villemarie. — Pèlerinage. — D'Ailleboust. — L'Hôtel-Dieu. — Piété. — Propagation de la foi. — Guerre. — Iroquois et Hurons. — Vigoureuse sortie des Français. — Combat. — Exploits de Maisonneuve................................. 156

CHAPITRE XV.

LA GUERRE IROQUOISE. (1641-1644).

Isaac Jogues. — Sa capture. — Son voyage vers les Mohawks. — Le lac Georges et les villes mohawks. — Torture du missionnaire. — Mort de Goupil. — La Babylone des Mohawks. — Le fort Orange. — Jogues réussit à s'échapper. — Son voyage vers la France. — Son arrivée parmi ses confrères. — Son retour au Canada. 168

CHAPITRE XVI.

LA GUERRE IROQUOISE. (1641-1646).

Pages.

Les Iroquois. — Bressani. — De Nouë. — La guerre avec ses misères et la terreur. — Le fort Richelieu. — Bataille. — Destruction des tribus indiennes. — Iroquois et Algonquins. — Position désespérée des Français. — Joseph Bressani. — Sa capture et traitements dont il est l'objet. — Il parvient à s'échapper. — Anne de Nouë. — Son voyage nocturne. — Sa mort.. 193

CHAPITRE XVII.

LA PAIX. (1644-1645).

Prisonniers iroquois. — Piskaret. — Ses exploits. — Ambassade iroquoise. — Un orateur. — Le grand conseil. — Harangues de Hiotsaton. — Réunion des sauvages. — La paix est confirmée... 212

CHAPITRE XVIII.

LA PAIX EST ROMPUE. (1645-1646).

Incertitudes. — Mission de Jogues. — Il arrive chez les Mohawks. — Sa réception chez eux. — Son retour. — Sa seconde mission. — Avertissements qui lui sont donnés. — Rage des Mohawks. — Meurtre de Jogues......................... 230

CHAPITRE XIX.

NOUVELLE GUERRE. (1646-1647).

Incursions iroquoises. — Les chasseurs d'hommes. — Les convertis captifs. — Fuite de la prisonnière Marie. — Son histoire. — Vengeance d'une captive algonquine. — Elle s'échappe. — Terreur des colons et intrépidité des Jésuites..... 239

CHAPITRE XX.

PRÊTRES ET PURITAINS. (1645-1651).

Pages.

Miscou. — Tadoussac. — Voyages de De Quen. — Druillettes. — Son hiver avec les Montagnais. — Influence des Missions. — Les Abenaquis. — Druillettes sur le Hennebec. — Son ambassade à Boston. — Gibbons. — Dudley. — Bradfort. — Eliot. — Endicott. — Colonisation française et puritaine. — Echec subi par l'ambassade de Druillettes. — Nouveaux règlements. — Le nouvel an à Québec........................... 248

CHAPITRE XXI.

UNE NATION CONDAMNÉE A PÉRIR. (1645-1648).

Illusions des Indiens. — Iroquois et Hurons. — Triomphes de ces derniers. — Le captif iroquois. — Sa fermeté. — Exploits de partisans. — Diplomatie. — Les Andastes. — L'ambassade hurone. — Négociations. — L'ambassadeur iroquois. — Son suicide. — L'honneur chez les Iroquois.................. 266

CHAPITRE XXII.

LA MISSION HURONE. (1645-1648).

Espérances des missionnaires. — Chrétiens et païens. — Position des prosélytes. — Vision d'une jeune fille hurone. — La crise. — Justice hurone. — Meurtre et réparation. — Espoir et craintes.. 277

CHAPITRE XXIII.

SAINTE MARIE. (1648-1649).

Le centre des missions. — Le fort. — Le couvent. — L'hôpital. — L'église. — Les habitants de Sainte-Marie. — Economie domestique. — Les missions. — Une assemblée de missionnaires. — Mort de l'un d'eux.............................. 288

TABLE DES MATIÈRES.

CHAPITRE XXIV

ANTOINE DANIEL. (1648).

Pages.

Trafiquants hurons. — Combat aux Trois-Rivières. — Saint-Joseph. — Attaque des Iroquois. — Mort de Daniel. — Destruction de la ville.................................. 299

CHAPITRE XXV.

RUINE DES HURONS. (1649).

Saint-Louis est brûlé. — Invasion de Saint-Ignace. — Brébeuf et Lalemant. — Combat à Saint Louis. — Sainte-Marie est menacée. — Nouveaux combats désespérés. — Une nuit de suspens. — Panique parmi les vainqueurs. — Incendie de Saint-Ignace. — Retraite des Iroquois.................... 304

CHAPITRE XXVI.

LES MARTYRS. (1649).

Les ruines de Saint-Ignace. — Les reliques. — Brébeuf au bûcher. — Son admirable énergie. — Lalemant. — Les rénégats hurons. — Mort de Brébeuf. — Son caractère. — Mort de Lalemant.. 312

CHAPITRE XXVII.

LE SANCTUAIRE. (1649-1650).

Dispersion des Hurons. — Abandon de Sainte-Marie. — L'île Saint-Joseph. — Déplacement de la mission. — Le nouveau fort. Misère des Hurons. — La famine. — Les épidémies. — Occupations des Jésuites.............................. 318

CHAPITRE XXVIII.

GARNIER. — CHABANEL. (1649).

Les missions de Tobacco. — Attaque sur Saint-Jean. — Mort du P. Garnier. — Voyage du P. Chabanel. — Sa Mort. — Garreau et Grelon.. 327

CHAPITRE XXIX.

ABANDON DE LA MISSION HURONE. (1650-1652).

Pages.

La famine et le tomahawk. — Un nouvel asile. — Voyage des réfugiés vers Québec. — Rencontre avec Bressani. — Une trahison. — Voyage et mort de Buteux.................. 334

CHAPITRE XXX.

LES DERNIERS HURONS. (1650-1666)

Sort des vaincus. — Les réfugiés de Saint-Jean-Baptiste et de Saint-Michel. — La nation des Tobaccos et ses pérégrinations. — Les Wyandots modernes. — Les Hurons à Québec. — Notre Dame de Lorette.. 345

CHAPITRE XXXI.

LES DESTRUCTEURS (1650-1670).

Ambition des Iroquois. — Ses victimes. — Sort des Neutrals et des Eries. — La guerre contre les Andastes. — Suprématie des Iroquois... 355

CHAPITRE XXXIII.

LA FIN.

Insuccès des Jésuites. — Conséquences qu'eût impliqué leur réussite — Avenir des missions........................ 366

FIN.

1501. — ABBEVILLE. — TYP. ET STÉR. GUSTAVE RETAUX.

www.ingramcontent.com/pod-product-compliance
Lightning Source LLC
Chambersburg PA
CBHW060554170426
43201CB00009B/772